国家软科学研究计划《科技进步对物流产业发展的作用机制研究》（2010GXS5D224）

江西省科技厅软科学研究项目《区域物流能力影响江西经济发展实证分析及对策研究》（20122BBA10104）

科技进步促进区域物流发展理论与实证研究

张　诚　著

中国财富出版社

图书在版编目（CIP）数据

科技进步促进区域物流发展理论与实证研究／张诚著 . —北京：中国财富出版社，2013.5

ISBN 978 - 7 - 5047 - 4619 - 1

I. ①科… Ⅱ. ①张… Ⅲ. ①科学技术—影响—区域—物流—研究 Ⅳ. ①F252

中国版本图书馆 CIP 数据核字（2013）第 037332 号

策划编辑	寇俊玲		**责任印制**	方朋远
责任编辑	徐文涛　李瑞清		**责任校对**	杨小静

出版发行	中国财富出版社（原中国物资出版社）	
社　　址	北京市丰台区南四环西路 188 号 5 区 20 楼	**邮政编码**　100070
电　　话	010 - 52227568（发行部）	010 - 52227588 转 307（总编室）
	010 - 68589540（读者服务部）	010 - 52227588 转 305（质检部）
网　　址	http：//www.cfpress.com.cn	
经　　销	新华书店	
印　　刷	北京京都六环印刷厂	
书　　号	ISBN 978 - 7 - 5047 - 4619 - 1/F·1928	
开　　本	710mm×1000mm　1/16	**版　　次**　2013 年 5 月第 1 版
印　　张	18.5	**印　　次**　2013 年 5 月第 1 次印刷
字　　数	322 千字	**定　　价**　48.00 元

序

伴随着知识经济时代的到来，科技的力量不断凸显，科技进步已经成为衡量一个国家或地区经济发展的重要指标，各行各业的发展都依赖于科学技术的创新与进步。物流产业作为经济发展的新的利润源，其发展在我国越来越受到重视，2009 年物流产业被列入我国十大振兴产业之一，其发展更是与科技进步不可分割，利用科技进步促进物流产业的发展将是必经之路。

《科技进步促进区域物流发展理论与实证研究》一书是张诚教授在其科技部专项课题和长期教学、科学研究的基础上完成的。全书紧扣科技进步促进区域物流发展这一命题，对科技进步与区域物流发展理论进行了详细阐述，重点介绍了科技进步测算方法，分析了区域物流科技现状，采用定量研究方法测定相关省份物流科技进步贡献率，对科技进步促进区域物流发展的途径和作用机理进行了拓展，最后从基础投资、信息化、人才培养等方面针对性提出了相关政策建议。在其研究论证中，作者充分利用了现代物流学、管理学、经济学、技术经济学等学科的研究思路和方法，不仅仅在理论研究中进行定性充实扩展，同时在实证研究中进行定量计算，形成了一个较为完善的研究方法体系。本书有几个特色值得关注：一是总结梳理了科技进步贡献率测算方法，并采用全国省级层面面板数据测算了物流产业科技进步贡献率，利用灰色关联、DEA、满奎斯特指数等方法进行了实证研究；二是对科技进步促进区域物流发展的作用途径和机理进行了拓展性研究，提出了许多新的观点；三是从基建投资、信息化发展、人才培养等方面系统性提出了科技进步促进区域物流发展的对策，具有良好的可操作性和针对性。

本书在表明鲜明研究观点的基础上，通过理论梳理、实证研究、政策提出的研究范式，充分论证了科技进步促进区域物流发展这一重大命题。从整体来看，本书思路清晰、结构严谨、论证充分、富有创新，提出的建议和政策具有良好的实施空间，给人以启迪。

　　科技进步促进区域物流发展是物流产业今后发展的良好道路，在微观企业物流技术设备研发使用、中观层面物流产业布局以及宏观物流科技政策制定等方面都有很长的路要走。本书的形成为物流产业科技政策的制定提供了很多建议，反映了张诚教授在物流学科研究中的学识敏锐性和高度社会责任感，值得广大科技工作者、物流管理人员、科研工作者阅读。

何雄明

2012 年 12 月

前　言

伴随着知识经济时代的到来，科技的力量不断凸显，科技进步已成为衡量一个国家或地区经济发展的重要指标，各行各业的发展都依赖于科学技术的创新与进步。物流产业作为经济发展新的利润源，其发展在我国越来越受到重视，尤其是在经历了2009年次贷危机之后，物流业被列入我国十大振兴产业之一，物流业的发展备受关注。区域物流作为推动经济快速健康发展的重要力量，其发展更是与科技进步不可分割。

本书的详细研究内容共分为六个部分：

第1章导论，主要介绍本书研究的背景及意义、研究的内容及方法。

第2章文献综述及现状研究，即对科技进步与区域物流发展的相关理论进行综述，同时对国外促进科技进步的相关政策以及国内科技进步的发展历程与区域物流科技现状进行分析与总结。主要通过国外科技进步相关政策与理论、国内科技进步的发展历程与理论方法、科技进步贡献率的测算方法理论综述和国内外区域物流的科技进步现状四个方面来具体展开研究。

第3章科技进步对区域物流发展影响的实证研究。构建科技进步与区域物流发展的理论分析框架及模型，分析科技进步对区域物流发展的贡献率，分总体研究及不同地域研究。主要通过基于全国省级层面面板数据来测定区域物流的科技进步贡献率，采用参数灰色估计方法以江西省的物流产业数据为例测定其物流产业科技进步贡献率，采用基于DEA—Malmquist指数法测算中部六省物流产业科技进步贡献率，省域物流产业生产效率分解——基于32个省份的数据研究，省域物流产业生产效率的空间异质性分析——基于空间面板数据的实证研究，结构方程模型分析物流装备技术、交通运输技术、物流信息技术和物流管理技术等对物流产业发展的影响六个方面的实证研究。通过科技进步对区域物流发展影响的实证研究来获取更多的现实信息，为国家层面在构建大物流系统、各个省份进行区域物流规划提供参考建议。

第4章主要分析科技进步对区域物流发展的作用途径。科技进步对区域物流发展的作用途径有以下实现途径和形式：信息共享、物流装备现代化、交通运输智能化与高速化等。

第5章着重分析科技进步对区域物流发展的作用机理。主要从物流需求、物流管理、物流作业环境、物流产业的发展路径与发展模式等几个角度着重分析科技进步对区域物流发展的影响作用。本部分主要通过提出基于熵权耗散系统的物流科技发展模式，基于系统动力学的科技进步对物流产业发展途径模型的理论作用途径和信息共享技术解决物流沟通问题，物流高新装备技术、交通运输大系统的高速优化和智能化对区域物流发展影响等方面来分析科技进步对物流产业的现实作用途径。

第6章从科技进步和自主创新角度提出促进区域物流发展的对策。包括政府对物流科技的相关投资政策、科技创新的制度环境、物流科技人才的培养、物流技术标准化、物流技术的应用等。为今后国家物流产业发展提供科技创新、技术进步方面的参考意见。

全书立足区域物流发展需要科学技术的创新与进步这一命题，紧扣科技进步与区域物流发展二者相互作用这一主题，围绕科技进步与区域物流发展二者关系进行理论上的深入分析与实证研究上的突破，运用现代物流管理、经济学等基础理论，通过文献阅读、现场调查、资料分析和模型构建，对科技进步与区域物流发展理论进行了梳理，对相关基础理论进行了介绍，重点围绕科技进步推动区域物流发展的作用机理、实现途径以及科技进步对区域物流发展的现实状况等方面进行详细研究，突出对科技进步推动区域物流发展的已有文献、研究方法的梳理和实证研究中模型、指标体系等方面的创新，力图建立一个分析科技进步与区域物流发展关系的研究框架，为科技进步与区域物流发展研究提供一个新的研究视角。

作　者

2012 年 12 月

目 录

1 导论

1.1 研究背景及意义

1.1.1 研究背景

科技进步与经济增长之间的关系一直是人们讨论的焦点。早在 1766 年，亚当·斯密就发现了机器的发明可以提高劳动者的生产效率。随后更多的经济学家对科技进步对经济增长的影响进行了定性和定量的分析。其中，索洛构建的 C—D 生产函数更是为研究科技进步贡献率开辟了一片新的领域。我国对科技进步的研究起步较晚，开始于 20 世纪 80 年代。1988 年邓小平同志就提出了"科学技术是第一生产力"。到了 20 世纪 90 年代我国对科技进步的研究已经全面展开，各学者都在吸取国外研究经验的同时结合我国各地区的实际状况进行研究，希望能够提高科技进步对地区经济发展的贡献程度。同时，政府对科学技术的进步也十分重视，1995 年提出了"科教兴国"战略，到十四届五中全会提出的"计划经济体制向社会主义市场经济转变，粗放型增长方式向集约型转变"两个根本性转变，都标志着我国充分地认识到科技进步在经济增长中的重要性。

在全球一体化的今天，各地区之间的贸易往来更加频繁，物流已经成为支持经济发展的基础动力，区域物流的发展程度被用来衡量国家或地区的现代化程度和经济实力。2009 年，面对金融危机的冲击，我国更是将物流列入十大振兴产业之中，将其作为推动我国经济发展的重要力量。但在这样好的发展势头之下，我们还要清楚的意识到，由于我国物流起步晚，与发达国家相比还是存在很大的差距，再加上观念滞后、硬件老化、成本较高、管理体制落后等原因，物流过程的各个环节仍处于独立、分割的状态，离一体化、信息化、规模化的现代物流业还有一定的差距。目前，中国的区域物流还处于起步阶段，其发展过程中还存在许多不足，面对这一现状，如何将传统物流业转化为现代新型的物流业运营模式，加快区域物流的发展速度，物流科技的进步将起到举足轻重的作用。本书就是基于这样的背景之下，从科技进步对区域物流发展的作用机理入手，系统分析科技进步对区域物流发展的贡献率与作用方式，深入研究科技进步对区域物流发展路径及发展模式的影响，找出其发展不足之处，提出科技进步在促进区域物流发展方面的相应政策。

1.1.2 研究意义

科学技术被誉为是第一生产力，科学技术的每一次革命浪潮都极大地推动了经济、社会和人民生活的进展，改变了产业结构的布局。区域物流作为经济发展新的利润源，它与科技革命之间显示出越来越密切的关系。剖析每一次科技革命，无不对物流活动或区域物流产生巨大影响。我们可以说人类经历了三次科技革命：①动力方式的进步强化了运输地位。回顾科技革命史，从蒸汽机到发电机再到电子计算机，从轮船、火车到汽车、飞机再到宇宙飞行器，一步步强化了运输的地位。它加快了运输的速度，提升了运输的质量，拓宽了运输的范围，缩短了运输的时间，使人类对运输的依存度越来越大。②大机器社会化生产的运行催生了仓储职能。工业的快速发展，使社会出现生产相对过剩与需求相对不足的矛盾，由此产生了对仓储的需求。③信息技术的飞跃发展助推了物流业的崛起。现代物流的发展以信息技术的广泛应用为主要特征。由多种信息技术集成的物流信息系统，对在运输、仓储、装卸、搬运、包装、流通加工等各个环节的作业中产生的大量信息进行及时有效的收集、处理和分析，是实现"缩短在途时间、实现零库存、及时供货与保持供应链的连续与稳定"等现代物流管理目标的重要保证。可以说，没有现代信息技术的发展，就没有现代物流的产生和发展。由此可见，科技进步应该是物流发展过程中不可缺少的重要推动力，利用科技进步促进区域物流的发展是必经之路。那么，对于我国区域物流的现状来说，物流科技的进步对其发展起到了什么样的影响作用及影响程度有多大，如何依托科技进步来加快我国区域物流的发展速度，提高科技进步对区域物流发展的促进作用，这就是本书研究目的，也具有现实意义。

1.2 本书研究内容及方法

1.2.1 研究内容

本书研究内容共分为六个部分：

第1章为导论，主要介绍本书研究的背景及意义、研究的内容及方法。

第2章为文献综述及现状研究，即对科技进步与区域物流发展的相关理论进行综述，同时对国外促进科技进步的相关政策以及国内科技进步的发展历程与物流行业科技现状进行分析与总结。

第3章科技进步对区域物流发展影响的实证研究。构建科技进步与区域物流发展的理论分析框架及模型，分析科技进步对区域物流发展的贡献率，分总体研究及不同地域研究，其中包括江西省科技进步对其区域物流发展贡献率的研究。同时应用结构方程模型分析物流装备技术、交通运输技术、物流信息技术和物流管理技术等对区域物流发展的影响。

第4章主要分析科技进步对区域物流发展的作用途径。科技进步对区域物流发展的这种作用途径有以下实现途径和形式：信息共享、物流装备现代化、交通运输智能化与高速化等。

第5章着重分析科技进步对区域物流发展的作用机理。主要从物流需求、物流管理、物流作业环境、区域物流的发展路径与发展模式几个角度来着重分析科技进步对区域物流发展的影响作用。

第6章从科技进步和自主创新角度提出促进区域物流发展的对策。包括政府对物流科技的相关投资政策、科技创新的制度环境、物流科技人才的培养、物流技术标准化、物流技术的应用等。

1.2.2 研究方法

本书的研究方法是：规范分析、实证分析与比较分析相结合，定性分析与定量分析相结合。

（1）理论逻辑上，主要运用科学技术哲学、管理学、经济学、统计学等相关理论分析科技进步对区域物流发展的作用机理及途径，同时还使用了图表法和案例分析法，从而更好的说明科技进步对区域物流带来的影响。

（2）采用实证研究法，通过调研收集相关数据，分别运用应用面板数据测算方法、参数灰色估计方法、DEA—Malmquist 指数法从不同角度建立研究模型，系统分析科技进步对区域物流发展的贡献率与作用方式，同时综合运用计算机软件来确保数据分析的有效性和对理论及结果验证的正确性。

2 科技进步与区域物流发展的相关理论及现状

2.1 国内科技进步的发展历程与理论方法

2.1.1 国内科技进步发展历程

中华民族是有辉煌历史的文明古国，对全人类的进步有过杰出的贡献。自 1949 年新中国成立后的 60 多年里，新中国的科学技术事业取得了举世瞩目的成就。总的来说，新中国的科技事业走过了四个时期：创业时期、曲折时期、恢复时期和振兴时期。

1. 创业时期（1949—1966 年）

1949 年中华人民共和国的成立，中国的科学技术事业开始了新的创业。1949 年 11 月在原中央研究院、北平研究院和延安自然科学研究院的基础上组建了中国科学院；国务院各部门、各省、市相继成立了研究机构。1956 年在党的八大上提出"向科学进军"的号召，同年成立国务院科学规划委员会，制定了我国第一个长期科学技术发展规划——《1956—1967 年全国科学技术发展远景规划》，这个规划的主要内容于 1962 年提前完成。规划的实现使中国科学技术事业发生了根本性的变化，缩短了与先进国家的差距，使科学技术走上现代化的轨道，具备了独立发展科学技术事业的基础。

20 世纪 50 年代和 60 年代，新中国的科技事业取得了巨大成就。50 年代大规模经济建设的需要，我国试制成功新的机械产品就有 3500 种。1959 年第一枚大型运载火箭研制成功；1960 年第一枚导弹发射成功；1964 年第一颗原子弹爆炸成功；1965 年首次人工合成牛胰岛素；1966 年第一枚导弹核武器试验成功；1967 年第一颗氢弹爆炸成功；1970 年第一颗人造卫星发射成功。在新中国科学技术创业时期，科研成果取得了重大成就，许多成果不仅填补了我国空白，还有一些成果达到了国际先进水平，还有值得我们特别赞颂和自豪的就是中国独立研制的"两弹一星"的成功。

在这个时期，尽管取得的成绩是主要的，也存在着挫折与失误，主要表现为 1957 年反右派斗争扩大化与 1958 年"大跃进"违反科学规律和社会发展规律阶段。

2. 曲折时期（1966—1976 年）

"文革"时期使中国科学技术事业，遭受了巨大的灾难。广大知识分子变成了"臭老九"，科学家成了"反动学术权威"，多年来建设起来的科技队伍处于崩溃的边缘，科研机构被大量撤销或解散，大学基本停办，高等教育严重倒退，科技人才培养出现断层，对中国科技事业的长远发展，造成了十分有害的影响。

十年"文革"，"左倾"路线给中华民族的科技事业带来的损失，给社会进步带来的影响是无法挽回的，使国民经济走向崩溃的边缘，这是我们中华民族深远的精神教训。但在文化大革命的恶劣环境中，仍有一批科技人员坚守工作岗位，尤其是国防科技工程，取得了令人瞩目的伟大成就。

3. 恢复时期（1976—1980 年）

1976 年 10 月粉碎"四人帮"从而结束了文化大革命，中国科技界迎来了科学的春天。此时中国科技战线迫切需要解决两个问题：一是重建科技组织系统；二是确立党的正确的知识分子政策。1977 年 7 月邓小平恢复工作，8 月主持召开科学教育座谈会，在讲话中肯定了新中国成立 17 年以来的科技、教育工作的成就。1977 年高等教育恢复招生，使国家的高等教育事业走上正轨。1978 年 3 月 18 日全国科学大会召开，邓小平在大会上作了决定中国科技发展转折的重要讲话，重申"科学技术是生产力"这一马克思主义的重要命题，为中国科技事业的振兴奠定了理论基础。十年后发展为邓小平的新命题——"科学技术是第一生产力"，成为科教兴国战略的指导思想。在讲话中，邓小平还作出了"知识分子是工人阶级的一部分"的科学论断，去除了知识分子的精神枷锁。1978 年 12 月的十一届三中全会的召开，标志着中国改革开放新时期的开始，科技战线加快了科技系统的恢复和改革工作。到 1980 年年底，科技系统的恢复任务基本结束，国家的战略中心也转移到经济建设上来，科学技术事业进入全面振兴时期。

4. 振兴时期（1980 年至今）

十一届三中全会实现了以经济建设为中心的战略转移，1978 年的全国科学大会为中国科学技术事业的全面振兴奠定了基础。1980 年召开了全国科技工作会议，提出"必须把经济、社会发展计划和科技发展计划结合起来，克服他们之间相互脱节的毛病。"1981 年国家科委向中共中央上报了《关于我国科学技术发展方针的汇报提纲》，经党中央和国务院批准，确定了"发展国民经济必须依靠科学技术，科学技术工作必须为发展国民经济服务"的科学技术发展方针。1982 年党的十二大上确定科学技术是国家经济建设的战略重点。在正确的科技发展方针指导下，束缚广大知识分子的精神枷锁彻底解除，科技工作蓬勃发展，制订科技发展规划，改革科技体制，壮大科技队伍，调动了科技人员的积极性。科技人员走出象牙塔，以独立的经济力量参与经济建设，创办科技型高新技术企业，开办高科技产业园区，显示出了科学技术是生产力的力量。

1988 年邓小平把马克思的"科学技术是生产力"的命题，结合当代科学技术的发展，创造性的提出了"科学技术是第一生产力"的著名论断。1995 年 5 月召开的全国科学技术大会是中国科学技术发展史上的又一个里程碑，制定了《中共中央、国务院关于加速科学技术进步的决定》，提出了"科教兴国"的国家战略，确立了科学技术和教育在全国发展战略中的全局定位。我国从 1979 年引进物流概念至今，已经从对物流的一知半解，进入了现代物流的快速发展阶段，物流市场正以较快的速度递增，各种物流技术的研究也在不断深入。

2.1.2　国内科技进步的相关理论综述

我国经济学家对科技进步与经济增长的研究比较晚，20 世纪 80 年代才开始，这还是起源于我国与世界银行的一次争论。1980 年和 1984 年世界银行曾两次派人来中国进行考察，考察的结果显示，1957—1979 年，中国的全要素生产率，即广义的科技进步水平停滞不前，产值的增加完全依赖于生产要素投入的增加，也就是说在这一时期中国的宏观经济活动中科技进步为零，该结论会阻碍中国与世界银行的合作。也正是有了这样一次经历，使得中国的经济学家开始将目光投向了科技进步。1983 年国家计委经济研究所的史清琪等人首次完成了我国工业技术进步作用的分析，1992 年，国家计委、国家统计局联合下达了关于开展经济增长中科技进步作用测算工作的通知，进一步要求把定量评价科技进步的贡献作为经济发展的重要内容，并逐步纳入国民经济宏观指标体系进行考核。至此我国对于科技进步的研究已经全面展开。

到目前为止,我国学者对于科技进步的理论研究较少,主要是基于国外的理论,结合中国的具体国情进行实证分析。主要集中在以下三个方面:

1. 科技进步对经济发展的促进作用,常用科技进步的贡献率来进行分析

科技是第一生产力,随着知识经济时代的到来,科技进步在经济增长中的作用越来越大,已成为经济发展的主动力。科技进步与经济发展关系一直是国内学者关注的焦点,各学者对二者的研究也主要集中在定量研究方法,分析科技进步对经济发展的贡献率等。这一部分的研究者是最多的,使用的方法也比较广泛。

张磊从科技进步与经济增长互动关系的理论观点切入,分析了科技进步与经济增长的互动性,认为科技进步促进经济增长,经济增长推动科技进步。最后文中详细地论述了经济增长对科技进步影响的测度方法。于洁等人采用非参数的 DEA—Malmquist 指数方法,对我国科技进步贡献率进行了定量分析。结果表明:1979—2004 年,我国科技进步贡献率均值为 17%,全要素生产率增长率均值为 1.8%,技术进步对此做出的贡献比技术效率更大。李斌、黄乐军通过构建 CES 生产函数和 C—D 道格拉斯生产函数的组合模型,分析了 1979—2007 年劳动和资本的密集程度及资本投入、劳动投入、科技进步对经济增长的贡献。此外,各学者还根据不同的地区或产业对科技进步与经济发展进行实证分析。例如:赵小芳等人以我国内地 31 个省(区、直辖市)2005 年的统计数据为基础,探讨科技进步与区域经济发展的关系。林洪和文德才运用新古典经济模型对江西省科技进步率进行了测定。张友南提出科技进步对工业经济增长的贡献率比较低。盛海燕、张士云以安徽省为例,利用 C—D 生产函数,对安徽省 1985—2004 年农业科技进步贡献率进行测算,得出科技进步是推动农业经济增长的关键性因素这一结论。姜秀娟等人基于参数灰色估计方法对山东省技术进步贡献率进行了测算和分析。测算结果表明,山东省作为全国经济强省之一,其技术进步率仍然比较低。山东省必须加快经济增长方式的转变,采取一系列具体措施提高经济增长的质量。

2. 科技进步与劳动就业的关系

劳动就业乃民生之本。科技在不断进步,但劳动就业越来越成为问题。不仅中国如此,世界各国,无论是发达国家还是发展中国家,都出现了类似

的问题。"科技进步与扩大就业"是当今人类不容回避的世界性难题。因此，国内学者希望能够通过研究科技进步对劳动就业的影响，从而正确看待二者的关系，找到正确的解决问题的途径。

林毓铭认为实事求是地分析科技进步对就业的影响，有利于调整劳动力市场、实施合理的就业战略。文中提出了科技发展对就业影响的总体效益图。张源结合广东实践，分析探讨了科技进步促进广东省劳动就业的主要途径。焦利芳和云玉强探析了科技进步与增加就业之间的负相关关系，分析了科技进步增加就业的可能性，并在此基础上，提出了我国通过科技进步促进就业增加的科技政策选择。金春华和葛新权研究如何在三次产业中利用科技进步有效的促进就业增长，并从总体上分析了有利于减轻当前就业压力的产业技术选择。

3. 科技进步与产业结构

宋辉、李强以马克思的"生产力的发展尺度是劳动生产率的提高，科学技术是推动生产力提高的原动力"，为指导思想，从我国改革开放以来经济发展的实际过程出发，运用科学的投入产出模型，从技术原理上定量地测算了科学技术诸因素对我国产业结构升级的影响程度，并针对现状进行分析，提出了"十五"期间进一步依靠科技进步，完成产业结构升级的途径。赵新华、李晓欢通过构建衡量我国科技进步水平和产业结构水平的指标体系，采用因子分析法，分别将衡量科技进步水平的 20 个变量与产业结构优化水平的 11 个变量进行了数据浓缩，并通过协整分析、脉冲响应分析以及格兰杰（Granger）因果检验分析了 1987—2007 年我国科技进步水平与产业结构优化水平之间的互动关系。研究结果表明，我国科技进步对产业结构优化升级具有明显的促进作用，但我国现有的产业结构水平对科技水平不具有显著促进作用。郑君君、陆菊春通过研究科技进步与产业结构的关系，提出了我国应对 WTO 挑战的区域产业结构调整思路。

国内分析科技进步对某一个具体产业的影响文章比较少。物流是一个新兴的产业，所以以系统的观点来研究科技进步对区域物流的影响的文献还不多。1991 年李斌讨论了科学技术在物流现代化进程中的地位及作用，并提出了依靠科技进步，加快物流现代化建设的几点建议。张孝悌则从上海市的实际出发，认为要实现物流现代化发展，就需要转变观念、提高物流科技意识，增加科技投入，加强科学管理，提高物流设施的经济效益，以科技进步促进物流事业的发展。谭开明、魏世红分析了传统物流与现代物流的区别，从现代物流的特征出发，指出科技的进步对现代物流的发展起了重要的推动作用，同时还从信息化、现代管理思想、现代物流技术等方面分别阐述了它们对物流发展的作用。朱占峰在则从产业演进的过程出发，一方面，指出科技革命的不断进步，加速了区域物流的形成和演进。动力方式的改变、大机器社会化生产的运行以及信息技术的飞跃都促进了物流业的崛起；另一方面，物流业的进步也为科学技术提供了良好的平台，使得科技水平在实践中不断进步。莫鸿和刘瑑对广西区域物流技术进步及其对经济增长的贡献进行了实证研究，作者认为广西物流技术进步贡献率较低，有待进一步的提高。田刚应用Malmquist – DEA 方法，对 1999—2006 年中国 30 个省区市物流业面板数据进行实证分析，研究中国物流业全要素生产率（TFP）变动的真实原因。研究结果表明，技术进步是全要素生产率增长的主要动力。

从上述文献综述可以发现：①关于科技进步的研究大部分集中在科技进步对国家或地区的经济增长贡献率的研究上，或者是研究某一行业科技进步的贡献率，而这些行业主要限于工业和农业两大类。研究结果表明：对于中国来说，不同的地区或行业，其科技进步的贡献率与发达国家相比都是偏低的，需要进一步加强科技的发展，提高其贡献程度。②研究科技进步对物流业影响的文献比较少，且大家都是从某一个方面进行阐述，分析不够系统。因此，本书将区域物流作为研究对象，对其科技进步进行全面而系统的研究与探讨，试图为此作出有益分析。

2.2　国外科技进步相关政策与理论

2.2.1　国外促进科技进步的相关政策分析

世界各国在制定和实施科技政策方面有许多成功经验。发达国家及一些新兴工业化国家和地区，通过制定和实施科技政策促进了科技进步与创新。

1. 促进企业增加研究开发投入的财税政策

实施财税优惠是国外鼓励企业加大研究开发投入最常用的政策工具。对企业 R&D 的财税激励方式包括：税前扣除或税收抵免、税收优惠的结转或追溯、加速折旧、提取技术准备金，等等。

澳大利亚在对企业研究开发投入实行125%的税前抵扣的基础上，对企业研究开发投入增长部分给予175%的税前抵扣。英国对大企业的研究开发投入实行125%的税前抵扣。对年营业额少于2500万镑的中小企业，如果每年投资研发投入超过5万英镑时，实行研究开发投入150%的税前抵扣。尚未赢利的中小企业投资研究开发，可预先申报税收减免，获得相当于研发投资24%的资金返还。匈牙利：如果企业研究开发实验室是建在大学或者科研机构，将给予300%的R&D税前抵扣（一般为100%），鼓励产学研结合。法国对产学研联合的项目投入，加倍冲抵所得税。英国、比利时、丹麦把企业与大学、科研机构联合进行研究开发项目的投入。纳入到享受税收抵免和扣除等优惠政策的范围之中。

对科研设备实行加速折旧（Accelerated Depreclation）即在固定资产使用年限的初期提取较多的折旧，以后逐年减少，税负相对于后期较轻；尽管总税负不变，相对于"直线法"折旧，企业享有递延纳税的好处，这就相当于给了企业一笔无息贷款。

英国、丹麦、爱尔兰规定用于R&D的建筑物、机器，在购置费用发生当年全部在税前扣除。美国企业R&D用机械设备折旧期限缩短为3年。韩国对企业所属研究开发机构的研究试验用设备投资，按购置价款的50%（国产器材则为70%）实行加速折旧。

2. 促进科技创新的金融政策

对中小企业创新给予信贷和融资支持。美国通过补贴投融资于种子期所形成的风险代偿，鼓励投资机构、商业银行投向种子期的科技型企业；通过税收抵扣，鼓励富有经验的企业家——商业天使，以个人方式投向种子期的科技型企业。2004财年，美国联邦政府为了支持SBlC计划，发行了28.14亿美元的债券，吸引了大量投资公司和商业银行的资金，形成了近800亿美元规模，远远超过美国企业成长期年度风险投资150亿~250亿美元的规模，培育了一大批健康成长的科技型企业。

为中小企业和高技术企业提供商业贷款担保。美国小企业管理局承担对中小企业的银行贷款担保，贷款在15.5万美元以下的，提供90%的担保，贷款在15.5万~25万美元的，提供85%的担保。1993年，美国国会通过法案规定，银行向风险企业贷款可占项目总投资的90%，如果风险企业破产，政府负责赔偿90%，并拍卖风险企业的资产。日本通产省于1975年设立了研究开发型企业培植中心，该中心的主要业务就是为风险企业向民间金融机构贷款提供债务担保，担保比例为80%。此外，民间设有52个信贷担保公司，并在此基础上设立了全国性的"信贷担保协会"，它们共同致力于为中小企业提供信贷担保服务。英国从1981年开始实施。"信贷担保计划"，银行向高技术企业提供贷款，如果高技术企业不偿还债务，贸工部将以2.5%的年息偿还债务的70%。

发展支持高科技企业的资本市场。美国1971年建立的纳斯达克（NAS-DAQ）是世界上发展最为成功的创业板市场，使得许多中小企业在其助推下成为行业巨头。据估算，1990—1997年，纳斯达克市场为美国高科技产业注入了近750亿美元的资金，是美国私人创业资本总额的2倍。

为解决主板市场上市标准高、中小型高新技术企业无法问津资本市场这个问题，普遍的做法是在证券交易所设立第二部，降低上市标准和门槛。日本东京证券交易所第二部仅要求上市股份400万股以上，新上市公司一般先在第二部挂牌，有了相当不错的表现后才有可能进入第一部；如果第一部的上市公司在业绩等方面的指标低于第一部的上市标准，则有可能降到第二部。此外，还有一种做法是开设为有潜在成长性的中小企业融资的柜台交易（OTC）市场。

3. 持自主创新的政府采购政策

利用政府采购推动本国科技创新和产业发展，是各国的普遍做法，包括通过政府采购保护本国产业，支持高新技术产业发展，支持企业掌握产业共性、关键技术的自主知识产权，支持中小企业发展等。

首先，在支持高科技产业上面，在20世纪五六十年代，美国的航天航空技术、计算机、半导体的建立和发展，基本都是靠政府采购给予第一推动力。其次，在支持本国产业方面：法律明确规定，国际采购至少必须购买50%的国内原材料和产品。在同等条件下，美国给予国内投标商10%～30%的优惠价格。最后，在支持中小企业方面：法律规定，在政府采购项目报价中，本国中小型企业供应商可以享受比外国供应商高出12%的报价优惠。

韩国政府为使高新技术产品得到社会的广泛认同，推动高新技术产品进入市场，对高新技术产品实施政府采购制度。首先，在支持高新技术产品方面：法律规定，科技部长官及有关部门首长，为扩大新技术产品的销售，可采取要求国家机关及地方政府、政府投资机构、接受政府出资和补助等财政支援的机构、其他公共团体等优先采购高新技术产品的措施。其次，在支持中小企业创新方面：法律规定，对中小企业生产的技术开发制品，政府要大力支持相关机构优先采购。

澳大利亚在保护本国产业方面：首先，有关法律规定，在1000万澳元以上的重大采购项目中，采购部门须在招标中按有关规定要求，列明采购项目对本国产业发展的影响。其次，在利用国外技术产品带动本国的创新方面：如果外国企业的产品在政府采购中中标，那么则要求中标的外国供应商与本国企业或科研机构就符合国内需求且具有持续性的研究项目，共同制订研究计划，或共同成立研究开发中心；或者要求中标的外国供应商就国内欠缺的管理、运行、检测等技术，提供培训服务，为国内企业实现技术升级，提高产品质量，培训专业人才。最后，在支持中小企业方面：法律规定联邦一级采购合同的10%要授予中小企业，并责成联邦财政部对这项规定的落实情况，每年进行调查。

英国规定政府部门、政府实验室、国营公司在计算机和通信器材等采购上，必须从本国公司购买。规定从2004—2005年开始实施一项新政策：占政府研发经费总量25%的科研活动器材，要从中小企业采购。

印度规定在安全、军事、国防等政府部门必须采用国产软件。

4. 引进技术的消化吸收和再创新政策

日本和韩国是在引进技术的消化吸收和再创新方面最为成功的国家。

日本的技术引进政策一直与产业政策的步伐保持一致，受到政府统一严格的管理。日本政府制定一系列有关技术引进和消化吸收创新工作的法律和政策。技术引进遵循严格的标准和原则。20世纪50年代，日本制定了四项标准：一是引进的技术不能阻碍自主技术的发展；二是不能扰乱现有的产业秩序；三是不能使中小企业陷入困境；四是引进技术的企业在技术和资金上要具有将技术消化吸收的能力。

日本企业在引进国外技术方面遵循着"引进零部件能解决问题的就不引进单机，引进单机能解决问题的就不引进成套设备，对工艺和技术的引进重于对设备的引进"的原则；政府也以"一号机进口，二号机国产，三号机出口"作为技术引进的审批标准。

日本从 20 世纪 50—70 年代，技术引进费用增加了 14 倍，而用于技术消化吸收和再创新的费用却增加了 73 倍，其消化吸收费用是引进费用的 2～3 倍。日本各产业部门从国外购买技术专利的费用总数与消化吸收这些技术专利的研究费用总额之比平均为 1∶7。即平均花 1 美元引进的技术要花 7 美元进行消化吸收和再创新。其效果是日本的钢铁、机械、半导体、电视机、微电子技术都是从国外引进的，但经过日本的改良创新后很快赶上或超过技术输出国，成为日本的支柱产业；据日本科技厅统计，在 1950—1966 年，在 1500 家公司中有 83% 对引进技术进行了不同程度的消化吸收和再创新。

韩国走出了一条"引进技术—消化吸收—自主创新"的发展道路。

（1）选择引进技术的标准和要求：①至少每年能出口 10 万美元以上的产品；②能适应产品质量和性能指标的技术；③选定主要原材料；④掌握本地区的技术水平；⑤做到了解技术发明国、技术拥有国以及使用这种技术的行业的名称和地点；⑥注意引进技术的时机。对战略性的重大技术，只能引进一次。

（2）政府组织制定引进消化吸收的一揽子方案。在技术引进之前，一般成立由相关产业部门牵头，科技部、贸易部、人力资源部、企业代表和科技专家参加的论证委员会，研究制订从何处引进、如何消化吸收、如何自主创新、谁是用户的一揽子计划，并组织相关政府部门的科研院所和相关企业一起进行消化吸收和创新。

如高速列车技术，经过对日本、法国和德国 3 个国家技术的比较论证，最终决定引进法国的技术。政府在此方面发挥了强势的组织、协调和干预作用。政府于 1995 年成立了韩国铁路科学研究院，并组织包括现代集团在内的 22 个企业参加消化吸收和创新工作。1995 年引进法国 12 辆时速达到 300km 的高速列车时，政府就决定今后采用以消化吸收为主的国产化列车。目标是到 2005 年研制成功具有自主知识产权的、时速高达 350km 的高速列车，并要求在其他的一些技术指标上超过法国，力争向中国和美国等国家出口。

（3）实施引进技术再创新计划。韩国政府对计算机、材料工程、遗传工程、信息通信等新兴领域的引进技术采取再度开发计划。规定企业引进技术必须留有同等费用用于消化吸收，缺乏消化吸收能力的企业必须委托研究开发机构开发。此外，韩国政府还采用风险投资方式帮助企业承担引进风险，向引进技术进行消化吸收的企业提供长期贷款和税收优惠，尽量满足引进技术企业消化吸收的原材料需求。1960—1984 年韩国共引进 3073 项技术，其中得到消化吸收的技术占 70%。

（4）政府对消化吸收和再创新进行资助和税收优惠。韩国政府技术引进与消化吸收投入的比例大致保持在 1∶3 的水平，据统计，1968 年，韩国引进技术的消化吸收总费用达到 17 亿美元，其中政府投资占 19%。近年来，韩国政府主要通过税收优惠政策及资助等办法，帮助私人企业引进技术并进行消化吸收和再创新活动。例如，企业因引进技术而支付的各种费用（包括专利权使用费）在 5 年之内均可免税，有 180 多家私人企业的研究所得到了政府的资助。其效果是，韩国汽车产业是一个消化吸收并再创新的成功案例。在电子信息产业方面，韩日政府投入巨资，组织科研部门和产业界对引进的美国技术进行创新。1996 年，韩国在世界上建立第一个移动通信 CDMA2000 的商业示范网，从 1996—1999 年，韩国 CDMA 产业飞速增长，每年的平均出口增长 10 倍。更值得关注的是，目前，韩国已经在电子信息等新兴产业领域从以引进消化吸收为主的创新转向以未来前沿技术自主创新为主的阶段，用科技创造新的产业。在以纳米级微电子、光电子、纳米材料、下一代网络技术、信息技术和生物技术相结合的医疗技术、燃料电池技术等方面，几乎处在与欧美等发达国家同一水平。

5. 实施知识产权战略的相关政策

自 20 世纪 80 年代以来，先后有日本、韩国、美国、泰国、印度、菲律宾等十几个国家提出并实施"知识产权立国"战略，制定和实施相应的政策措施，加强知识产权保护。

日本：2002 年，日本制定了《知识产权战略大纲》，提出日本面向 21 世纪的"知识产权立国"的战略目标。缩短专利审批的年限，"到 2013 年缩短为 11 个月，达到全球最高水平"。

韩国：2004 年，韩国政府对知识产权局的职能进行了重新部署，建立更加有效的促进科技创新和发展的知识产权体系。

美国：扩大知识产权保护范围，把新兴的技术形式纳入知识产权的保护范围，如在功能基因方面专利申请已达 4000 多项。

泰国：政府有权宣布某一传统泰药处方为国家处方，宣布后该处方的所有权为国家所有。凡将国家处方用于商业目的生产或研发，都必须得到政府的批准，对严重侵权行为可给予刑事制裁。

印度：印度政府2003年3月通过了《国家生物多样性战略和行动计划》（NBSAP）。在国际植物基因资源公约（ITPGR）范围内，印度将要求享有一个知识产权自由区，并将寻求增加一条分享独立知识产权利益（包括非货币利益）的条款。

菲律宾：帮助原住民社区获得关于植物及其药用性质的传统知识的所有权。

6. 科技人才政策

各国都十分重视科技人力资源开发，制定了许多相关政策。

美国：历来有国家实验室与大学共同培养研究生的传统。在重大科技研究计划的实施中强调教育与研究相结合，把在研究中培养复合型研究人才作为计划的目标。从20世纪50年代始就多次修改《移民法》，规定可不考虑国籍、资历和年龄，一律允许专业方面的精英优先进入美国。1990年开始实施为期6年的临时工作签证"H—lB签证计划"，允许有特殊专长的外国人到美工作。

英国：皇家学会2002年启动了"以高薪和资助为核心的"人才吸引计划，旨在增强英国科学家在本土发展的信心。

日本：日本政府从2002年开始实施为期5年的240万科技人才开发综合推进计划，实现到2006年培养240万精通IT、环境、生物、纳米、材料等尖端技术人才的目标。

韩国：韩国2001年制订了《国家战略领域人才培养综合计划》，宣布在4年内培养信息技术、生物工程技术、纳米技术、环境工程技术、宇航技术和文化产业技术6个战略领域的40万名优秀人才。科学技术研究院（KIST）自1990—2002年，通过"与一流大学合作教育培养计划"培养了848个具有硕士和博士学位的专业人员。

德国：到2002年年底，马普学会建立了49个"青年科学家独立研究小组"，青年科学家可在良好的学术氛围中，独立组织和完成科研课题。赫姆霍兹大科学中心每年为来自大学的450位青年学者提供进入最新技术和尖端科学领域的机会。

新加坡：在实施 2001—2005 年第三个国家科技计划中设立"奖学金计划"，拨专款加强对研究人才尤其是本国年轻后备研究人才的培养。世界上顶尖的 20 所名牌大学的在读研究生或博士后是接受资助的最佳人选，无论是否为新加坡人，获得资助后，都须保证在新加坡工作 2~4 年。

印度：2003 年制订了《青年学者快速追踪计划》，鼓励青年科研人员在科学技术前沿领域开展高质量的科研，为期 3 年，资助金额为 100 万卢比。建立科学技术人员储备局，为回国的科技人员在找到正式工作前为他们安排临时工作。早在 1963 年，印度政府就授权所有科研机构设置一定数目的超余岗位，使回流的科技人员有职位。

2.2.2 国外科技进步评价的理论方法

自 20 世纪 20—70 年代以来，西方国家在研究科技进步的理论和方法方面取得了突破性进展，从其理论演进来看，大致经历了三个阶段：

第一阶段从 1928 年柯布—道格拉斯生产函数的出现到 20 世纪 50 年代。柯布—道格拉斯提出在经济和技术条件不变的情况下，产出（Q）与投入劳动力（L）和资本（K）可表示为函数关系式：

$$Q = A K^\alpha L^\beta \qquad (2-1)$$

式中：α 为资本弹性；β 为劳动弹性；A 为常数；Q 表示总生产率。

柯布—道格拉斯的生产函数理论在设计时，并未讨论参数 0 在产出增长方面的重要性，他们得出的结论是美国在 1899—1922 年工业产值的增长几乎全部是由于资本和劳动力投入增长的结果，科技进步的作用微不足道。

第二阶段是 20 世纪 50—60 年代。1957 年美国的罗伯特—索洛发表了《技术变化与总量生产函数》的研究报告，指出 20 世纪初的 40 年间，美国经济中人均产出增长的 87.15% 是依靠科技进步取得的，这一报告为定量测算科技进步在经济增长中的作用作出了重大贡献，被认为是划时代的代表著作。总量生产函数可表示为：

$$Q = F(K, L, t) \qquad (2-2)$$

$$\frac{\Delta Q}{Q} = \frac{\Delta A}{A} + \alpha \frac{\Delta K}{K} + \beta \frac{\Delta L}{L} \qquad (2-3)$$

式（2-2）为总量生产函数的一般形式，式（2-3）为产出增长模型中科技进步的形式，简称增长速度方程 $\alpha + \beta = 1$。式中：t 表示考虑到科技进步

时，生产函数出现的时间变量，A 是科技变化指数。

第三阶段是 20 世纪 60 年代以后，对科技进步研究有代表性的经济学家是美国的丹尼逊。丹尼逊从增长率公式出发度量科技进步率，对各种影响经济增长的因素进行了分析。通过对科技进步的研究，经济学界已基本形成共识：科技进步是经济增长的重要影响因素。据测算，从 1948—1969 年，美国国民收入的 47.7% 是由科技进步形成的，其他国家和地区，如日本、法国、原西德、英国等科技进步带来的国民收入基本都在 50% 左右。

目前，现行评价科技进步在经济增长中的作用的模式主要有指标法、直接计算法和模型法三大类。

1. 指标法

指标法分为单指标法和多指标法两种。

单指标法，是用一个综合评价指标（或称中心指标）来反映和测度科技进步在经济增长中的作用。目前引起人们重视的方法是用劳动生产率这个综合指标的增长速度占经济增长速度的比重来大体反映科技进步在经济增长中的作用。此法的基本思路可以用下列简式表示：

$$Q_q = (q_1 - q_0) T_1 \qquad (2-4)$$

$$E_q = \frac{Q_q}{\Delta Q} \times 100\% \qquad (2-5)$$

式中：Q_q 为科技进步增加的净产值；E_q 为科技进步在经济增长中的作用；q_1，q_0 分别为报告期和基期净产值全员劳动生产率；T_1 为报告期全员人数；ΔQ 为报告期比基期增加的净产值额。

单指标法计算简单、合理，且资料容易获取，可以大体反映科技进步在经济增长中的作用。该法在经济分析中有应用意义，但此法评价粗略，用一个综合指标评价难免有局限性。

多指标法，就是利用指标体系从各个侧面评价科技进步在各行业、部门中带来的直接经济效益。苏联提出了评价科技进步的六大类指标：科学技术效益、结构效益、总量效益、生态和资源效益、技术进步效益、社会效益。日本 1981 年《科技白皮书》提出了衡量技术综合实力的两大类指标：技术实力指标和技术开发指标。

2. 直接计算法

直接计算法是以苏联为代表采用的一种直接计算科技进步的评价方法。

该法要求逐项计算采用新技术带来的利润增长额、成本降低额以及综合经济效果（即用新技术带来的利润增长额减去采用新技术的投资额）。由于新技术涉及的项目广泛，在计算出各单项经济效益后，需要用多元统计分析的方法将单项经济效果加以综合，从而对科技进步在经济增长中的作用进行综合评价。

用直接计算法计量评价科技进步对经济增长的影响比较切合实际，计算方法简便，能消除模型法测算所造成的"水分"。但该法需要的资料多，而且搜集比较困难。只适合于那些基础工作扎实，原始记录齐全、准确的基层企业单位采用。同时该法还有一个明显不足，就是缺乏综合性和可比性，不适宜在宏观和中观经济分析中计量评价科技进步的作用。

3. 模型法

由于指标法和直接计算法缺乏综合性和国际对比的可比性。因此国际上一般采用生产函数模型法，对科技进步在经济增长中的贡献进行综合评价。

所谓模型法，就是利用柯布—道格拉斯生产函数模型来综合计量和评价科技进步水平、科技进步率和科技进步在经济增长中的作用的方法。其评价模型为：

$$Q = A K^{\alpha} L^{\beta} \tag{2-6}$$

式中：Q 为产出；L 为投入劳动力；K 为资本；α 为资本弹性；β 为劳动弹性；A 为常数。

用生产函数模型测算评价科技进步对经济增长的影响，在数学上符合逻辑，国际上具有可比性，实际应用中具有可行性，从方法论上说是科学的。但这一方法也存在较大的局限性，就是模型中的技术进步因子 A 实际上是一个除了生产资金和劳动力贡献外包罗万象的参数，它不仅包括了科技进步带来的经济增长，而且还包括了一些不属于科技进步（如管理体制、经济政策、劳动者积极性等）的诸多因素带来的经济增长。因此，用此模型拟合，其结果必然有一定的"水分"，只能近似地反映和评价科技进步在经济增长中的作用。

2.3 科技进步贡献率的测算方法理论综述

科技进步贡献率是指科技进步对经济增长的影响，是指能够使一定数量的生产要素的组合，生产出更多产品（使用价值）的所有因素共同发生作用的过程。一般将其概括为以下 4 个方面：①提高装备技术水平；②改进工艺；③提高劳动者素质；④提高管理决策水平等。它是衡量区域科技竞争实力和科技转化为现实生产力的综合性指标。从上述科技进步相关理论我们可以看出不少经济学家从不同角度对科技进步对经济增长的推动和加速作用进行了分析。对于科技进步贡献率的测定研究主要是通过柯布—道格拉斯生产函数和索洛提出的中性技术进步假设条件下的余值法为基础推算科技进步贡献率。之后的美国学者库兹涅兹和丹尼逊等人对索洛余值法进行了修改。总结起来，主要的方法主要有：柯布—道格拉斯生产函数法、索洛余值法、CES 生产函数法、丹尼森因素分析法、超越对数生产函数法、DEA 法和全要素生产率模型法等。

2.3.1 柯布—道格拉斯生产函数结合索洛余值法

生产函数是描述生产过程中投入的生产要素的某种组合同它可能的最大产出量之间的依存关系的数学表达式。即：

$$Y = f(A, K, L, \cdots) \tag{2-7}$$

式中：Y 为产出量；A、K、L 分别为技术、资本、劳动等投入要素。这里"投入的生产要素"是生产过程中发挥作用、对产出量产生贡献的生产要素；"可能的最大产出量"指这种要素组合应该形成的产出量，而不一定是实际产出量。生产要素对产出量的作用与影响，主要是由一定的技术条件决定的，所以，从本质上讲，生产函数反映了生产过程中投入要素与产出量之间的技术关系。

2.3.2 生产函数模型的发展

从 20 世纪 20 年代末，美国数学家 Charles Cobb 和经济学家 Paul Dauglas 提出了生产函数这一名词，并用 1899—1922 年的数据资料，导出了著名的 Cobb - Dauglas 生产函数以来，不断有新的研究成果出现，使生产函数的研究与应用呈现长盛不衰的局面。表 2 - 1 列出的是这期间出现的主要成果。

表 2-1　　　　　　　　　　生产函数及其改进历史

时　间	人　员	成　果
1928 年	Cobb, Dauglas	C—D 生产函数
1937 年	Dauglas, Durand	C—D 生产函数的改进型
1957 年	Solow	C—D 生产函数的改进型
1960 年	Solow	含体现型技术进步生产函数
1960 年	Arrow 等	两要素 CES 生产函数
1967 年	Sato	二级 CES 生产函数
1968 年	Sato, Hoffman	VES 生产函数
1968 年	Aigner, Chu	边界生产函数
1971 年	Revanker	VES 生产函数
1973 年	Christensen	超越对数生产函数
1980 年	Jorgenson	三级 CES 生产函数

在这期间，关于生产函数估计方法的研究成果也很多，在本节中将结合生产函数的估计加以介绍。

此方法由美国数学家柯布和经济学家道格拉斯共同提出，该函数反映了劳动与资本投入量与产出量之间的关系，具有如下函数形式：$Y = AK^{\alpha}L^{\beta}$，其中，Y 为产出量，K 为资本投入量，L 为劳动力投入量，A 为一定的科技水平。α、β 分别为资本和劳动的产出弹性系数，一般假设：$\alpha + \beta = 1$，即规模报酬不变。运用一定方法确定 α 和 β 后，在时间序列的数据基础上，可以计算出科技水平和科技进步率。

但是上述模型只能描述在某一不变的科技进步率下投入与产出的关系，具有局限性。首届诺贝尔经济学奖获得者丁伯根（J. Tinbergen）认为科技水平 A 应该是时间的函数，可表示为：$A_t = A_0 e^{rt}$，其中 A_0 为常数，表示基期的科技水平，r 为科技进步系数。则原式可化为：

$$Y = A_0 e^{rt} K^{\alpha} L^{\beta} \tag{2-8}$$

为方便计算，将公式（2-8）两边取对数，可得公式（2-9），即：

$$\ln Y = \ln A_0 + rt + \alpha \ln K + \beta \ln L + \mu \tag{2-9}$$

由于假定生产函数规模报酬不变，则将 $\alpha + \beta = 1$ 代入上式，可得回归模型：

$$\ln(Y/L) = \ln A_0 + rt + \alpha \ln(K/L) + \mu \qquad (2-10)$$

2.3.3 索洛（Solow）余值法

对上述公式（2-10）两边取微分：

$$\Delta Y/Y = r\Delta t + \alpha(\Delta K/K) + \beta(\Delta L/L) \qquad (2-11)$$

假设时间增量 $\Delta t = 1$，记 $\Delta Y/Y$，$\Delta K/K$，$\Delta L/L$ 为 y，k，l，分别表示产出，资本和劳动投入的增长率。则公式（2-11）可化为：

$$y = r + \alpha k + \beta l \qquad (2-12)$$

公式（2-12）即为索洛增长速度方程，方程两边同除以 y：

$$r/y + \alpha k/y + \beta l/y = 1 \qquad (2-13)$$

记 $E_A = r/y$，$E_K = \alpha k/y$，$E_L = \beta l/y$，则可得到科技进步贡献率公式为：

$$E_A + E_K + E_L = 1, \ E_A = 1 - E_K - E_L \qquad (2-14)$$

式中：E_A 为科技进步对经济增长的贡献率；E_K 为资本投入对经济增长的贡献率；E_L 为劳动投入对经济增长的贡献率。

2.3.4 不变替代弹性（CES）生产函数模型

在 1961 年，由 Arrow、Chenery、Mihas 和 Solow 数位学者提出了两要素不变替代弹性（Constant Elasticity of Substitution）生产函数模型，简称 CES 生产函数模型，其基本形式如下：

$$Y = A(\delta_1 K^{-\rho} + \delta_2 L^{-\rho})^{-\frac{1}{\rho}} \qquad (2-15)$$

其中，待估参数 A 为效率系数，是广义技术进步水平的反映，显然，应该有 $A > 0$；δ_1 和 δ_2 为分配系数，$0 < \delta_1 < 1$，$0 < \delta_2 < 1$，并且满足 $\delta_1 + \delta_2 = 1$；ρ 为替代参数，下面将专门讨论。公式（2-15）假定研究对象具有不变规模报酬，因为

$$A[\delta_1(\lambda K)^{-\rho} + \delta_2(\lambda L)^{-\rho}]^{-\frac{1}{\rho}} = \lambda[A(\delta_1 K^{-\rho} + \delta_2 L^{-\rho})^{-\frac{1}{\rho}}] \qquad (2-16)$$

即当资本与劳动的数量同时增长 λ 倍时，产出量也增长 λ 倍。后来，在应用中取消了这一假定，将式（2-16）改写为：

$$Y = A(\delta_1 K^{-\rho} + \delta_2 L^{-\rho})^{-\frac{m}{\rho}} \qquad (2-17)$$

对公式（2-17），有：

$$A[\delta_1(\lambda K)^{-\rho} + \delta_2(\lambda L)^{-\rho}]^{-\frac{m}{\rho}} = \lambda^m[A(\delta_1 K^{-\rho} + \delta_2 L^{-\rho})^{-\frac{m}{\rho}}] \qquad (2-18)$$

即承认研究对象可以是规模报酬递增的，也可以是规模报酬递减的，取决于参数 m 的估计结果。于是参数 m 为规模报酬参数，当 $m = 1 (<1, >1)$ 时，表明研究对象是规模报酬不变（递减、递增）的。公式（2-18）为实际应用的 CES 生产函数模型的理论形式。

2.3.5 要素替代弹性

根据式（2-18），要素替代弹性为：

$$\sigma = \frac{d(K/L)}{(K/L)} / \frac{d(MP_L/MP_K)}{(MP_L/MP_K)}$$

$$= d\left(\ln\left(\frac{K}{L}\right)\right) / d\left(\ln\left(\frac{MP_L}{MP_K}\right)\right)$$

因为

$$MP_K = \frac{\partial Y}{\partial K}$$

$$= A\left(-\frac{1}{\rho}\right)(\delta_1 K^{-\rho} + \delta_2 L^{-\rho})^{-\frac{1}{\rho}-1} \cdot \delta_1(-\rho)K^{-\rho-1}$$

$$= AK^{-1-\rho}(\delta_1 K^{-\rho} + \delta_2 L^{-\rho})^{-\frac{1}{\rho}-1}\delta_1$$

$$MP_L = AL^{-1-\rho}(\delta_1 K^{-\rho} + \delta_2 L^{-\rho})^{-\frac{1}{\rho}-1}\delta_2$$

$$\frac{MP_L}{MP_K} = \frac{\delta_2}{\delta_1}\left(\frac{K}{L}\right)^{1+\rho}$$

所以

$$\sigma = d\left(\ln\left(\frac{K}{L}\right)\right) / d\left(\ln\left(\frac{\delta_2}{\delta_1}\left(\frac{K}{L}\right)^{1+\rho}\right)\right)$$

$$= d\left(\ln\left(\frac{K}{L}\right)\right) / d\left(\ln\left(\frac{\delta_2}{\delta_1}\right) + (1+\rho)\ln\left(\frac{K}{L}\right)\right)$$

$$= \frac{1}{1+\rho} \tag{2-19}$$

由于要素替代弹性 σ 为一正数，所以参数 ρ 的数值范围为：

$$-1 < \rho < \infty$$

由公式（2-19）可以看出，一旦研究对象确定、样本观测值给定，可以得到参数 ρ 的估计值，并计算得到要素替代弹性的估计值。对于不同的研究对象，或者同一研究对象的不同的样本区间，由于样本观测值不同，要素替代弹性是不同的。这使得 CES 生产函数比 C－D 生产函数更接近现实。但是，在 CES 生产函数中，仍然假定要素替代弹性与样本点无关，这就是不变替代弹性生产函数模型的"不变"的含义。而这一点，仍然是与实际不符的。对于不同的样本点，由于要素的比例不同，相互之间的替代性质也应该是不同的。所以，不变替代弹性生产函数模型还需要发展。

在不变替代弹性生产函数模型中，如果参数 ρ 的估计值等于 0，则要素替代弹性 σ 的估计值为 1，此时 CES 生产函数退化为 C－D 生产函数。

2.3.6 变替代弹性（VES）生产函数模型

变替代弹性（Variable Elasticity of Substitution）生产函数模型，简称 VES 生产函数模型，有许多理论和方法方面的研究成果，是生产函数研究的一个前沿领域。较著名的是 Revankar 于 1971 年提出的模型和 Sato 与 Hoffman 于 1968 年提出的模型。

前者假定要素替代弹性 σ 为要素比例的线性函数，即：

$$\sigma = a + b \cdot \frac{K}{L} \qquad (2-20)$$

容易理解，要素比例不同，要素之间的替代性能是不同的。当 K/L 较大时，资本替代劳动就比较困难；当 K/L 较小时，资本替代劳动就比较容易。生产函数的一般形式为：

$$Z = A\exp\int \frac{dk}{k + c\left(\frac{k}{a+bk}\right)^{1/a}} \qquad (2-21)$$

其中，$Z = Y/L$，$k = K/L$。

后者假定要素替代弹性 σ 为时间的线性函数，即 $\sigma = \sigma(t) = a + b \cdot t$

随着时间的推移，技术的进步将使得要素之间的替代变得容易。生产函数的一般形式为：

$$Y = B\left(\lambda L^{\frac{\sigma(t)-1}{\sigma(t)}} + (1-\lambda)K^{\frac{\sigma(t)-1}{\sigma(t)}}\right)^{\frac{\sigma(t)}{\sigma(t)-1}} \qquad (2-22)$$

在实际应用中，前者可以与样本观测值相联系，因而实用价值更大。下面将着重讨论公式（2－22）所表示的 VES 生产函数模型。

当 $b=0$ 时，公式（2－22）变为：

$$\frac{Y}{L} = A\exp\int \frac{dk}{k + c\left(\frac{k}{a}\right)^{1/a}}$$

$$= A\exp\left(\frac{a}{1-a}\ln\frac{k^{\frac{1-a}{a}}}{1 + \frac{c}{a^{1/a}}k^{\frac{1-a}{a}}} + \mu\right)$$

令 $\frac{1-a}{a} = \rho$，$Ae^{\mu} = A'$，则有：

$$\frac{Y}{L} = A'\left(\frac{a^{1/a} + ck^{\rho}}{a^{1/a}k^{\rho}}\right)^{-\frac{1}{\rho}}$$

$$= A''\left(a^{1/a}k^{-\rho} + c\right)^{-\frac{1}{\rho}}$$

$$Y = A''\left(a^{1/a}\left(\frac{K}{L}\right)^{-\rho} + c\right)^{-\frac{1}{\rho}} \cdot L$$

$$= A''\left(a^{1/a}K^{-\rho} + cL^{-\rho}\right)^{-\frac{1}{\rho}} \qquad (2-23)$$

此时，VES 生产函数模型退化为式（2-23）所表示的 CES 生产函数模型。

当 $b = 0$，$a = 1$ 时，（2-21）变为：

$$\frac{Y}{L} = A\exp\int \frac{dk}{k(1 + c)}$$

$$= A'\exp\left(\frac{\ln k}{1 + c}\right) = A'k^{\frac{1}{1+c}}$$

$$Y = A'K^{\frac{1}{1+c}} \cdot L^{-\frac{1}{1+c}} \cdot L = A'K^{\frac{1}{1+c}} \cdot L^{\frac{c}{1+c}} \qquad (2-24)$$

此时，VES 生产函数模型退化为所表示的 C-D 生产函数模型。

当 $a = 1$ 时，$\sigma = 1 + bk$，可写成：

$$Y = AK^{\frac{1}{1+c}}\left(L + \left(\frac{b}{1+c}\right)K\right)^{\frac{c}{1+c}} \qquad (2-25)$$

即为一般常用的 VES 生产函数模型，其中 A、b、c 是待估参数。在为规模报酬不变的情况，如果将规模报酬系数 m 作为一个待估参数，则 VES 生产函数模型的理论形式为：

$$Y = AK^{\left(\frac{1}{1+c}\right)m}\left(L + \left(\frac{b}{1+c}\right)K\right)^{\left(\frac{c}{1+c}\right)m} \qquad (2-26)$$

2.3.7 超越对数生产函数模型

一个更具有一般性的变替代弹性生产函数模型是由 L. Christensen、

D. Jorgenson 和 Lau 于 1973 年提出的超越对数生产函数模型。其形式为:

$$\ln Y = \beta_0 + \beta_K \ln K + \beta_L \ln L + \beta_{KK} (\ln K)^2 + \beta_{LL} (\ln L)^2 + \beta_{KL} \ln K \cdot \ln L$$

$$(2-27)$$

该生产函数模型的显著特点是它的易估计和包容性。它是一个简单线性模型,可以直接采用单方程线性模型的估计方法进行估计。所谓包容性,是它可以被认为是任何形式的生产函数的近似。例如,如果 $\beta_{KK} = \beta_{LL} = \beta_{KL} = 0$,则表现为 C – D 生产函数;如果 $\beta_{KK} = \beta_{LL} = -\frac{1}{2}\beta_{KL}$,则表现为 CES 生产函数。所以可以根据该生产函数的估计结果判断要素的替代性质。

以上是以要素之间的替代性质为线索发展的一系列生产函数模型。从中可以看出,如果没有前人的研究成功,只要掌握模型发展的思路,我们也有可能发展生产函数模型。正是从这个意义说,掌握研究思路比了解几种模型具有更大的意义。

2.3.8 DEA—Malmquist 指数法

DEA 法,即数据包络分析法是确定性生产前沿模型法的代表方法。它是由运筹学家 Charnes、Cooper 和 Rhodes 提出的一种基于相对效率概念的效率评价方法,适用多投入、多产出的边界生产函数,被广泛的运用于研究全要素生产率。该方法把每一个被评价的经济体作为一个决策单元(DMU),目的是判断 DMU 是否位于生产可能集的"生产前沿面"上,即确定各 DMU 是否DEA 有效。它是一种典型的非参数方法。

在魏权龄系统地将 DEA 方法引入中国之前,我国测量 TFP 与科技进步贡献率的方法主要是索洛余值法。但索洛余值法需要确定具体的生产函数形式和参数,并有较严格的假设条件,这可能与现实有一定的差距。与之相比,DEA 法不需要预设投入产出函数方程,避免了主观因素的影响,而且 DEA 与一般进行平均状态描述的经济计量模型不同的是,它测量的效率是以帕累托有效的生产前沿面为落脚点,这就会使得测量结果更加理想。所以,越来越多的国内学者将这一方法用于 TFP 的测量,从而能够测算出科技进步贡献率。其计算公式为:科技进步贡献率 = 全要素生产率增长率/经济增长率。

Malmquist 指数是在 1953 年由瑞典经济学家 Malmquist 提出的,用于研究不同时期的消费变化。到了 1982 年,Caves 等学者首次用它来研究生产率指数。近年来，该方法也越来越多被用来研究 TFP。Malmquist 指数的优点有：一是可以分解 TFP，对经济增长的来源进行研究；二是不需要相关的价格信息。测算 Malmquist 指数首先要构建生产前沿面，得到距离函数，所以着就需要通过 DEA 或随机前沿生产函数来进行帮助。那么，目前运用较广泛的是基于 DEA 的 Malmquist 指数，即 DEA—Malmquist 指数法。根据 Fare 等，可将规模报酬可变下、面向产出的、以 t 时刻和 $t+1$ 时刻为技术参照的 Malmquist 指数定义为：

$$M_{t,t+1} = \frac{D_{t+1}^{v}(x_{t+1}, y_{t+1})}{D_{t}^{v}(x_t, y_t)} \times \left[\frac{D_t^v(x_t, y_t)}{D_t^c(x_t, y_t)} \div \frac{D_{t+1}^v(x_{t+1}, y_{t+1})}{D_{t+1}^c(x_{t+1}, y_{t+1})} \right] \times$$
$$\left[\frac{D_t^c(x_t, y_t)}{D_{t+1}^c(x_t, y_t)} \times \frac{D_t^c(x_{t+1}, y_{t+1})}{D_{t+1}^c(x_{t+1}, y_{t+1})} \right]^{\frac{1}{2}} \qquad (2-28)$$

式中：$D^c(x, y)$ 为规模报酬不变下的距离函数，$D^v(x, y)$ 为规模报酬可变下的距离函数。式中 $\dfrac{D_{t+1}^v(x_{t+1}, y_{t+1})}{D_t^v(x_t, y_t)}$ 为纯技术效率变化（Pure Technical Efficiency Change），$\dfrac{D_t^v(x_t, y_t)}{D_t^c(x_t, y_t)} \div \dfrac{D_{t+1}^v(x_{t+1}, y_{t+1})}{D_{t+1}^c(x_{t+1}, y_{t+1})}$ 为规模效率变化（Scale Efficiency Change），$\left[\dfrac{D_t^c(x_t, y_t)}{D_{t+1}^c(x_t, y_t)} \times \dfrac{D_t^c(x_{t+1}, y_{t+1})}{D_{t+1}^c(x_{t+1}, y_{t+1})} \right]^{\frac{1}{2}}$ 为技术水平变化（Technical Change），$\dfrac{D_{t+1}^v(x_{t+1}, y_{t+1})}{D_t^v(x_t, y_t)} \times \left[\dfrac{D_t^v(x_t, y_t)}{D_t^c(x_t, y_t)} \div \dfrac{D_{t+1}^v(x_{t+1}, y_{t+1})}{D_{t+1}^c(x_{t+1}, y_{t+1})} \right]$，即前两项的乘积为技术效率变化（Technical Efficiency Change）。

当 $M_{t,t+1} > 1$ 时，TFP 进步；当 $M_{t,t+1} < 1$，TFP 退步；当 $M_{t,t+1} = 1$，TFP 不变。当技术效率变化、纯技术效率变化、规模效率变化或技术水平变化大于 1 时，说明它是 TFP 增长的源泉，反之，则是 TFP 降低的根源。

2.3.9　基于灰色关联法的测定

索洛余值法的测量过程在上一章节中已经介绍，这里就不再赘述。下面主要对 α、β 进行确定。

索洛余值中 α 和 β 分别代表资本产出弹性系数和劳动产出弹性系数，这也是测量科技进步贡献率的关键参数，其公式分别为：$\alpha = \dfrac{\partial Y}{\partial K} \dfrac{K}{Y}$，$\beta = \dfrac{\partial Y}{\partial L} \dfrac{L}{Y}$，

其经济意义是：在其他投入要素不变的情况下，资本或劳动投入每增加 1%，产出就会增加 α% 或 β%。对于这两个参数确定的传统方式，可以分为以下几类：

经验法：是对研究对象进行详细的分析之后，根据经验来确定 α 和 β 的取值。这种方法具有计算简单的有点，所以普及较广。但这种方法主观性和随意性较大，因为人们一旦得不到预想的结果，就会提出修改参数值。

比例法或份额法：这种方法需要一定的经济假设为前提，并用某一个经济比例去代替 α 和 β 的值。假设完全竞争，成本最小或利润最大，用投入要素的成本占总成本或总收入的比例来度量资本或劳动投入的产出弹性。设历年产出量 Y 数列为参考数列，

$$X_Y(t) = \{X_Y(1), X_Y(2), \cdots, X_Y(n)\} \tag{2-29}$$

历年资本投入量 K 数列和劳动投入量 L 数列为比较数列，

$$X_K(t) = \{X_K(1), X_K(2), \cdots, X_K(n)\} \text{ 为历年资本投入量数列}$$
$$\tag{2-30}$$

$$X_L(t) = \{X_L(1), X_L(2), \cdots, X_L(n)\} \text{ 为历年劳动投入量数列}$$
$$\tag{2-31}$$

其中，t 表示第 t 年，$t = 1, 2, \cdots, n$。

第一步：求各数列的均值项

$$X'_i(t) = X_i(t) / \sum_{t=1}^{n} X_i(t) \text{，其中 } i = Y, K, L; t = 1, 2, \cdots, n \tag{2-32}$$

第二步：求序列差

$$\Delta_j(t) = |X'_Y(t) - X'_j(t)| \text{，其中 } j = K, L; t = 1, 2, \cdots, n \tag{2-33}$$

第三步：求灰色关联系数

$$\gamma_{Yj}(t) = \frac{m + \xi M}{\Delta_j(t) + \xi M} \text{，其中 } j = K, L; t = 1, 2, \cdots, n \tag{2-34}$$

$M = \max_j \max_t \Delta_j(t)$；$m = \min_j \min_t \Delta_j(t)$；

$\xi \in (0, 1)$，一般取 0.5。

第四步：求灰色关联度

$$\gamma_{Yj} = \frac{1}{n} \sum_{t=1}^{n} \gamma_{Yi}(t) \text{，其中 } j = K, L; t = 1, 2, \cdots, n \tag{2-35}$$

γ_{YK} 表示资本投入与 GDP 间的关联度；γ_{YL} 表示劳动投入与 GDP 间的关联度

第五步：计算弹性系数 α 和 β

$$\alpha = \frac{\gamma_{YK}}{\gamma_{YK} + \gamma_{YL}}, \quad \beta = \frac{\gamma_{YL}}{\gamma_{YK} + \gamma_{YL}} \qquad (2-36)$$

这是基于 $\alpha + \beta = 1$ 来处理的，根据资本和劳动对产出的关联度的大小对 α 和 β 的大小进行分配。

2.3.10 测算方法的选择

总结以上几种测算科技进步贡献率的常用方法，我们可以得出结论：①索洛余值法与柯布—道格拉斯生产函数法相比，无论是从假设条件还是从生产函数本身或计算的方式来看，前者都更甚一筹，并且索洛余值法中对于科技进步的定义与广义的科技进步更加相符，这也是本书对于区域物流科技进步的定义。②虽然 CES 生产函数法和超越对数生产函数法的生产函数都更加完美，但也由于函数参数数量较多，估计方式与计算都比较复杂，容易导致测算结果误差大，因此在分析科技进步贡献率时并不常用这两种方式。③DEA—Malmquist 指数法是一种非参数方法，不需要预设生产函数方程，这可以避免主观因素的影响，同时 Malmquist 指数又可以对经济增长的来源做进一步的分解，能更好的分析科技进步与经济增长之间的关系，所以该种方法也越来越多的被人们用来测量科技进步率及科技进步贡献率。

2.4 国内物流行业科技现状分析

目前，国内物流行业科技发展现状从物流装备技术、交通运输技术、物流信息技术和物流人才培育四个方面来看，呈现以下特点：

2.4.1 物流综合运输体系初具规模

1. 公路路网运输体系初具规模

截至 2010 年年底，全国公路网总里程达到 398.4 万千米，五年新增 63.9 万千米。高速公路由"十五"期末的 4.1 万千米发展到 7.4 万千米，新增 3.3 万千米。"五纵七横"12 条国道主干线提前 13 年全部建成，西部开发 8 条省际通道基本贯通。目前，我国营运客货车辆达 1143 万辆，较 2005 年增长 56%，2010 年公路客货运量均为 2005 年的 1.8 倍。

2. 铁路建设高速推进

截至 2010 年，全国铁路营运业里程达到 9.1 万千米，5 年新增 1.7 万千米；高铁运营里程达到 8358 千米，居世界第一位，郑州—西安、上海—南京、上海—杭州等高铁建成投入运营，在建高铁达 1 万多千米，目前全路日开行动车组列车近 1200 列。

"十一五"期间，全国铁路基本建设投资完成 1.98 亿万元，是"十五"投资的 6.3 倍；新线投产 1.47 万千米，是"十五"期间的 2 倍。规划中的 18 个铁路集装箱中心站，现在已经完成了 9 个。按照铁道部计划安排，到 2015 年要建成 18 个全路性物流中心，33 个区域性物流中心，形成覆盖全路的铁路物流节点。

3. 水运网络初步形成

沿海港口五年建成深水泊位 661 个，达到 1774 个，新增通过能力 30 亿吨，达到 55.1 亿吨，基本建成煤、油、矿、箱、粮五大专业化运输系统。2010 年，全国港口拥有生产用码头泊位 31429 个，其中万吨级以上泊位 1554 个，比 2009 年年底分别增加 397 个和 138 个。全国沿海港口拥有生产用码头泊位 5320 个，其中万吨级以上泊位 1261 个，比 2008 年年底分别增加 201 个和 104 个；内河港口拥有生产用码头泊位 26109 个，其中万吨级以上泊位 293 个，比 2009 年年底分别增加 178 个和 34 个。

长江黄金水道等内河水运建设取得重大进展，珠江三角洲等高等级航道网也基本建成，京杭运河和长江三角洲高等级航道网建设工程成效明显。"十一五"期间新增及改善内河航道 4181 千米，全国内河通道里程达 12.4 万千米，其中三级以上航道 9085 千米，初步形成了国家高等级航道网络。

目前，我国现有运输船舶 25 万余艘，船舶吨位达到 1 亿总吨，承担了 90% 以上的外贸运算量，2010 年沿海港口完成货物吞吐量是 2005 年的 1.8 倍，沿海港口货物和集装箱吞吐量连续多年保持世界第一位。

4. 民航设施初具规模

民航基础设施五年投资 2500 亿元，相当于前 25 年民航建设资金的总和。定期航班机场达到 176 个，五年新增 35 个，改建了一批机场，初步形成了规模适当，功能完善的机场体系。民用航空运输机队总数达 1610 架，是 2005 年的近 1.9 倍；运输总周转量、旅客运输量和货邮运输量分别是 2005 年的 2

倍、1.9 倍和 1.8 倍。

5. 多式联运快速发展

综合运输体系逐步完成，促进了多式联运快速发展。2010 年 3 月，中铁集装箱武汉分公司与武汉国际集装箱公司在阳逻签署战略合作框架协议，双方将围绕着"铁水联运"目标，构建多方式联运平台及其协作机制，共同推动中西部的集装箱经铁路运抵阳逻港，再经港口"江海直达"航线运往上海洋山港。5 月，中韩两国草签了《中韩陆海联运汽车货物运输协定》，山东省将率先与韩国开展陆海联运汽车货物运输。6 月，大连铁路集装箱中心站主体工程基本完成，进入正式运营前的组织阶段，该项目成为目前全国最大且能实现"岗前站"模式的港口型中心站。7 月，西安铁路集装箱中心站主体工程竣工，据测算，2010 年西安铁路集装箱中心站运量可达 535 万吨；2015 年可达 862 万吨；2025 年可达 1950 万吨；凭借西安在全国内陆交通枢纽的重要地位，它将发展成为全国铁路集装箱中心站的中心。12 月，厦门启动中日海铁联运试点，由中国远洋与日本铁路运输龙头企业——JR（日本铁路）公司合作，厦门至横滨的海上运输由中国远洋集装箱运输公司承担，JR 公司负责横滨港至客户所在地的铁路运输，即一条两头陆运，中间海运的"远洋桥"已经在厦门和日本之间形成。

2.4.2　物流装备高速增长

1. 叉车生产与销售出现"爆发式"增长

中国叉车行业自 2010 年一季度开始进入产销两旺的爆发式增长阶段，产销总量比 2009 年同期增长 60%。1—6 月，中国叉车产销量累计同比增长达到 87% 左右。全年来看，根据中国工业车辆分会统计，2010 年 1—11 月中国叉车的生产与销售 213880 台，与 2009 年同期 124642 台相比，增长 71.5%，预计 2010 年中国叉车总产销将达到 23 万台。

2. 托盘与货架行业全年快速增长

托盘与货架行业在 2010 年第一、第二季度出现快速增长，第三季度增速环比有所下降，但仍保持了持续增长趋势，全年预计同比增长 26% 以上。

3. 物理装备业热点频现

中国物流装备业需求热点较多，主要体现在医药物流、电子商务物流、服装物流、冷链物流等方面，这些热点市场机遇较大，具有可持续发展特征，为物流装备业今后的快速发展提供了需求基础。

2.4.3 物流信息化加快创新发展

1. 企业信息化成效显著

据中国物流与采购联合会发布的《2010 年物流信息化调研报告》显示，大约 78.2% 的企业有独立的 IT 部门；80% 的企业有专职的信息化系统管理和维护人员，这说明大多数企业都开展了基本的信息化建设。随着现代物流理念的不断深入，企业信息系统的重要性越来越受到企业的重视，大约 70.5% 接受调查的企业都建立了自己的管理信息系统。

调查还涉及了企业对信息化建设的投入与收益问题。数据显示，企业的信息化投资力度越来越大，2008 年大多数企业投资在 20 万～50 万元；2009 年，大部分企业投资在 50 万～100 万元；2010 年，企业的信息化投资大多在在 20 万～50 万元。调查结果显示，大部分企业认为信息化建设在降低物流成本，以及维护企业客户关系方面效益明显。但企业信息化建设过程中，还存在不少问题，如企业自身缺乏专业人才、软件价格太高、缺乏行业标准等。

2. 公共信息平台仍需加强

目前，我国物流公共信息平台的建设不容乐观。根据调查显示，17.9% 企业经常使用公共信息平台，但大部分企业是与银行和客户进行联网。2010 年，交通运输部将"长江航运物流公共信息平台"以及由浙江省交通运输厅提出的"省际物流公共信息平台"列入物流公共信息平台建设示范工程并批复了建设方案。吉林、山东、北京等省市区也积极开通区域公共物流信息平台，为区内企业提供网上配货，网上交易、电子支付、在线保险等物流电子商务服务。

3. 关键技术逐步推广

针对提高运输组织效率、保障交通运输安全、提升公共信息服务水平等物流业发展需求，国家有关部门在综合枢纽智能管理与建设、多式联运与甩挂运输、智能化集装箱运输、港口集疏运体系、跨国运输、重点营运车辆和船舶实时监管、电子不停车收费、治理超限超载监控网络以及交通运输信息资源整合等方面开展了一系列关键技术的研究，加快了科技成果的推广应用。其中上海港承担的国家科技支撑项目"现代港口物流服务示范工程"目前已取得显著成效，建立了现代散杂货码头数字化生产管理系统，开通了中美集装箱电子标签航线，这也是全球第一条带有电子标签的民用国际集装箱航线，项目成果已经在上海—重庆、上海—威海等内贸航线以及中日、中新、中马、中俄等国际航线开始应用。

2.4.4　物流教育培训稳步推进

在学历教育方面，物流人才培养已形成了博士、硕士、本科、高职高专、中职多层次、多元化的教育结构。据统计，截至 2010 年年底，全国共有 200 余所大学开展物流研究生的培养；经教育部批准开设"物流管理"和"物流工程"专业的本科院校数量已达到 378 所；教育部还新批准了北京物资学院开设采购管理专业；开设物流专业的高等职业院校 824 所；开设物流专业的中等专业学校超过 1000 所。不同学历层次的物流专业在校生突破 100 万人。在物流师培训和考试方面，目前累计获得各级物流师资格证书的约有 12 万人。新推出物流员级别的培训认证，进一步完善了物流人才培训体系。

2.5　区域物流科技进步现状分析

科技进步在不同层次、不同方面推动着区域物流的发展。但是，由于中国的物流业起步较晚，再加上观念滞后、硬件老化、成本较高、管理体制落后等原因，区域物流的诸多环节还处于独立、分割的状态，离一体化、信息化、规模化的现代物流业还有一定的差距。面对这一现状，如何借助科技进步这一重要力量推动我国区域物流的发展，实现由传统物流业向现代新型物流业运营模式的转变，就成为当前亟待考虑的重要问题。本章节首先对区域物流科技进步进行界定，并根据我国区域物流发展的实际情况对区域物流科技进步进行分类；其次在此基础上对区域物流科技进步的现状进行分析，揭示我国区域物流发展中各类先进科学技术的应用状况，发现其优势与不足，为之后章节的定量研究与对策分析奠定基础。

2.5.1 区域物流科技进步的界定

1. 科技进步

科学技术，简称为科技，是自然科学与应用技术的合称，是指科学技术不断发展、完善和创新的过程，其实质是科学技术的积累和进化。在早期的研究中，科学与技术是被人们区分开来的。18 世纪，法国唯物主义哲学家、科学家狄德罗在他主编的《百科全书》中将技术定义为"为某一目的共同协作组成的各种工具和规则体系"，并将科学与技术进行区分。但到了 18 世纪产业革命之后，随着机器大生产体系的形成及大商品经济的加速发展，科学与技术逐渐走向结合，人们对科学与技术的界限日趋模糊，形成了科学技术的统一体系。本书也将二者看做是统一体。

对科技进步的研究，最早是由经济学家熊彼德在《经济发展理论》一书中提出的"创新"一词引出，通过人们对"创新"这一新名词的各种解释，最终形成了"科技进步"这一概念。国内外学者对科技进步的定义都有不同的看法，国外最具影响力的是施幕克勒和曼斯费尔德做出的定义："科技进步是指，给同样的投入可以有更多的产出；或者用较少的一种或多种投入量得到同样的产出；或者现有产品质量的改进；或者生产出全新的产品。"而国内对科技进步内涵的理解也不完全一致，归纳起来可分为狭义的科技进步和广义的科技进步。姜均露将狭义的科技进步定义为只涉及生产领域、生活领域的科技进步，而广义的科技进步不仅包括狭义的内容，还包括涉及管理、决策、交换、流通等领域在内的科技进步。张国初则从软、硬技术的角度指出狭义的科技进步是硬技术方面的进步，如改造生产设备、改进工艺、采用新能源、新材料等；而广义的科技进步既包括硬技术方面的进步，还包括如管理者水平的提升，劳动者知识、技能的提高等软技术方面的进步。若从经济学的角度出发，各学者普遍根据索洛生产函数的余值方法来进行界定：广义的科技进步是指产出增长中扣除劳动和资本等要素投入增长的作用后，所有其他因素作用的总和。

2. 区域物流

自"物流"一词出现以来，其发展可分为以下五个阶段：①启蒙阶段，1844 年至第二次世界大战前夕。这一时期，物流意识从无至有，美国学者

A. W. Shaw 于 1912 年在其著作中最早提出了"Physical Distribution"这一概念。②兴起阶段，20 世纪初至 50 年代，人们开始对"Physical Distribution"进行深入研究，并于 1935 年在《市场营销用语集》一书中对"物流"进行界定。第二次世界大战，又出现了"Logistics"一词，即军事后勤。③快速发展阶段，20 世纪 60 ~ 70 年代。科学技术得到了快速发展，尤其是管理方式的进步以及物流基础设施的建设，大大的促进了物流发展的脚步。④合理化阶段，20 世纪 70 ~ 80 年代。物流管理理论得到了升华，系统整合的思想逐渐形成，物流活动从企业内部转向外部，第三方物流孕育而生，先进的物流技术得以运用。⑤信息化阶段，20 世纪 90 年代至今。物流信息技术的发展与计算机信息网络的普及，使传统物流业向现代物流业转变，物流科技对区域物流发展的促进作用日趋加大，同时，物流管理理论的研究也向更高层次升华。综合以上五个发展阶段可以看出，区域物流是随着物流科技的进步而不断发展的。

而物流自 20 世纪 80 年代引入中国以来，也分别经历了传统物流时期、萌芽期、起步期、发展期。物流科技的进步在中国区域物流的发展过程中是功不可没。近年来，中国区域物流稳步发展，总产值继续增长，区域物流已成为我国重要的产业之一，在这样一个良好势头的背景下。国内外对区域物流的概念却没有一个统一的定义。有的学者认为运输、仓储已是既定产业，物流不能作为产业看待。但更多的学者还是从产业属性角度出发认为物流是一个产业。例如，汪鸣就提出区域物流是"复合产业"的概念，认为区域物流是"专门从事物流活动的企业集成"。并且《区域物流调整和振兴规划》中也提出了区域物流作为一种复合型产业的特征，具体体现为各种物流服务方式的融合、与服务对象的融合、管理与政策的融合。

综合各学者的观点可知，各界都认同区域物流是属于服务业或第三产业的范畴，并且各学者对于是将区域物流看成是一个行业还是一个产业并没有做详细的区分。所以依据我国 2001 年颁布的国家标准《物流术语》对物流的定义："物品从供应地向接收地的实体流动过程。根据实际需要，将运输、储存、装卸、搬运、包装、流通加工、配送、信息处理等基本功能实施有机结合。"及 2002 年 10 月 1 日正式实施的《国民经济行业分类》（GB/T4754 - 2002）的定义："一个行业（或产业）是指从事相同性质的经济活动的所有单位的集合"。本书最终沿用了《中国第三产业统计年鉴（2007）》中对于区域物流的定义，"区域物流作为第三产业的复合行业，包括交通运输业物流、

仓储业物流、邮政业物流、贸易业物流、流通加工与包装业物流。"其中本书对于行业和产业不做详细区分。

在2009年3月3日召开的全国两会上，包括钢铁、汽车、纺织、装备制造、船舶工业、轻工业、石化、电子信息业、有色金属和物流十大产业调整振兴规划成为代表和媒体热议的关键词。这也证明了，物流已经作为一个产业存在于我国。

3. 科技进步对区域物流的促进作用

"科学技术是第一生产力"。科学技术的每一次革命浪潮在极大地推动了经济和社会发展的同时，也使人民生活发生翻天覆地的变化。随着经济全球化趋势的不断加强，现代科学技术的突飞猛进使得全球范围内的专业化分工进一步升级，整个社会产业结构和经济结构的布局发生改变，出现了一种"以专门从事将物品（服务）由起始地到消费地高效率地发生实体位移，并对其进行高效益的流动、储存及增值服务为经营内容的营利性组织的集群"——区域物流作为一种新兴的产业模式屹然崛起。

对正处于高速发展的中国来说，区域物流具有广阔的发展空间和巨大的市场潜力，现代物流业将会成为中国经济发展的重要产业和新的经济增长点，它与科技进步之间显示出越来越密切的关系。科技进步对于区域物流的促进作用主要表现在以下几个方面：

（1）运输方式的进步强化了区域物流地位

回顾科技革命史，从蒸汽机到发电机再到电子计算机，从轮船、火车到汽车、飞机再到宇宙飞行器，运输方式的进一步强化了区域物流在国民经济中的地位。它加快了运输的速度，提升了运输的质量，拓宽了运输的范围，缩短了运输的时间，使我国的物流业由传统的运输方式转化为现代新型的物流业运营模式成为可能。

（2）信息技术的飞速发展推动了区域物流的崛起

现代物流的发展以信息技术的广泛应用为主要特征。由多种信息技术集成的物流信息系统，对在运输、仓储、装卸、搬运、包装、流通加工等各个环节的作业中产生的大量信息进行及时有效的收集、处理和分析，是实现"缩短在途时间、实现零库存、及时供货与保持供应链的连续与稳定"等现代物流管理目标的重要保证。可以说，没有现代信息技术的发展，就没有现代物流业的产生和发展。

（3）科学技术进步促进了物流作业的自动化

物流作业的自动化主要表现在物流信息的采集、处理与通信的自动化，商品实物流动操作环节的自动化，以及物流管理及决策的自动化。目前已形成以信息技术为核心，以运输技术、配送技术、装卸搬运技术、自动化仓储技术、库存控制技术、包装技术等专业技术为支撑的现代化物流装备技术格局。从人工分拣到自动化分拣系统，从人工搬运到叉车运输再到 AGV 系统技术应用，从手工记账到 EDI 和 EOS 技术的运用，这些无不显示了现代科学技术对物流自动化的巨大推动作用。

（4）科学管理理念催生了物流管理的现代化

区域物流作为新兴的朝阳产业，代表着先进生产力的方向。因此，物流管理必然要蕴涵着现代化的管理意识、管理思想、管理手段和方法，必须有正确的管理政策与法规加以引导，需要拥有高层次的物流管理人才和物流科技人才加以应用，需要用系统的思维方式加以整合，由此而实现先进技术与先进管理的有效结合。

2.5.2　区域物流科技进步

区域物流科技进步与科技进步具有具体与一般的关系。因此，综合以上分析，本书将"区域物流科技进步"定义为广义的区域物流科技进步。区域物流科技进步是凝结在物流生产力诸要素中各种知识和技能的总和，是在物流发展过程中，为了达到提高物流效率、降低物流成本和扩大物流规模等目标，而不断的将产生的新知识、新技术运用到物流活动中，从而促进区域物流持续有效增长的过程。

因为要对区域物流科技进步的现状进行定性的分析，所以有必要对广义的区域物流科技进步进行分类。区域物流科技进步的表现形式可分为很多种，例如：物流作业工具技术质量的改进、劳动者素质的提高、物流资源合理的配置，管理水平的提高以及新的政府政策与法规等。将这些区域物流科技进步进行分类，最常见方式有两种。一种是将区域物流科技进步分为体现型和非体现型，体现型的区域物流科技进步是指通过提高物流投入要素质量和提高作业效率从而促进区域物流经济增长的过程，表现为资金和劳动力等要素质量的提高。非体现型的区域物流科技进步是指投入要素以外的其他的进步因素。另一种分类方式普遍采用，即将区域物流科技进步分为硬技术和软技术，这也是本书的分类方式。其中，物流硬技术的进步主要指构成物流系统的基础设施设备以及物流活动中所运用的各种机械设备和工具技术的提高。本书将物流硬技术主要分为三大类：物流信息技术、物流装备技术（包括装卸搬运、仓储技术、包装技术等装备）和物流交通运输技术。对于物流软技术所包含的内容也比较广泛，将根据我国区域物流的实际情况，将物流软技术进步定义为：通过物流人力资本、管理理念与方法、政府政策三方面的进步来提高物流经济效益，如图2－1所示。本书将按照这种"三硬三软"分类方式将区域物流科技进步进行细分，由此定性的分析区域物流科技进步的现状及其存在不足。

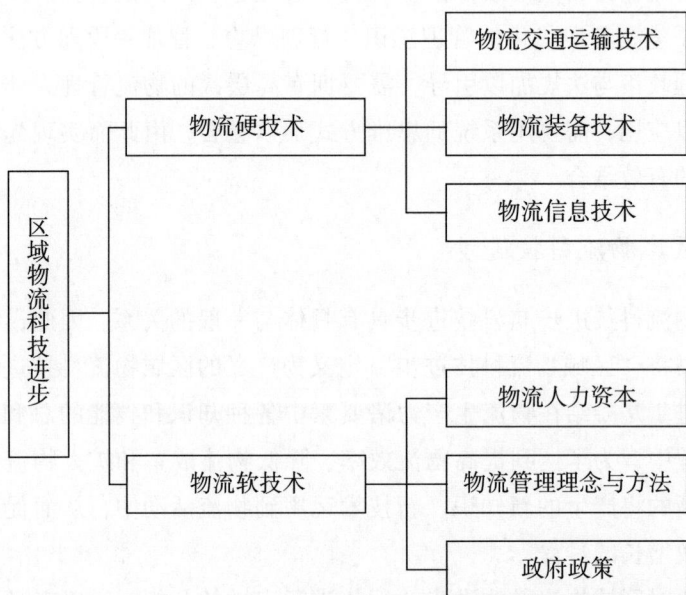

图 2－1   区域物流科技进步分类

2.5.3   物流硬技术

2.5.3.1   物流交通运输技术

物流是以改变实体空间位置而进行的活动，没有物流交通运输技术的支持，物流活动就仿佛空中楼阁，更无区域物流这一概念可言。物流交通运输技术主要指运输基础设施，如公路、铁路、水运、民航等基础设施的完善，因此，本书主要从公路、铁路、水运、民航、多式联运这几个方面揭示物流交通运输技术的发展现状。

1. 公路路网运输体系初具规模

截至 2010 年年底，我国全年完成公路建设投资 1.15 万亿元，比 2009 年增长 18.8%，较"十一五"期间新增 66.30 万千米；从路网规模看，全国公路网总里程突破 400 万千米，达到 400.82 万千米，比 2009 年增加 14.74 万千米；全国公路密度快速增长，为 41.75 千米/百平方千米，比 2009 年末提高 1.53 千米/百平方千米，比"十五"末提高 6.90 千米/百平方千米。以江西为例，2011 年江西省完成公路站场建设投资 19630 万元，同比增长 181%，并完成了南昌、赣州、宜春、吉安、九江、鹰潭 6 个国家公路运输枢纽总体规划编制工作，且已通过了交通运输部组织的评审，基本确定在这 6 个城市规划建设 28 个客运站、33 个货运站场。

我国高速公路建设明显加快，高速公路由"十五"期末的 4.1 万千米发展到 7.4 万千米，新增 3.3 万千米。截至 2010 年年底，我国高速公路超过 3000 公里的省份达到 11 个，陕西、辽宁、山西、江西这个四个省的高速公路里程首次超过 3000 千米。

杭州湾跨海大桥、苏通长江大桥、舟山连岛工程、秦岭终南山隧道、上海崇明桥工程和厦门翔安海底隧道等一批重大工程相继建成。"五纵七横"12 条国道主干线提前 13 年全部建成，西部开发 8 条省际通道基本贯通。目前，我国营运客货车辆达 1143 万辆，较 2005 年增长 56%，2010 年公路客货运量均为 2005 年的 1.8 倍。

此外，我国农村交通条件进一步改善，农村公路建设车购税投资总规模是"十五"时期的 3.2 倍，2010 年全国农村公路（含县道、乡道、村道）里程达 350.66 万千米，比 2009 年末增加 13.75 万千米，"十一五"农村公路建设目标全部实现。

2. 铁路建设高速推进

铁路是国家重要的基础设施和国民经济发展的大动脉，在综合物流交通运输体系中具有骨干地位。近年来在国家的大力投资与建设之下，铁路建设得到高速推进，截至 2011 年，全国铁路营业里程达到 9.3 万千米，比 2010 增加 2071.1 千米、增长 2.3%，里程长度居世界第二位。2006—2011 年我国铁路营业里程增长情况如图 2－2 所示。

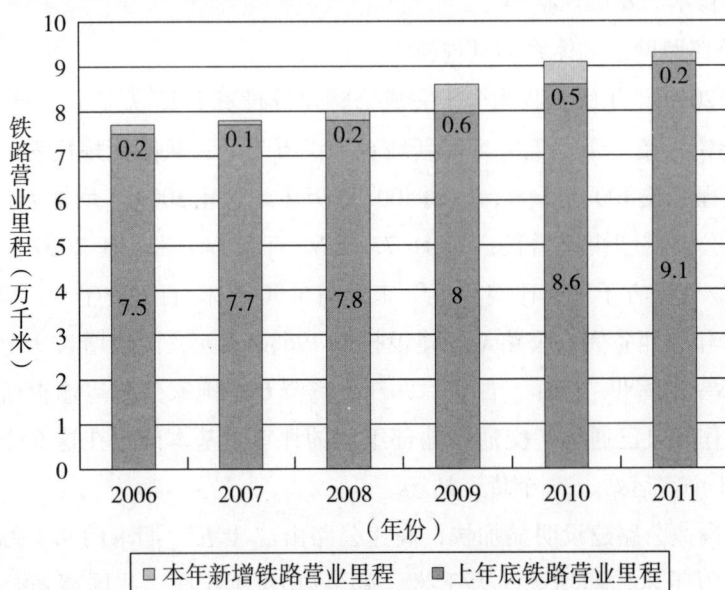

图 2－2　2006—2011 年我国铁路营业里程增长情况

数据来源：中华人民共和国铁道部《铁道统计公报》。

2011 年，新建铁路完成投资 3899.05 亿元，建成京沪、广深等高速铁路共 1421 千米。"十一五"期间，全国铁路基本建设投资完成 1.98 亿万元，是"十五"投资的 6.3 倍；新线投产 1.47 万千米，是"十五"期间的 2 倍。规划中的 18 个铁路集装箱中心站，现在已经完成了 9 个。按照铁道部计划安排，到 2015 年要建成 18 个全路性物流中心，33 个区域性物流中心，形成覆盖全路的铁路物流节点。

以铁路建设为依托，铁路货物运输量逐年攀升。2011 年，全国铁路货运总发送量（含行包运量）完成 393263 万吨，比 2010 年增加 28992 万吨、增长 8.0%。其中，国家铁路 329535 万吨，增长 6.5%；非控股合资铁路 41549 万吨，增长 16.6%；地方铁路 22179 万吨，增长 16.2%；全国铁路货运总周转量（含行包周转量）完成 29465.79 亿吨千米，比 2009 年增加 1821.65 亿吨千米、增长 6.6%。其中，国家铁路 27631.67 亿吨千米，增长 6.5%；非控股合资铁路 1695.40 亿吨千米，增长 6.6%；地方铁路 138.72 亿吨千米，增长 19.5%。2005—2011 年全国铁路货运发送量，以及 2005—2011 年全国铁路货物周转量分别如图 2－3、图 2－4 所示。

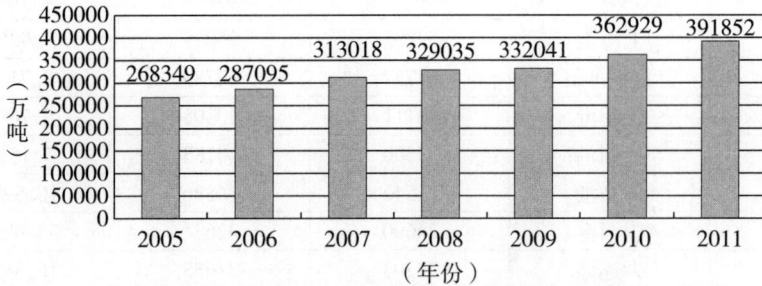

图 2－3　2005—2011 年全国铁路货运发送量

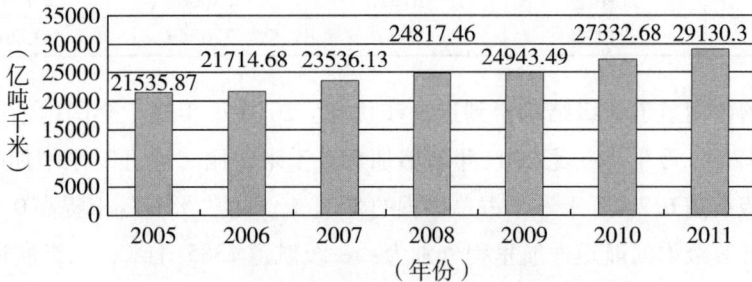

图 2－4　2005—2011 年全国铁路货物周转量

数据来源：中华人民共和国铁道部《铁道统计公报》。

3. 水运网络初步形成

在当今国际贸易中，海上运输业发挥着举足轻重的作用。据统计，国际贸易总运量中 90%以上的货物都是利用海上运输完成的，因此，一个四通八达的水运网络的建设对于整个区域物流尤其是国际物流的发展具有极其重要的意义。截至 2010 年，全国港口拥有生产用码头泊位 31429 个，其中万吨级以上泊位 1554 个，比 2009 年年底分别增加 397 个和 138 个。全国沿海港口拥有生产用码头泊位 5320 个，其中万吨级以上泊位 1261 个，比 2008 年年底分别增加 201 个和 104 个；沿海港口五年建成深水泊位 661 个，达到 1774 个，新增通过能力 30 亿吨，达到 55.1 亿吨，基本建成煤、油、矿、箱、粮五大专业化运输系统。内河港口拥有生产用码头泊位 26109 个，其中万吨级以上泊位 293 个，比 2009 年年底分别增加 178 个和 34 个。目前，我国亿吨大港已达到 22 个，上海、宁波、广州、天津、青岛、秦皇岛、大连、日照、营口等几大沿海城市港口吞吐量超过 2 亿吨（如表 2－2 所示）。

41

表 2－2 　　　　2009 年与 2010 年全国前十大港口累计货物吞吐量 　（单位：万吨）

序号	港口	2009 年	2010 年	增长率
1	上海港	59205	65079	9.92%
2	宁波—舟山港	57757	62789	8.71%
3	天津港	38111	40305	5.76%
4	广州港	37500	40183	7.15%
5	青岛港	31546	34886	10.59%
6	内河港	24600	32624	32.62%
7	大连港	27203	31658	16.38%
8	秦皇岛港	24942	26420	5.92%
9	日照港	18131	22666	25.01%
10	营口港	17000	22654	33.26%

全国内河航道等级结构得到进一步优化。2010 年年底，全国内河航道通航里程 12.42 万千米，比 2009 年末增加 559 千米，比"十五"末增加 979 千米。等级航道 6.23 万千米，占总里程的 50.1%，比"十五"末提高 0.6 个百分点。各等级内河航道通航里程分别为：一级航道 1385 千米，二级航道 3008千米，三级航道 4887 千米，四级航道 7802 千米，五级航道 8177 千米，六级航道 18806 千米，七级航道 18226 千米。长江黄金水道等内河水运建设取得重大进展，珠江三角洲等高等级航道网也基本建成，京杭运河和长江三角洲高等级航道网建设工程成效明显，初步形成了国家高等级航道网络。

目前，我国现有运输船舶 25 万余艘，船舶吨位达到 1 亿总吨，承担了90% 以上的外贸运输量，2010 年沿海港口完成货物吞吐量是 2005 年的 1.8倍，沿海港口货物和集装箱吞吐量连续多年保持世界第一位。2010 年全国水路货物运输信息统计分别如图 2－5、图 2－6 所示。

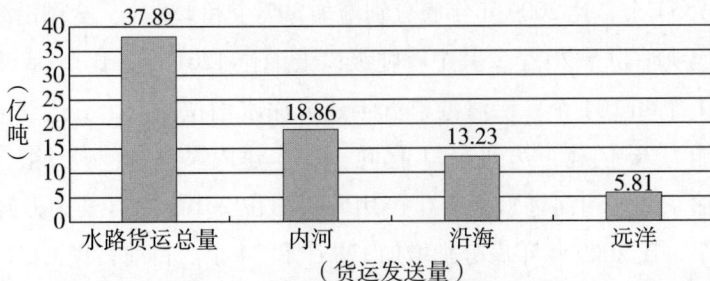

图 2－5 　2010 年全国水路货运发送量

数据来源：交通运输部。

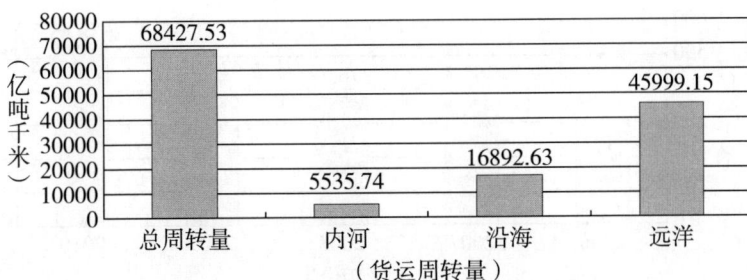

图 2 - 6　2010 年全国水路货运周转量

数据来源：交通运输部。

4. 民航设施初具规模

2010 年我国民航基本建设和技术改造投资 646.5 亿元，民航基础设施五年投资 2500 亿元，相当于前 25 年民航建设资金的总和。定期航班机场达到 176 个，五年新增 35 个，改建了一批机场，初步形成了规模适当，功能完善的机场体系。

随着我国对西部地区建设投入力度的加大，我国机场设施建设也逐步向西部地区倾斜，西部地区的航空运输条件逐渐改善。2010 年，我国新增新疆博乐阿拉山机场、新疆吐鲁番交河机场等 9 个民用航空（颁证）机场。民用航空运输机队总数达 1610 架，是 2005 年的近 1.9 倍；运输总周转量和货邮运输量分别是 2005 年的 2 倍和 1.8 倍。2010 年，我国航空运输总周转量达 538.45 亿吨千米，已连续 6 年居世界民航第二位；全行业完成货邮运输量 563.0 万吨，比 2009 年增加 117.5 万吨，增长 26.4%。国内航线完成货邮运输量 370.4 万吨，比 2009 年增加 51.0 万吨，增长 16.0%，其中港澳台航线完成 21.7 万吨，比 2009 年增加 5.8 万吨，增长 36.2%；国际航线完成货邮运输量 192.6 万吨，比上年增加 66.5 万吨，增长 52.8%。2006—2010 年民航运输总周转量等信息分别如图 2 - 7、图 2 - 8 所示。

5. 多式联运快速发展

目前人们对运输的要求不仅仅是简单的货物送达，已逐步转变为方便、准时、快捷的"门到门"运输方式，而这往往靠单一的运输方式是无法完成的，需要多种运输方式的联合作业才能得以实现。综合运输体系的逐步完善及运输需求的提升，促进了多式联运快速发展。尤其是集装箱多式联运以其高效、便捷、安全的特点成为现代交通运输的重要运输方式，更为实现"门

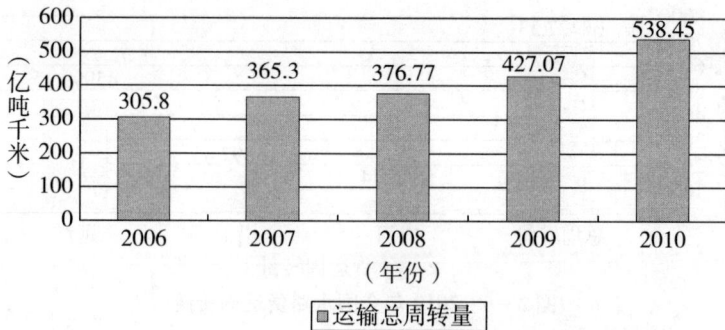

图 2 - 7　2006—2010 年民航运输总周转量

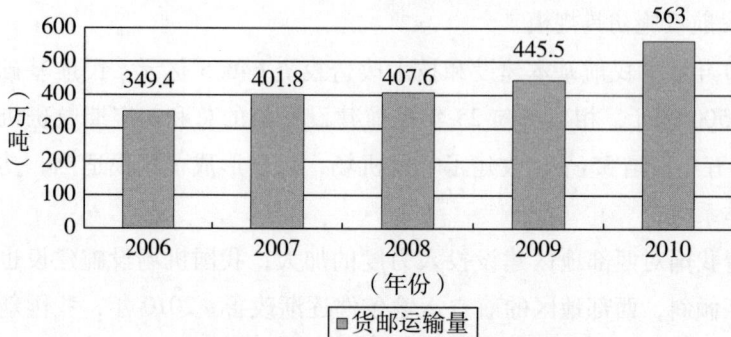

图 2 - 8　2006—2010 年民航货邮运输量

数据来源：中国民航总局．2010 年民航行业发展统计公报。

到门"的运输服务提供了有效的途径。2010 年 3 月，中铁集装箱武汉分公司与武汉国际集装箱公司在阳逻签署战略合作框架协议，双方将围绕着"铁水联运"目标，构建多方式联运平台及其协作机制，共同推动中西部的集装箱经铁路运抵阳逻港，再经港口"江海直达"航线运往上海洋山港。5 月，中韩两国草签了《中韩陆海联运汽车货物运输协定》，山东省将率先与韩国开展陆海联运汽车货物运输。6 月，大连铁路集装箱中心站主体工程基本完成，进入正式运营前的组织阶段，该项目成为目前全国最大且能实现"岗前站"模式的港口型中心站。7 月，西安铁路集装箱中心站主体工程竣工，据测算，2010 年西安铁路集装箱中心站运量可达 535 万吨；2015 年可达 862 万吨；2025 年可达 1950 万吨；凭借西安在全国内陆交通枢纽的重要地位，它将发展成为全国铁路集装箱中心站的中心。12 月，厦门启动中日海铁联运试点，由中国远洋与日本铁路运输龙头企业——JR（日本铁路）公司合作，厦门至横

44

滨的海上运输由中国远洋集装箱运输公司承担，JR 公司负责横滨港至客户所在地的铁路运输，即一条两头陆运，中间海运的"远洋桥"已经在厦门和日本之间形成。

2012 年 3 月 21 日，国务院常务会议讨论通过《"十二五"综合交通运输体系规划》草案，确定了"十二五"时期的建设目标：基本建成国家快速铁路网和国家高速公路网，铁路运输服务基本覆盖大宗货物集散地和 20 万以上人口城市，农村公路基本覆盖乡镇和建制村，海运服务通达全球，70% 以上的内河高等级航道达到规划标准，民用航空网络进一步扩大和优化，基本建成 42 个全国性综合交通枢纽。

通过以上分析可以看出，近年来中国由于推行综合运输为主体的思想，全国运输格局有了新的变化，运输效率逐年提高，各种运输方式的分工更趋于合理、协调、有序。但在全国运输体系加大投入与开发建设的同时，运力与运价不平衡等问题开始涌现，以水运为例，2006 年因国内外各方竞争对手进入中日航线这条航线，在这一年甚至出现了"零运费"和"负运费"赔本赚吆喝的情形，运价太低，显得运力过剩，所以，运力闲置水平曾一度达到 15% 以上。此外，运输工具的多样化却无统一的技术标准，也使得多式联运的运输效率无法真正发挥。因此，物流交通运输技术应该说在国家的大力扶持下处于高速发展阶段，但同时也要考虑如何有效利用与分配运力，避免运力失衡、运价混乱、运输不畅等问题的出现。

2.5.3.2　物流装备技术

在整个物流过程中，从物流功能看，物料或商品要经过包装、运输、装卸、储存等作业环节，并且伴随着附加的辅助作业，这些作业的高效完成需要不同的物流装备技术；从企业物流来看，企业从为保证本身生产的顺利进行组织原材料、零部件、燃料、辅助材料的供应，到企业为保证其经营效益把产成品销售出去，都离不开物流设备的使用。所以，物流装备技术是进行物流活动的物质技术基础，也是生产力发展水平与物流现代化程度的重要标志，其发展对改善物流状况，强化物流系统能力都具有十分重要的地位和作用。物流装备技术所包含的内容非常广泛，由于篇幅的限制，本节将重点从装卸搬运、仓储技术、包装技术三个方面对当前物流装备技术的发展现状进行分析。

1. 装卸搬运技术

装卸搬运技术是指装卸搬运活动中所使用的各种装卸搬运设备和工具，以及由科学理论知识和实践经验发展而成的各种装卸搬运方法、技能与作业程序等，它一般由装卸搬运方式的选择、装卸搬运合理化以及装卸搬运设备的运用等内容构成。随着中国区域物流的迅速发展，我国的装卸搬运技术呈如下趋势：

机械搬运装卸设备如叉车、堆垛机、起重机等生产与销售出现"爆发式"增长。以叉车为例，从 1917 年自行式叉车出现至今，一直保持较高的发展速度，广泛应用于车站、港口、机场、工厂、仓库等物流相关企业与部门。据统计资料显示，截至 2010 年，我国叉车行业已经连续 12 年实现高速增长，2010 年 1—11 月中国叉车的生产与销售 213880 台，与 2009 年同期 124642 台相比，增长 71.5%。目前，中国的叉车市场是世界发展最快、规模最大的叉车市场。

以 AGV、皮带式输送机等为代表的自动化设备应用却越来越广泛，尤其是 AGV 技术。从我国 20 世纪 80 年代初，上海石化总厂从日本大富公司引进了第一套 AGVS，到 1991 年中科院沈阳自动化研究所/新松机器人自动化股份研究公司为沈阳金杯汽车厂研制生产了 6 台 AGV 小车应用于汽车装配线开始，现在 AGV 技术已经广泛应用于汽车、化工、造纸、冶金、烟草、装配等多个行业与领域中的物料搬运、柔性装配、物流配送等多个环节。目前，国内的 AGV 保有量在 1000 台左右，大约有 60% 是国内 AGV 厂家提供的，40% 是由国外供应商提供。

出现了大量的先进工艺技术和更加专业化的新型物流设备。例如，我国上海振华港机公司研制的集装箱起重机，外伸距达 50M，吊具下起重量为 65 吨，是目前世界上最大的岸边集装箱起重机。又如，作为中国叉车行业的领军企业——林德研制的新一代高性能柴油叉车 H30 和电动叉车 E30S 使叉车在动力性、高效性、经济性、环保性和易维护等各方面得到提升。此外，AGV 的导引方式也由最初的有线导引向激光导引、惯性导航等无线可柔性化的方向发展。目前，我国从国外引进激光导引技术的已有 4 家厂商，激光导引技术的 LGV 占主要市场。国内在视觉导引上进行了多年研究，在引导路径识别算法的研究上，将神经网络算法、遗传算法等人工智能方法引入到导航路径的识别算法中，采用线阵式 CCD 建立视觉系统，但受价格竞争力影响至今尚未实现这一技术的商品化和产业化。

2. 仓储技术

仓储技术使库存由单纯保管存储货物发展成为对整个物流系统的调节与缓冲。近年来，我国现代仓储技术主要发生了如下一些重要变化：托盘与货架在仓储管理中的应用保持持续增长，货架产品的质量有一定的提高，货架市场出现细分趋势，同时自动化立体仓库应用范围逐步扩大，被广泛应用于烟草、医药、机械制造、航空港等行业和部门。截至 2010 年，我国建成的自动化立体库近 200 座，自动化立体库的总产值超过 15 亿元。同时，我国建设的自动化立体库规模越来越大，平均货位数在 1 万个左右，高度均在 20 米左右，系统更加复杂。此外，冷库建设速度也相应加快。我国冷库建设主要分布在各水果、蔬菜主产区以及大中城市郊区的蔬菜基地。据统计，全国现有冷冻冷藏能力已达 900 多万吨，其中外资、中外合资和私营冷库约占 50 万吨，国有冷库 850 多万吨，分属于内贸、农业、外贸和轻工系统，其中内贸系统冷库容量达 540 多万吨，占全国总量的 60% 以上；水果冷藏占 55 万吨，蔬菜冷藏占 45 万吨。2010 年，我国一批重要冷库工程竣工，其中西部最大冷库扩建工程——重庆冷储物流百亿市场一期 3 万吨冷库工程，以及海南省 16 家瓜果菜预冷库建设等项目相继竣工。

3. 包装技术

包装技术是指使用包装设备并运用一定的包装方法，将包装材料附着于物流对象，不仅在于保护商品的质量和数量，在物流过程中，包装还便于物资的运输和保管、提高装卸效率、装载率和促进销售。总体上，包装技术包括包装材料、包装设备等。

在包装材料方面，目前常用的包装材料有纸与纸制品、纤维制品、塑料制品、金属制品以及防震材料等。塑料包装的发展方向是降解塑料，各国都在加强降解塑料的研究，并加速实用化进程；纸制品的产量增长较快，所占比例是最大的；对于玻璃包装材料，用于食品包装的玻璃材料有较好的发展前景，玻璃的化学稳定性高，极少有溶出物；而金属包装广泛用于食品包装，是食品加工和储存不可缺少的重要包装材料。总体来说，由于消费品行业的发展极为迅速，食品、饮料、医药、日化和科研等行业配套用包装瓶、罐，

包装盒市场潜力很大，为包装材料的发展提供了很好的机会，包装材料正朝能耗低、对环境损害小的绿色包装方向发展。以金属包装材料为例，UV 环保印铁技术为代表的新型工艺技术的采用，正逐步降低金属包装的废气、废水、固体废弃物的排放。

在包装设备方面，包装机械的销量快速增长，据中国机械工业联合会预测，"十二五"期间，我国包装机械行业规模有望突破 6000 亿元，每年平均增速将达 16%，但问题在于我国高端包装设备主要依赖进口，只有少数国内企业能够提供成套的生产线。2003 年，我国包装行业的进口接近 200 亿元人民币，其中包装机械的进口则占了很大一部分，包装机械进口占国内包装机械设备的 50% ~60%。目前，我国包装机械品种虽约有 1300 多种，但配套数量少，缺少高精度和大型产品。造成这一问题的主要原因在于我国包装设备制造企业多、产量多、产品结构零散。据统计数据显示，到目前为止全国包装机械产量达 53.3 万台套，产值为 1300 亿元，包装机械企业有 9000 多家，产品品种 1300 余种，且技术水平高、生产规模大、产品档次达到国际水平的企业不多；从科研产品开发上看，还基本停留在测试仿制阶段，自行开发能力不强，科研投入少，经费仅占销售额的 1%，而发达国家高达 8% ~10%，国产包装设备的性价比适应了大部分的客户使用要求，但其创新性与技术性有待提高。

4. 我国物流装备技术在发展方面存在的主要问题

综上所述，近年来物流装备技术在物流的各个环节全面得到应用，物流设备总体数量迅速增加且自动化水平显著提高。但从整体上来看我国物流设备的发展并不能满足 21 世纪区域物流发展的要求，这主要表现在：

（1）物流基础设施建设多元化投入不足。就仓储设施而言。近些年也新建了一些较先进的仓储物流设施，但从总体来看，中低端应用较多，20 世纪五六十年代建造的仓库仍在使用，自动化立体仓库和计算机信息化管理的现代化仓库等高端的仓储设施还是偏少。

（2）物流装备技术行业缺少标准。目前，物流设备供应商众多，规模大小不一，企业间缺乏统一制造标准，也没有专业化的行业组织进行统一协调。物流装备生产企业标准混乱致使各种物流设备标准不统一，相互衔接配套差。

（3）现代物流一体化观念没有形成。物流企业只重视单一设备的质量与选型，没有通盘考虑如何使整个物流系统达到最优化。一方面，大多数物流企业仍将价格作为选择物流设备的首要因素，这在叉车、包装机械等机械化设备的选择上显得尤为突出；另一方面，部分物流企业对物流设备的作用缺乏足够的认识，在系统规划、设计时带有盲目性，如冷库建设就存在整体利用率不高，部分冷库由于设计不规范而存在安全隐患等问题。这就造成物流设备使用上的不便或资源的浪费，物流设备的管理也没有被广泛纳入物流管理的内容。

现代物流装备既是技术密集型的生产工具，也是资金密集型的社会财富，因而，建设一个现代化的物流系统所需的物流装备购置投资相当可观；同时，购置设备之后为维持其正常运转、发挥设备效能，还需要继续不断地投入资金进行维护。因此，物流装备技术在区域物流中的应用不单是单一某种物流设备数量与质量的提高，更重要的是要科学配置物流装备，优化设备效能，发挥设备投资效益，这对整个区域物流的良性运行关系重大。

2.5.3.3 物流信息技术

物流信息技术是物流现代化极为重要的领域之一，尤其是计算机网络技术的应用使物流信息技术达到新的水平。物流信息技术在基础应用层面主要包括 Internet 技术、条码技术、RFID 射频识别技术；在环境应用层面的应用主要包括全球定位系统（GPS）、地理信息系统（GIS）；在作业管理应用层面的应用主要包括 MRP 技术、MRPⅡ技术和 ERP 技术；在销售管理应用层面的应用主要包括自动订货系统（EOS）、电子数据交换（EDI）等。不难看出，物流信息技术从数据采集的条码系统、仓储管理系统、到办公室自动化系统中的微机，各种终端设备等硬件、软件等都在日新月异地发展并得到了广泛应用。当前，物流信息技术的发展主要体现在以下几个方面：

1. 企业信息化成效显著

据中国物流与采购联合会发布的《2010 年物流信息化调研报告》显示，大约 78.2％的企业有独立的 IT 部门；80％的企业有专职的信息化系统管理和维护人员，这说明大多数企业都开展了基本信息化建设。随着现代物流理念的不断深入，企业信息系统的重要性越来越受到企业的重视，大约 70.5％接受调查的企业都建立了自己的管理信息系统。根据调查企业中建立信息系统的主要应用模块为：电子订货系统（EOS）、销售时点系统（POS）、仓储管

理系统（WMS）、运输管理系统（TMS）、采购管理、货代管理、客户关系管理、网上支付系统、物品跟踪与查询等。其中，仓储管理、运输管理、客户关系管理这些模块是物流信息系统的主要功能，比例超过70%；而对公司最有帮助的功能模块为仓储管理、运输管理、采购管理和客户关系管理。调查还涉及了企业对信息化建设的投入与收益问题。数据显示，企业的信息化投资力度越来越大，2008年大多数企业投资在20万~50万元；2009年，大部分企业投资在50万~100万元；2010年，企业的信息化投资大多在在20万~50万元。调查结果显示，大部分企业认为信息化建设在降低物流成本，以及维护企业客户关系方面效益明显。但企业信息化建设过程中，还存在不少问题，如企业自身缺乏专业人才、软件价格太高、缺乏行业标准等。

2. 公共物流信息平台的建立将成为物流发展的突破点

公共物流信息平台（PublicLogisticInforma - tionPlatform，PLIP）是指为物流企业、物流需求企业和政府及其他相关部门提供物流信息服务的公共的商业性平台，其本质是为物流生产提供信息化手段的支持和保障。公共信息平台的建立，能实现对客户的快速反应，加强合作单位的协作，是实现区域物流集成的重要保障。目前，我国物流公共信息平台的建设不容乐观。调查显示，17.9%企业经常使用公共信息平台，但大部分企业是与银行和客户进行联网。2010年，交通运输部将"长江航运物流公共信息平台"以及由浙江省交通运输厅提出的"省际物流公共信息平台"列入物流公共信息平台建设示范工程并批复了建设方案。吉林、山东、北京等省市区也积极开通区域公共物流信息平台，为区内企业提供网上配货，网上交易、电子支付、在线保险等物流电子商务服务。因此，公共物流信息平台的建立将成为物流发展的重要突破点。

3. 自动识别技术广泛应用

以条码识读为基础的POS自动销售系统，带来了销售、库存管理、订货、结算方式的变革，同时也促进了条码的发展及其在更大范围、更多领域的应用、逐步从物流供应链的零售末端前推到配送、仓储、运输等物流各个环节。近年来，条码技术开始与无线通信技术相结合为客户提供实时信息管理，进一步改善了物流系统整体运作效率。目前，车载和手持的条码数据终端大多都内置了GPRS（或CDMA 1X）和Wi - Fi的无线通信模块，实现了货运车辆和人员操作的信息实时性问题，当高速无线网桥与具备无线局域网络功能的便携式数据终端产品结合起来，便能够提供功能强大的移动数据实时采集、数据实时处理、无线货物接收、无线库存盘点、无线货物出库、无线商品核价、无线作业调度等应用，缩短系统反应时间。

自 2006 年 6 月 9 日以来，国家相继颁布了《中国射频识别技术政策白皮书》、《800/900MHz 频段试运行规定》等相关政策规定，表明我们国家已经开始 RFID 的技术研发和标准制定，中国的 RFID 产业进入了加速发展的轨道。据《中国物联网 RFID2011 年度发展报告》数据显示，2011 年中国 RFID 产业的市场规模达到了 179.7 亿元，比 2010 年增长了 47.94%。另据中国 RFID 产业联盟和工信部电子科学技术情报研究所物联网研究与促进中心的研究表明：2012 年中国 RFID 市场将继续保持快速增长，预计比 2011 年增长 49.2%，市场规模将达到 268.1 亿元。目前 RFID 技术已广泛应用于电子票证、交通、资产追踪、食品、图书馆、医疗等多个领域，RFID 技术将成为未来物流领域的关键技术。

4. 物联网技术拉开应用序幕

2009 年北京市启动物联网五年规划，计划建成中国首个物联网应用资源共享服务平台、物联信息交换平台、传感信息网络平台、超级计算中心和云计算中心等共性基础支撑平台。2010 年政府将物联网写入《国务院关于加快培育和发展战略性新兴产业的决定》，物联网成为国家首批加快培育的七个战略性新兴产业之一。2011 年，物联网产业得到政策的扶持力度继续加大，国务院和各行业部委发布了一系列促进物联网产业发展的政策措施、产业规划、基金项目、示范工程，从多个维度全面促进物联网发展。2012 年 2 月，工信部正式发布《物联网"十二五"发展规划》，指明产业未来发展道路。

目前，物联网技术在物流领域的应用主要集中在四大方面——运输、配送环节的可视化管理；生产流程和仓库、配送中心的自动化智能作业；全程监控和可追溯的物流信息系统或平台；收集和监控产品全程物流信息。据不完全统计，我国 2010 年物联网市场规模接近 2000 亿元，工信部预测 2015 年我国物联网市场规模将超 5000 亿元，物联网技术有望成为推动现代物流加速发展的新型润滑剂。

2.5.4 物流软技术

2.5.4.1 物流人力资本

科技进步已经成为物流业经济增长的重要驱动力，它能够提高生产能力，增加物流信息的辐射范围和市场的透明度，推动物流企业加大对人力资本的投入，由此带来物流业边际生产力递增的无限空间。而我们知道，科技本身是不具备主观能动性的，它不会主动的为顾客提供良好的服务，需要有外力对它进行驱动，而这种力量就是人力资本。人力资本将物流科技运用到物流活动中为物流发展带来更大的经济效益，同时，每一种物流科技的进步和产生也都是来源于人力资本，由物流劳动者充分发挥自身的智能创造而来。因此，对于对科技进步有较强依赖程度的区域物流来说，人力资本的提高在其发展中起到了至关重要的推动作用。

1. 物流人力资本的界定

"人力资本"这一概念是在 1906 年由费雪提出的，1979 年诺贝尔经济学奖获得者美国经济学家西奥多·W. 舒尔茨（Theodore W. Schultz）在 1960 年进一步解释了"人力资本"的概念，舒尔茨认为，人力资本的影响表现在人们对教育和培训的投资可以促进生产率的提高。1992 年诺贝尔经济学奖获得者加里·贝克尔（Gary S. Becker）发展了人力资本理论，通过对调查数据的分析，贝克尔证明了在教育和培训方面的投资比其他形式的资本投资更重要；更为重要的是，投资知识、技能、健康不仅有益于个人，而且有益于增加企业或者国家的人力资源，提高生产率。虽然对于"人力资本"没有统一的定论，但大家普遍同意这样一种观点："人力资本是人的健康、知识、智能、体能、技能等的综合体，它存在于人体之中，通过投资形成，能够带来未来收益的增加。"也就是说，人力资本依赖于人的体力能力和脑力能力，其中劳动者的智能反映了人力资本的实质。

本书认为，人力资本是与物质资本相对而存在的一种资本形式。人力资本是对人的能力（包括体力和智力）过去投资的现行价值，是一种收益率很高的资本，作用远大于物质资本，是经济增长的主要源泉，也是缩小收入差距，解决贫困问题的主要途径。我国一般倾向于用"人才"这个概念，人才培养机构理解的"人才"是能够掌握某一知识和某一技术，或能够运用某一知识或技术解决问题的人。有的学者将人才界定为接受过高中或中等以上教育、能够独立运用某一专业知识、技术或专门技能解决问题的人。一般教科书和研究资料所说的人才，是指已经显露出能力的各行各业具有真才实学的优秀人物，或者是知识渊博的学者，或者是具有丰富经验的实干家，或者是具有一技之长的专家等。他们的人才概念其实是显性的人才。狭义的物流人力资本是指接受过高中或中等以上教育，从事物流行业，并且能够独立积累的知识、技术或技能解决工作流程中的问题、保持工作流程正常进行的人。广义的物流人力资本是掌握某种知识或某种技能从事物流行业，并能够运用所掌握的知识和技能处理岗位工作和工作流程中问题的人。

2. 物流教育培训现状

人力资本的形成主要是通过教育、培训等方式实现。由于要衡量一个地区物流人力资本是比较困难的，所以我们可以通过研究其物流教育情况来反映该地区物流人力资本的形成情况。

我国1993年开始将物流管理专业列入教育部（原国家教委）新修订的本科专业目录，直到1998年，全国共15所高校开设过物流管理专业课程。2001—2005年，经教育部备案或批准设置的物流本科专业高等学校数从2001年的9所增加到2005年的190所，年均增长114%。其中，开设物流管理专业的高等学校数从2001年的7所增加到2005年的153所，开展物流专业方向人才培养的院校接近200所，开设物流工程硕士专业学位的院校有57所。据统计，截至2010年年底，全国共有200余所大学开展物流研究生的培养；经教育部批准开设"物流管理"和"物流工程"专业的本科院校数量已达到378所；教育部还新批准了北京物资学院开设采购管理专业；开设物流专业的高等职业院校824所；开设物流专业的中等专业学校超过1000所。不同学历层次的物流专业在校生突破100万人。物流从业人员在职教育已全面铺开，上岗资格培训人数日益增多。物流人才培养已形成了博士、硕士、本科、高职高专、中职多层次、多元化的教育结构。物流教育力度的加大，说明物流从业者的素质、能力正在不断提高，即人力资本在提高。

此外，在物流师培训和考试方面，目前累计获得各级物流师资格证书的约有12万人。新推出物流员级别的培训认证，进一步完善了物流人才培训体系。

3. 我国物流人才现状

目前，我国开设物流管理专业的高校多集中在经济相对发达、物流量比较大的地区，北京物资学院是我国最早开设物流专业的高校，1994 年开始招收物流管理专业本科生，2001 年经教育部批准，首批恢复物流管理专业并成立物流系。我国高校物流教育由物资管理、交通运输管理、商业储运、工商管理等专业演变或交叉而来的。一些高校将物流学作为管理类专业、经济类专业本科生开设的大类专业基础课程，比如北京交通大学国家级精品课程《物流学》，是为管理类专业、经济类专业本科生的专业必修课程。

我国物流人才状况整体不容乐观：①物流人才总体缺乏，物流人才的行业需求面扩大，高级物流管理人才更是少之又少；据统计，截至 2010 年，我国物流专业毕业人才的需求缺口为 43144 人，其中，专科人才需求缺口 599 人，本科人才需求缺口 19464 人，研究生人才缺口 2369 人。②物流人才的专业水平不高，整体学历偏低，具有大专及以上学历人员占从业人员的 21.56%，不能满足企业对物流人才的需求，我国物流人才的学历结构图如图 2–9 所示。③物流人才培养体系不够完善，培养出的物流人才与企业需求和未来发展相差较大。④与物流人才奇缺现实形成鲜明对比的另一番景象是，许多大型企业将富余人员安置到自己的物流部门，难以适应物流现代化要求。这些问题严重制约着我国物流业的发展。高校毕业的学生在物流人才市场上呈

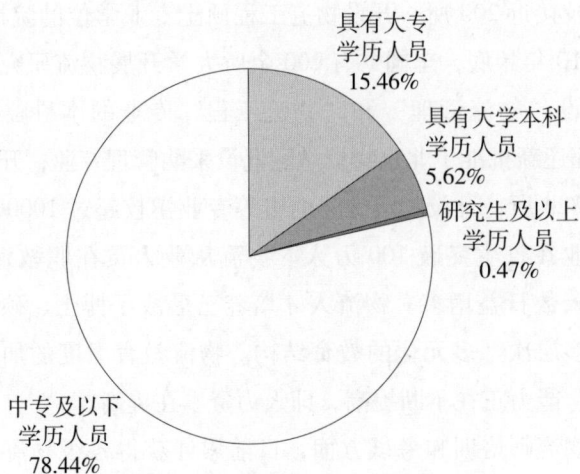

具有大专学历人员 15.46%

具有大学本科学历人员 5.62%

研究生及以上学历人员 0.47%

中专及以下学历人员 78.44%

图 2–9　我国物流人才的学历结构图

数据来源：教育部高等教育司. 中国物流发展与人才需求研究报告。

现出"中间大两头小"现象。中间大是指高等院校毕业生数量越来越多，他们的理论知识较丰富、而缺乏实践经验。"两头小"，一头是指有实践经验又有理论知识的高端物流人才稀缺，如物流经理、客服经理等中层管理人才，对这些高级物流人才，门槛比较高，通常都要本科以上学历，3～5年以上相关工作经验；高端的特别是能设计物流解决方案的，能够针对客户具体情况提供定制化服务的人才在院校中很难培养。另一头是指具有一定物流理论知识的一线操作人员缺少，常见岗位包括仓库管理员、客服人员、信息录入人员、配送人员、运输调度员等岗位，物流是操作性很强的行业，但是很多高等院校毕业生不愿到一线基层去。

以江西为例，江西省虽然比较早就开始了对物流人才的培养教育，但由于其发展缓慢，目前专业化物流人才还是较为缺乏。最早进行物流人才教育的是华东交通大学于1994年在全国招收物资管理专科，但1999年停办，直至2003年江西财经大学开始在全国招收物流管理本科生。目前江西共有6所学校招收物流本科，每年招生人数为400多人，分别是江西财经大学、华东交通大学、赣南师范学院、井冈山大学、东华理工大学以及南昌工程学院。有45所学校招收物流专科，每年招生人数900人左右，包括南昌航空大学、南昌工程学院、宜春学院、赣南师范学院、江西科技师范学院、九江学院、江西交通职业技术学院等。在各高校培养物流人才的过程中都普遍存在这样一些问题：物流师资力量比较薄弱；物流教材重理论轻实践；缺乏必备的教学设备与实验设施，教学方法单一，使得学生对物流的认识停留在书本上，无法满足市场对物流人才的需求。目前在江西省物流人才市场中，对于一些包装、装卸搬运等技术含量低的低端物流人才的需求已经趋于饱和，而对于能够对信息系统进行设计或对先进仪器进行操作的高端物流人才严重缺乏，物流人才的整体素质还有待提高。另外，导致江西省物流人才缺乏的原因还有由于引进人才的制度不完善，致使大量物流人才流失。

2.5.4.2 物流管理理念与方法

物流管理理念与方法的进步将引起生产方法、经营与管理理论和方法以及管理思想的变革，从而导致资源配置方式、企业组织形式、生产经营模式的变化。因此先进的物流管理理念与方法是整个物流业得以可持续发展的基础。本书将从物流组织形式、物流采购模式、物流库存管理方案这几个方面来揭示当前物流管理理念与方法对我国区域物流的影响状况。

1. 物流管理理念与方法对物流组织形式的影响

物流管理理念与方法的进步使物流组织形式发生了改变，物流从生产企业中分离出来，成为独立的企业，使物流从依附于生产企业布局转变为单独地选择分布区位，如图 2-10 所示。

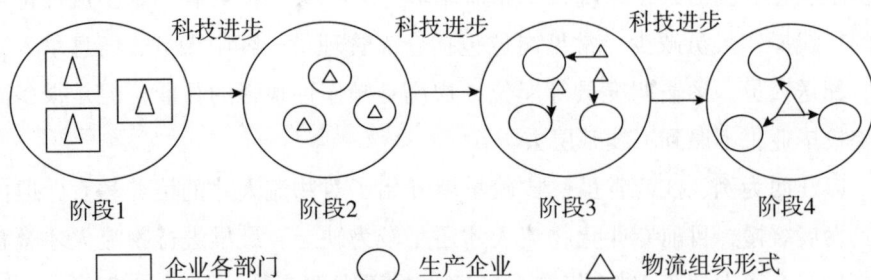

图 2-10　物流组织形式与区位变化示意图

图 2-10 是科技进步影响下物流组织形式与区位变化示意图，它表示了物流组织结构在科技进步影响下的发展变化阶段。阶段 1 是物流组织形式尚处于传统的组织结构模式，这时还没有出现独立的物流管理功能，人们的全局观念还不强，物流活动被分散在财务、制造、市场营销等各职能部门之中，由于部门与部门之间缺乏合作性，信息常被扭曲，物流活动的重复运作，致使物流资源严重浪费。随着人们对区域物流的重视以及物流需求量的不断扩大，各企业为了节约成本，更好、更快的服务用户，物流配送和物料管理等功能逐渐被独立出来，形成了物流功能独立的组织结构，即进入了阶段 2。阶段 2 是物流雏形，随着 20 世纪五六十年代很多管理者对科学管理观念的应用，在产品销售或原材料采购过程中，逐渐形成了一些独立的管理部门，这些独立的管理部门承担着一定的物流组织和管理的角色，即物流以生产企业功能部门的形式出现，服务于本企业，区位布局从属于本生产企业，这一时期虽然把部分物流功能统一起来，但整个企业的全部过程中仍然存在物流资源的浪费。进入 20 世纪 80 年代末和 90 年代以后，随着物流技术的发展，使得物流活动开始可以从原来的制造企业或者商业销售企业中独立出来，出现了以电子数据交换技术或 EDI 为基础的专业化物流组织，即进入了阶段 3。阶段 3 是物流从生产企业中脱离出来，

形成单个独立的物流企业，但区位布局仍靠近原生产企业。阶段 4 是物流技术发展到一定阶段，企业开始寻求专业化物流服务方式，第三方物流开始出现，同时原来单个独立的物流企业开始聚集分布，即呈现物流园区的形式，服务范围辐射整个区域内的生产企业。到了 20 世纪 90 年代末期和 21 世纪以后，很多新型的物流企业又再出现。如第四方物流企业、第五方物流企业。事实上，第四方物流企业和第五方物流企业是专门对物流信息资源进行管理的物流企业。这种延续的过程实际上导致了新的物流组织的出现，而且物流组织的层次也在不断提高。

随着现代物流逐步进入供应链管理阶段，区域物流所要解决的不是单个企业的问题，而是涉及从原材料提供，经过制造商、流通经营者直至最终用户、消费者的一个作为供应链整体的系统。这一强调协调与合作的新型管理理念，既增加了物流活动的复杂性又对物流活动提出了零库存、准时制、快速反应等更高的要求，这就要求供应链上的企业要充分共享信息，并将更多的精力集中于本企业的核心部分，这样非核心的物流业务就需要外包给专业化的物流企业来完成，这就要求第三方及第四方物流企业要更多地参与到物流运作之中。根据国家发改委和南开大学现代物流研究中心于 2010 年 1—4月对我国工商企业物流业务外包的总体情况的调查，近年来我国开展物流外包业务的工商企业比例逐年上升，2009 年达到 61.2%，比 2008 年增加了3.56 个百分点，比 2006 年增加了 24.2 个百分点，且自 2006 年以来年均增长率达 12.8%，如图 2 - 11 所示。2009 年工商企业物流外包比例主要集中于 50% ~

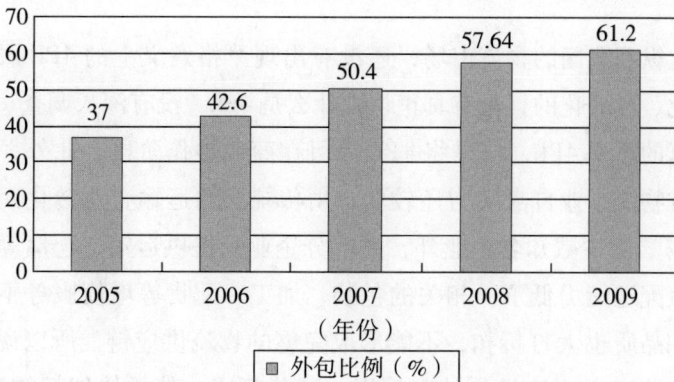

图 2 - 11　工商企业采用物流业务外包的比例

数据来源：南开大学现代物流研究中心，中国现代物流发展报告（2010），北京：中国物资出版社，2010。

80%和80%以上，比例分别为29.8%和41.1%；外包比例在50%以下的为29.1%，较2008年下降了3.9个百分点，如表2-3所示。物流外包比例增加，表明第三方物流在供应链中的作用日趋重要。

表2-3　　　　　　企业外包物流业务量占企业总物流量的比例　　　　（单位:%）

类　别	比　例			
	2006年	2007年	2008年	2009年
10%及以下	13.3	11	9.9	9.1
11%~30%	15.8	17.1	12.3	10.8
31%~50%	9.7	7.3	10.8	9.2
51%~80%	19.7	20.5	21.7	29.8
80%以上	41.5	44.1	45.3	41.1
均　值	57.86	59.91	62.14	62.66

数据来源：南开大学现代物流研究中心，中国现代物流发展报告（2010），北京：中国物资出版社，2010。

2005年11月1日，威尚集团旗下的安得物流公司宣告其定位于高端物流的4PL公司——广州安得供应链技术有限公司正式成立，这是国内具有实际业务与运作实力的第三方物流公司孵化的第一家4PL公司。另据《大众日报》2005年12月12日报道，海尔集团物流有限公司与寰宇空港物流签订北京首都机场的物流合作项目协议，也标志着海尔物流已进入4PL领域。

然而，纵观我国的物流市场，还没有出现严格意义上的4PL服务商，大多是概念化、形式化的，没有真正认识什么是4PL，没有深入调查、分析我国目前是否真的需要4PL，只是将4PL停留在商业炒作阶段。此外，我国绝大多数第三方物流企业自身实力还较弱，由传统仓储运输企业转化而来的物流企业达48%，除少数知名企业外，大部分企业只提供运输、仓储等传统服务项目，物流配送能力低下，相关的包装、加工、配货等增值服务不多，因而服务能力和品质也大打折扣，不能形成完整的物流供应链。所以说，我国第三方物流、第四方物流只是处于探索、试验阶段，其科技创新的基础薄弱，没有系统的技术支撑体系和发展规划，其发展更多依靠外延式的扩张而不是内涵式的发展。这种粗放式的经营必然造成物流的低效率，无法满足生产性企业日益增长的高效化、集约化的物流需求。当前我国第三方物流、第四方物流的发展任重而道远。

2. 物流管理理念与方法对物流采购模式的影响

采购是企业整个业务活动中的重要部分，因为它处于企业生产的最前端，采购的产品质量和采购时间都直接会影响到企业在市场中的竞争力。物流管理技术与方法对采购流程的变化有较大的影响，所以研究这一点是十分必要的。

传统的采购活动关注的重点是在与供应商的商业交易活动上，也就是说在价格、质量、交货时间等考核因素中，价格是放在首位的，在众多供应商中选择价格最低的作为合作者。虽然质量和交货期等因素也是采购中的重要因素，但一般都是在事后环节来进行把关，例如在验货环节来进行检验。这样会使得采购过程存在一定的隐患和不确定性，并且传统采购关注的是价格，所以对于价格的讨论需要花费较多时间，使得整个采购时间延长。业务流程如图 2-12 所示。

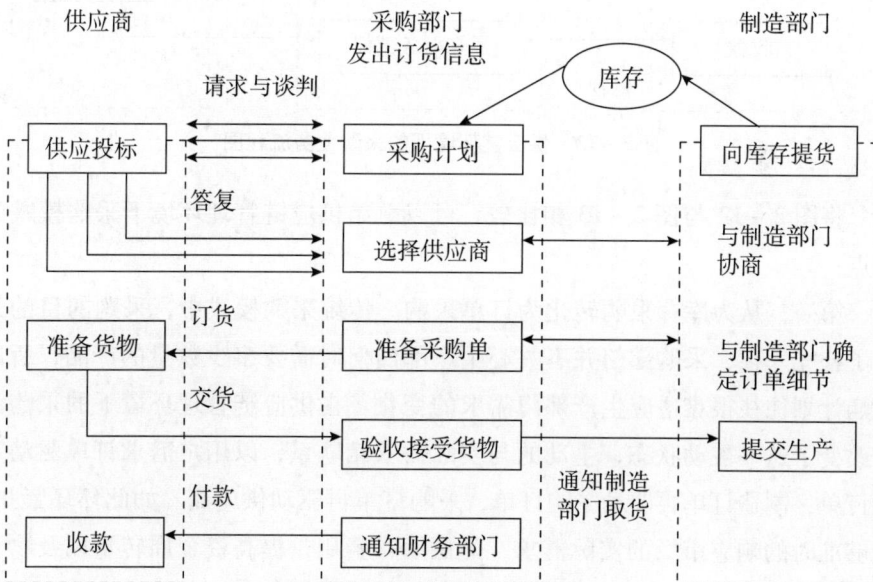

图 2-12　传统采购业务流程图

现在的市场竞争激烈、产品生命周期短、用户个性化需求不断增多，企业需要不断节约成本、小批量多批次的采购、加强市场的反应速度等，这样

才能在激烈的竞争中站稳脚跟。那么显然,耗时耗费的传统采购模式已经不再适合现在的供需双方关系了。近年来,随着供应链管理技术的出现,企业物流采购管理模式也发生了根本的改变。供应链环境下的采购业务流程图如图 2 – 13 所示。

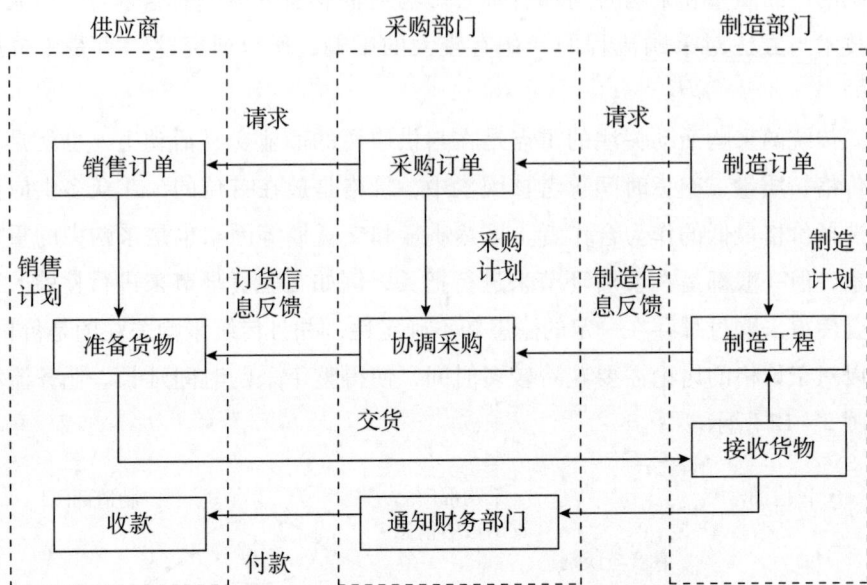

图 2 – 13　供应链环境下的采购业务流程图

将图 2 – 12 与图 2 – 13 相比较,可以总结供应链管理环境下采购模式的特点:

第一,从为库存采购转化为订单采购。传统采购模式中,采购的目的是为了补充库存,采购部门并不关心生产部门何时需要多少数量的产品,所以采购计划往往很难适应生产部门需求的变化。在供应链管理环境下的采购活动改变了这一被动状态,主动的与实际需求相联系,以用户需求订单驱动制造订单,制造订单再驱动采购订单,采购订单再驱动供应商。如此环环紧扣,能够准时的响应市场的实际需求,降低库存费用,提高资金周转量以及物流速度。

第二,供需双方从一般买卖关系转化为战略合作伙伴关系。人们意识到临时性的一般买卖关系不利于双方的发展,采购方总是需要耗费大量的时间和费用在不断的选择供应商的过程中,并且双方是一种竞争关系,不能达到双赢。所以，在供应链管理的思想下，人们改变以往的供需关系，以战略合作为目的来选择一个长期的伙伴，供需双方为着同一个目标而共同努力。

第三，加强了信息的共享与反馈，从事后控制转化为事中控制。从图 2 – 13 可以看出，信息交流明显加强，供需双方可以随时知道对方的运作情况，通过反馈信息及时发现问题并共同解决。信息的透明也可以使得采购方能够对产品的质量和交货时间进行事中控制，减少不确定性，从而降低库存水平。同时，供应商也可以随时知道市场的需求变化，与采购方共同协商来更好的满足用户需求。

3. 物流管理理念与方法对物流库存管理方案的影响

传统库存管理是对物料的进、出、存的业务管理，是各节点企业独立管理自有库存，从企业自身利益最大化的角度寻求降低库存、减少缺货、降低需求不确定的风险（如图 2 – 14 所示）。在传统库存管理模式下，各节点企业的库存管理是各自为政的，物流渠道中的每一个部门都各自管理自有库存，都有自己的库存控制策略而且相互封闭。保有一定量的自有库存能降低缺货、需求不确定性等风险，一定程度减少对外部交易商的依赖，但同时会出现库存成本上升、牛鞭效应、上下游企业利益对抗、合作与沟通困难等问题。传统库存管理使用的主要技术和方法有 MRP/MRPII、经济批量订货法、需求预测、订货点与 ABC 法等。

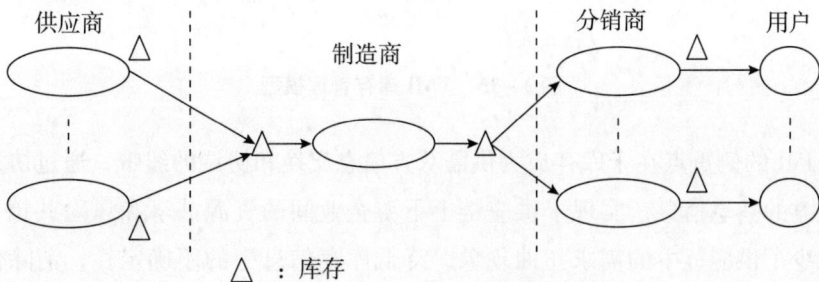

△：库存

图 2 – 14　传统库存管理模型

随着科学技术的不断完善和发展，新的物流管理技术与方法如 JIT（准时制）、TQC（全面质量管理）、OP（优化生产技术）、AMS（敏捷制造系统）、ERP（企业资源计划）以及新的物流库存管理策略供应商管理库存（VMI）

策略、联合库存管理策略（JMI）以及合作计划、预测与补给（CPFR）等相
继提出。这些库存管理策略从不同侧重点解决了传统库存管理中各节点企业
各自为政、库存信息流动不畅所带来的成本上升、上下游企业利益对抗、合
作与沟通困难等问题。

VMI 的侧重点在于供应商对自己产品的管理比下游企业自己管理库存更
有经验且更专业，VMI 策略克服了下游企业自身技术和信息的局限，满足了
下游企业降低库存成本的需要，大幅度减少了下游企业存货投资，这样下游
企业可以专注于核心业务的开发；供应商可以及时获得下游企业的必要经营
数据，帮助供应商消除预期之外的短期产品需求所导致的额外成本，降低对
安全库存的需求；因此，VMI 策略可以降低整个供应链的库存总量并且改善
库存周转，并且大大缩短供需双方的交易时间，使上游企业更好控制其生产
经营活动，最终实现上下游企业的共赢（如图 2 - 15 所示）。

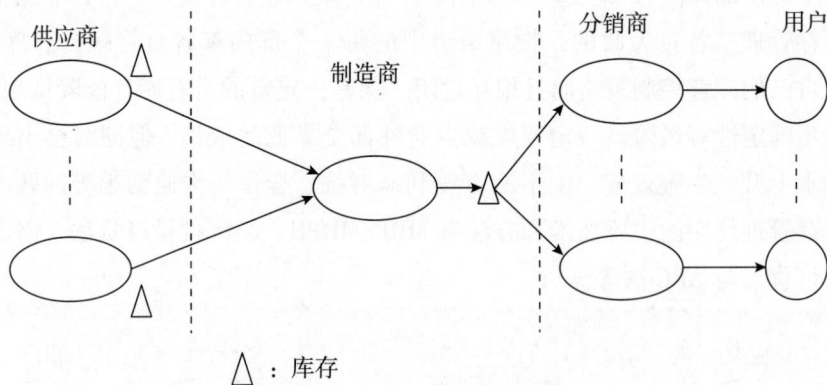

△：库存

图 2 - 15 VMI 库存管理模型

JMI 的侧重点在于库存成为供需双方信息交换和协调的纽带，通过协调供
需双方的共享信息，实现了供应链上下游企业间的资源共享和风险共担，这
样减少了供应链中的需求扭曲现象，降低库存信息中的不确定性，消除供应
链的波动，避免了牛鞭效应的产生，为实现零库存、准时采购创造了条件
（如图 2 - 16 所示）。

CPFR 是一种面向企业之间的合作业务流程模型，它不但关注供应链上各
节点企业的库存状况，还关注各节点的库存管理与其他方面管理的关系，通
过一系列合作伙伴认同的业务流程，制订共同的销售和运作计划，并通过电

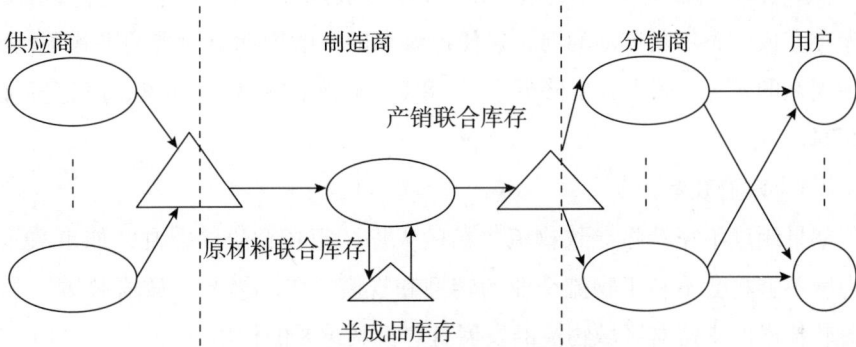

图 2 – 16   JMI 库存管理模型

子化的交流与沟通合作修改销售计划和库存补给计划，提高了库存管理的前瞻性和准确性，有效减少事后性带来的高成本（如图 2 – 17 所示）。

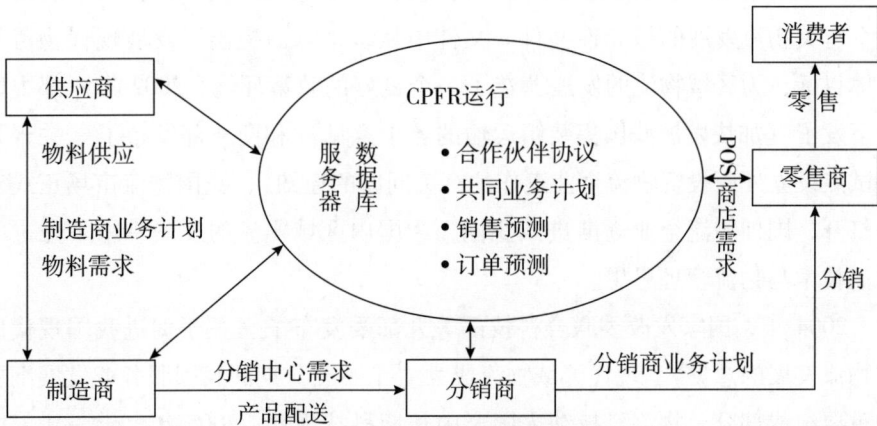

图 2 – 17   CPFR 库存管理模型

在这些现代库存管理技术和方法的影响下，库存越来越被认为是物流活动中的一个过程而不只是一种静态的存储技术。通过应用缓冲站、积累区以及一些相关物理库存管理操作，库存也已不仅仅是一个短暂的物料停留区。同时，借助于计算机管理技术等辅助手段，管理人员可以实时获得动态的库存状况信息以便更好地控制库存，提高效率以及交货的及时性，改善客户服务水平，并通过库存控制决策模型的分析，最终使企业降低库存成本、生产成本、及时反馈物流信息、加速资金运转。例如海尔就打破了过去仓库的概念，把仓库变成一个只为下一站配送而暂停的站——过站式物流，通过三个

JIT（JIT 采购、JIT 原材料配送、JIT 成品分拨物流）以及信息化管理技术，把库存变成一条不断流动的河，这使得海尔的采购周期由原来的平均 10 天降低到现在的 3 天，呆滞物资降低了 73.8%，仓库面积减少 50%，库存资金减少 67%。

2.5.4.3 政府政策

如果制度不完善将导致物流供给的无序、市场竞争的混乱，如果政策支持力度不够将会不利于物流企业的转型和规模扩张，因此"政府政策"这一物流软技术的支持对区域物流的发展有着极其重要的作用。

1. 我国物流政策环境现状

20 世纪 90 年代之后，现代物流的发展逐渐得到了国家的高度重视。2001年 3 月，原国家经贸委与铁道部、交通部、信息产业部等六部委联合出台了《关于加快我国现代物流发展的若干意见》，这是从政府角度，我国下发的第一个有关物流发展的指导性文件。文件中从多个方面提出了发展现代物流的总体目标，为区域物流的发展营造了一个良好的政策环境。2002 年六部委联合下发了《加快发展我国集装箱运输的若干意见》和商务部发布了《关于开展试点设立外商投资物流企业工作的有关问题的通知》，我国物流市场正式对外打开，国外物流企业逐渐进入我国，为国内区域物流的发展带来了先进的物流技术与物流管理思想。

2004 年，国家发改委联合科技部等九部委发布了《关于促进我国现代区域物流发展的意见》。现代区域物流成为"十一五"期间我国服务业发展纲要的重要组成部分，物流科技纳入国家中长期科技规划。2005 年，十一届五中全会通过《中共中央关于制定国民经济和社会发展第十一个五年计划的建议》，首次把"物流"作为产业提出。2006 年 3 月，全国十届人大四次会议通过的《国民经济和社会发展第十一个五年规划纲要》，其中把"大力发展现代区域物流"作为单独的一节提出，这在我国国民经济和社会发展规划史上是第一次，表明在国家规划层面上，现代物流的产业地位得以确立，这对于现代区域物流的发展具有重要的推动作用。此外，交通部、铁道部、民航总局也出台了相应政策。2008 年，国务院办公厅出台《关于加快流通领域现代物流发展的指导意见》，并开展相关的试点工作。184 家企业经国家税务总局批准成为第四批物流企业税收改革试点单位。同时财政部也对农村物流体系的建设提供了专项资金的支持。2009 年国家发改委发布《区域物流调整和振兴规划》，确定了振兴区域物流的九大重点工程。此外，近几年还陆续出台了促进和保护物流发展的法律法规，如《外商投资现代物流管理规定》《铁路货物运输管理条例》《国内水路货物运输规则》《中国民用航空货物国际运输规则》等法律法规。

2010 年 6 月，国家标准委、国家发改委等 11 个部门联合印发《全国物流标准专项规划》。该规划确定了近期内物流标准化工作的指导思想、主要目标、重点领域、主要措施，建立了通用基础、公共类物流、专业类物流构成的新的物流标准体系框架，提出了物流技术、物流信息、物流服务、道路运输、铁路运输、国际货运代理、仓储、粮食物流、冷链物流、医药物流、汽车和零部（配）件物流、邮政（含快递）物流、应急物流等 13 个重点物流领域国家标准和行业标准计划项目规划。为进一步贯彻落实《国务院关于印发物流业调整和振兴规划的通知》（国发〔2009〕8 号）精神，2011 年 8 月，国务院办公厅发布《国务院办公厅关于促进物流业健康发展政策措施的意见》，共有 9 条，分别为：切实减轻物流企业税收负担、加大对物流业的土地政策支持力度、促进物流车辆便利通行、加快物流管理体制改革、鼓励整合物流设施资源、推进物流技术创新和应用、加大对物流业的投入、优先发展农产品物流业、加强组织协调。

以上举措都为全国区域物流的发展营造了一个良好的政策环境，是区域物流快速发展的坚强后盾。如表 2 - 4 所示，近几年区域物流发展迅速。

表 2 - 4　　　　中国 2004—2011 年社会物流总额　　（单位：万亿元）

年　份	2004	2005	2006	2007	2008	2009	2010	2011
社会物流总额	38.4	48.1	59.6	75.2	88.82	96.65	125.4	158.4

综上所述，任何一个产业的发展都不会只依靠市场机制的调节，尤其是物流这样一个新兴产业，其发展离不开政府政策的支持。而近年来，国家和地方政府相继制定的一系列物流规划与相关政策更是起到了引导和促进区域物流发展的关键作用。

2. 我国物流政策在落实中存在的主要问题

虽然近年来，政府出台了多项政策大力扶植区域物流发展与振兴，但是在物流政策实施过程中存在一定问题，致使物流政策无法落到实处：

（1）政出多门，没有明确的区域物流管理的政府主要责任部门

我国目前最高级别的区域物流的管理机构是 2005 年由十三个部委和两个协会参与建立的全国现代物流工作部际联席会议制度，宗旨是加强对全国现代物流工作的统一组织协调。部际联席会议本身就说明了物流工作复合型、跨度大的特点，同时，每个部门往往从各自的利益出发，甚至各自出台的政策常有冲突和矛盾的地方，造成办公效率低下，这与一体化的物流运作趋势严重不相适应。

（2）我国对区域物流的界定还比较模糊

在《国民经济行业分类与代码》（GB/T4754—2002）对产业的划分中，并未将区域物流设立为独立的产业。由于现代区域物流是一种把生产商、零售商、最终消费者衔接成供应链，使销售、仓储、运输、加工、配送等环节串联起来，提供多种功能相结合服务活动的复合型产业，所以其的生产成果分布在国民经济的各行各业中，这涉及铁路运输业、道路运输业、水上运输业、航空运输业、管道运输业、装卸搬运和其他运输服务、仓储业、邮政业、批发零售餐饮业的连锁配送企业、商务服务业中的包装服务、物流咨询服务和物流广告服务、制造业中的物流加工服务、信息传输、计算机服务和软件业中的信息业和物流电信服务、金融业中的物流金融服务和物流保险服务。这种高度分散的产业分布状况造成在现行国民经济的统计数据中对于区域物流相关数据的统计非常不准确，各地统计口径也不一致。

目前反映我国区域物流运行状况的指标数据主要来自《中国统计年鉴》以及 2004 年起开展的社会物流统计及社会物流总量核算统计数据。前者由于并未将物流作为独立的产业进行核算，因此只有基本的货物运输量和货物周转量统计，缺乏反映现代物流内涵最重要的两个指标——物流总成本和物流服务水平，也缺乏反映物流组成要素和区域物流价值的指标，统计数据存在诸多重合，如运输包装、配送等要素包含在有关工业统计指标或零售业统计指标中，难以剥离这些数据。物流统计数据尤其是物流企业方面的统计数据可信度不高，使得无法准确评估各项物流政策实施成果，给各项政策的监督与控制造成困难。

（3）物流法律体系亟待完善

完善的物流法律体系是我国物流相关政策与法规得以正确实施的重要基

础保障。现有的物流法律法规分散于我国现有的相关法律、行政法规及部门规章中，如《中华人民共和国海商法》《中华人民共和国铁路法》《中华人民共和国航空法》《中华人民共和国海运条例》《国际铁路货物联运协定》等法律法规从不同角度对各种方式的运输合同、运输责任及赔偿制度等都作出具体的规定，但我国还没有出台一部系统的针对于区域物流的物流法。例如，关于物流的标准问题，目前只有《国家物流术语标准化规定》，但在具体的物流技术标准、物流设施和装备标准、物流服务标准、物流计量标准方面还没有相关的法律规定，这就使得物流活动在一定程度上无法可依，不利于物流政策的实施。此外，区域物流涉及的范围广泛，众多部门如铁道、航空、工商、海关与交通等都参与了这些与物流相关的立法，在制定具体的法律法规时不同的部门都是立足于各自的行业实际及部门利益进行的，不是从全局考虑，各部门间也缺乏相互的协调与沟通，再加上没有统一的法律作为参考依据，制定法律法规时大都是各自为政，出现政出多门、多头管理、相互冲突的局面，很难整合物流各环节及物流各功能之间的关系。物流法律法规专业性、系统性差在一定程度上也阻碍了我国区域物流的快速发展及物流政策的顺利实施。

2.6 国内外物流能力文献综述

关于物流能力的文献，在国外方面最经典的就是唐纳德·J. 鲍尔索克斯等（2002）提出的物流能力就是对厂商能否在尽可能低的总成本下提供有竞争优势的并同时为顾客服务的一种相对评估这个观点。从国外研究内容和成果来看，国外关于物流能力的研究兴趣最初都是来自对部分著名公司成功原因的反思和总结。比如，沃尔玛公司拥有的"Cross-docking"物流系统能力，就是被学者研究认为对公司绩效有明显的影响；Daugherty 和 Pittman（1995）通过对财富 500 强公司的访问考察后，提出了基于时间的能力（time-based capacities）、信息技术、灵活性对于物流至关重要这样一个论述；Morash et al（1996）则认为具备递送可靠性、优秀售后服务、对目标市场的及时反应、快速递送速度、优质售前服务、广泛的配送覆盖、有选择的配送覆盖、总成本低的配送物流能力可以为所在企业带来巨大的市场竞争优势；Cliton 和 Closs（1997）在考察多种因素后认为与物流战略相关的五

个因素是：联盟、信息系统、EDI 应用、存储管理和流程再造，同时给出了评价的相关模型；Fawcetts、Stanley（1997）认为物流企业的物流能力主要与它的信息系统能力、运作计划能力和规模效应存在联系，并提出了计算物流能力的一个函数模型；Kalio 等人认为企业物流交付能力可以从时间、质量、成本和效率等四个方面进行评价，并提出了交付流程的结构及其评价指标；Zhao M，Cornelia D 和 Theodore 研究了以客户为导向的企业物流能力和以信息为导向的物流能力与企业绩效之间的关系，并构建了企业物流能力模型和构成要素；Shang 和 Marlow 在对中国台湾地区 1200 多家制造加工企业调研数据分析的基础上，提出了物流能力的组成包括基于信息的物流能力、标杆能力、管理能力和柔性能力。从上述国外关于物流能力的文献我们可以看出，这里的物流能力大多数都是基于企业层面的微观物流能力定义，鲜有对宏观层面物流能力的研究，主要是跟国外市场经济机制完善有关，但仍然对我们认识更加广阔的物流能力定义具有一定的启发意义。

国内方面，关于物流能力的定义主要有：汪鸣等（2002）认为物流能力是一种融入在开展物流操作和提供物流服务的企业在最后实现价值过程中所具备的对物流全过程的计划、控制以及实施能力，其定义的物流能力包括了企业物流设备生产能力等静态能力，同时也应该有企业管理和物流经营的动态协同能力；胡双增（2003）认为：物流能力实际就是企业对从市场到生产作业、供应商整个过程的协调和管理，为了满足顾客需求所体现的支持保障能力，意义在于通过正确处理企业物流与竞争之间的关系，可以帮助企业加速战略目标的实现，增强其核心竞争实力，提高企业的经济效益；谭清美（2003）等认为物流能力可以定义为：物流供给主体提供物流服务的能力，并从宏观和微观两个角度进行了思考，他指出宏观层面的物流能力应该可以表述为国民经济部门向全社会提供物流支撑和服务的能力，微观的物流能力是指物流供给主体向微观需求主体提供物流服务的能力；马士华教授（2005）提出物流活动是一种经济活动，同时关于物流能力的定义有广义和狭义之分。狭义的物流能力定义是指物流设施或者物流系统的容量或者能力，广义的物流能力是指所在企业的物流运作能力，它表现的是组织的综合物流功能水平；马士华教授（2006）再次对当前物流能力的概念及其构成进行了综合分析后，提出了从运作能力和潜在附加增长能力两个方面建立了物流能力的三层指标体系，该指标体系具有良好的可评价性和可操作性，并运用模糊数学和层次分析方法，构建了物流能力的多阶段模糊综合分析模型；马士华教授（2006）又再次在供应链环境下对物流能力进行了分析，并指出供应链物流要素能力可以通过流通能力和覆盖能力两个方面进行标识，认为提高企业的物流能力对于提高企业的整体竞争力具有十分重要的作用；张光明（2006）研究了物流能力对物流绩效的传导和影响机理，总结了物流能力对物流绩效作用机制，提出了物流能力模型，该模型主要包括供应链关系能力、供应链物流整合能力、物流信息能力、物流过程能力、时间能力、管理能力和学习能力等方面；姚娟等（2006）通过对传统物流能力要素的分析，同时根据物流要素的性质，提出物流能力的构成要素，该模型的物流能力主要包括物流基本要素、物流运作要素、物流服务能力和电子商务能力，并采用层次分析法计算了相应的指标的权重，最后通过一个案例分析对企业物流能力进行了评价；何琳等（2007）以物流企业为研究对象，从识别和满足顾客需求两个方面出发，构建了物流企业的物流能力体系，并提出物流能力是企业核心竞争力中最具有竞争力的元素之一；尚玲等（2009）以供应链中制造企业的物流能力为研究对象，研究了物流能力的构成要素，并概括出制造企业的物流能力应该包括物流成本控制能力、物流服务能力、物流要素能力和组织管理能力四个方面，最后建立了制造企业物流能力综合评价体系；邹自明（2009）认为物流能力一般是从物流输出角度来进行思考和衡量的，物流能力是一个包含了有形要素和无形要素等复杂成分的能力综合复合体，指出对物流能力的衡量应该成为一个定量问题，建立模型可以为物流能力的决策优化提供参考建议。

从国内关于物流能力的定义可以看出，我国由于长期的计划经济体制影响，对物流能力的定义主要集中在宏观，以马士华先生为代表的物流研究人员作了许多贡献并给出了宏观及微观层面的相关定义，但是在实际应用层面对物流能力缺乏实证研究，但上述研究成果为下面的进一步分析中观层面的区域物流能力提供了相关思考的方向。

物流与经济在最近几年成为了物流研究的热点问题，该研究内容主要是通过原来的流通经济学在现代物流理论的发展下，拓展到物流与经济关系的研究。首先在国外方面，Richard（1978）就率先从空间经济学的角度讨论了区域物流对其他产业的影响，认为区域物流对于推动经济发展具有十分重要

的作用；Tage Skjott – Larsenetal（1994）从经典的物流基础设施建设案例中分析了物流发展模型，根据丹麦政府和瑞典政府建立的"Oresund"大桥设计为案例，利用 Foss 的资源和竞争力学说，建立多层 OECD 模型，论证了物流基础设施对经济发展的巨大作用；Danuta Kisperska – Moron（1994）在研究了波兰经济过渡时期的物流变化情况后，提出了物流问题成为了经济发展时必须思考的重要问题这个观点；Philip M B（1996）对澳大利亚和加拿大的物流就如何推动经济发展及其效果进行了实证研究，通过协整分析和格兰杰因果检验，得到了物流推动出口进而拉动经济快速发展的结论；Wei – Bin Zhang（2007）研究了运输条件对经济增长和如何形成经济带的影响，初步探索了物流与经济发展之间的内部作用机制和影响。从国外关于物流和经济发展关系的文献可以看出，国外学者基本都同意区域物流发展可以拉动经济发展这一命题，主要是在具体分析建模时采用的方法不一致或者所选择的数据时间或者截面范围不一致，而且大多是从经济学的角度出发进行物流导致产业集聚、空间分布等更加具体的实证分析，偏重对具体案例的实证研究，研究结论指导了经济发展时的物流规划，但是在理论构建、指标选择原则和应用、作用机制方面缺乏深入研究。

在国内的研究上，主要是以陆江、汪鸣、丁俊发为首的中国物流采购联合会的领导学者、部分物流经济学科的教授和部分实务界的工作人员为代表对物流与经济关系进行了相关研究，而且随着时间的推移，研究成果越来越丰富。汪鸣（2002）认为应该在政府的统一规划下进行物流现代化发展，加大对物流基础设施建设的支持力度，推动整个区域物流的发展，从而拉动国民经济的发展；谭清美（2004）等以南京为例研究了城市经济物流弹性，指出物流能力的增强对经济增长具有明显的拉动作用，要促使城市经济与城市物流进入良性互动状态，需要进一步加强物流系统建设和区域物流管理体制建设；何黎明（2006）认为要加快我国口岸物流的建设，为进出口服务，拉动经济的快速增长；钱晓英等（2007）对我国 1980—2005 年的物流水平、固定投资和国民生产总值这三个变量进行了多变量协整研究，实证结果表明了这三个因素之间存在长期稳定的关系，中国物流对经济发展具有很大的推动作用，因此要注意协调发展；陆江（2009）认为应该进一步加大物流业和其他服务业的融合，加快作为物流主体的物流企业的兼并重组；丁俊发（2009）教授指出调整和振兴物流业，有利于加快商品流通和资金周转，降低社会物流成本，优化资源配置，提高国民经济运行质量，有利于提高服务业比重，优化产业结构，促进经济发展方式转变，扩大社会就业从而拉动经济的发展；谢自莉（2009）采用系统动力学方法对区域经济和区域物流进行了建模和仿真，并采用了四川1998—2006年的经济和物流数据进行论证，研究结果表明了物流能力的提升对经济社会大系统具有重要的拉动作用，同时经济越发展，对物流的需求和物流供给能力的促进作用越大；周泰等（2009）研究并提出了区域物流能力与产业经济的灰色控制系统，建立了区域物流能力与产业经济的灰色控制系统，并以江苏省的数据为例进行了实证研究；王珍珍等（2009）采用面板数据对我国区域物流集聚对制造业工业增加值的影响进行了实证研究，指出部分地区由于具有较强的资源禀赋优势和主导产业优势，使得区域物流聚集度高于其他地方；郑霞忠等（2009）以湖北宜昌市为例，指出要实现城市物流供需平衡，使经济增长与物流业发展进入良性互动状态，并提出了加大物流规划等具体措施；邵扬（2009）采用空间面板回归模型，指出了各地区的国民生产总值和物流都有显著的空间相关特征，并认为正是由于物流网络系统不完善，信息程度低等原因影响了各地区的物流发展水平；何添锦（2010）就区域物流对城市群经济协调发展的作用机理进行了分析，指出城市群经济是区域物流发展的基础，决定了区域物流的需求结构和发展水平。国内关于物流与经济发展的文献基本都是采用定性分析，存在的少量实证研究论文存在一个问题就是：由于物流和经济是一个复杂的系统概念，具有整体性和非线性等特征，以往的研究缺乏对物流能力的综合分析，基本都是简单的通过建立物流中货运量、物流从业人员数量等变量和经济变量的函数关系进行分析，这样分析在操作上缺乏系统性，只能从较少变量的角度来解释经济的发展，没有较高的结论可信度。

2.7　区域物流能力相关文献评述

由于国外市场机制完善程度较高，西方学者往往崇尚市场机制的调节，目前相关研究大多集中在物流企业内部优化等方面，因此在中观及宏观层面对物流能力的研究比较少，但是也有部分研究通过基于企业层面物流能力的思考，进一步延伸到供应链视角的物流能力研究，扩充到更加广泛的

中宏观层面的物流能力。国外最早研究区域物流能力的是 Joong（2001），他定义的区域物流能力是对区域物流供给主体提供物流服务能力的综合衡量，包括物流设施、物流通信网络、物流中心布局、物流经济管理体制和物流周转速度等指标；在物流界广泛使用和认可的区位物流能力的研究主要是由美国密歇根州立大学（MSU）的全球物流研究团队在 1995 年做的研究。

更多的关于区域物流能力的研究集中在国内，主要有邵举平等（2008）提出了供应链环境下区域物流能力系统的构成要素及其评价方法，该指标体系包括了 12 个一级指标和 22 个二级指标，并提出了基于模糊综合评价方法的定量分析方法；周泰等（2010）认为区域物流能力所组成的系统是一个不断变化的复杂系统，具有非线性等特征，并给出了相关构成要素；周泰等（2008）对区域物流能力进行了定义，认为区域物流能力是一定时间范围内物流供给主体所体现的能力总和，并给出了区域物流能力量化指标体系，该指标体系具有一定的科学性，反映了区域物流能力的主要组成要素；冯华等（2009）构建了区域物流能力发展评价指标体系，该指标体系从六个方面充分反映了区域物流能力发展水平；王岳峰等（2009）认为区域物流能力是区域内物流部门为所涉及的管理范围内经济社会发展所需要物流提供支持的能力，是一个中观层面的概念；周泰（2009）对区域物流能力进行了详细的定义，认为区域物流能力首先具有服务特征，体现了物流服务主体通过有效操作完成物流服务的过程；王岳峰（2009）认为区域物流能力是区域系统中所具有的物流基础设施和物流设备的集合，包括了运输、仓储、装卸搬运等相关能力；赵英姝（2009）提出了我国区域物流能力评价指标体系，认为区域物流能力是一个中观层面的概念，并从内部环境和外部影响两个视角提出了区域物流能力衡量的指标体系；王岳峰等（2010）构建了区域物流能力构成要素的分析体系，并从要素性资源、结构性资源和环境三个方面提出了区域物流能力的衡量标准；张新民等（2010）提出了区域辐射能力的概念和模型，并采用柳州市的数据进行了实证分析，丰富了区域物流能力的概念；田华杰等（2010）采用因子分析方法对区域物流能力进行了综合评价研究，并用河北省的数据进行了实证分析，结果表明区域物流能力呈现逐年增强的趋势。从国内关于区域物流能力概念和相关定量测定的研究可以看出，区域物流能力的概念并没有形成统一的定义，但大多文献都认为区域物流能力是一个介于国家和企业两个层面之间的中观概念。在宏观上，政府在区域物流能力发展方面应提供更多的帮助；在微观上，企业应积极发展物流能力，为区域物流能力的提高作出贡献。同时也有大量文献采用因子分析、模糊评价方法对某些地区进行了区域物流能力的测量，具有一定的学术价值，反映区域物流能力的研究引起了学术界的密切关注。

3 科技进步对区域物流发展影响的实证研究

3.1 基于面板数据的区域物流科技进步贡献率测定

物流科技进步贡献率是指科技进步对区域物流经济增长的影响，是指能够使一定数量的生产要素的组合，生产出更多产品（使用价值）的所有因素共同发生的作用的过程。一般将其概括为以下 4 个方面：提高装备技术水平；改革工艺；提高劳动者素质；提高管理决策水平等。它是衡量区域物流科技竞争实力和物流科技转化为区域物流生产力的综合性指标。在目前对于物流科技进步贡献率的测定研究中，由于区域物流经济产出本身的影响因素众多，并没有一个被广泛接受的测量公式。物流科技进步与科技进步具有具体与一般的关系。因此，综合以上各学者的观点，本书将物流科技进步定义为广义的物流科技进步。物流科技进步是凝结在物流生产力诸要素中各种知识和技能的总和，是在物流发展过程中，为了达到提高物流效率、降低物流成本和扩大物流规模等目标，而不断的将产生的新知识、新技术运用到物流活动中，从而促进区域物流持续有效增长的过程。因为本研究要对物流科技进步对全国区域物流的影响进行定性的分析，所以有必要对广义的物流科技进步进行分类。物流科技进步的表现形式可分为很多种，例如：物流作业工具技术质量的改进、劳动者素质的提高、物流资源合理的配置，管理水平的提高以及新的政府政策等。将这些物流科技进步进行分类，最常见方式有两种：一种是将物流科技进步分为体现型和非体现型，体现型的物流科技进步是指通过提高物流投入要素质量和提高作业效率从而促进区域物流经济增长的过程，表现为资金和劳动力等要素质量的提高。非体现型的物流科技进步是指投入要素以外的其他的进步因素。另一种分类方式是将物流科技分为硬技术和软技术，这也是本书的分类方式，物流硬技术的进步主要指构成物流系统的基础设施以及物流活动中所运用的各种机械设备和工具技术的提高。本书将物流硬技术主要分为三大类：物流信息技术、物流装备技术（包括运输、装卸搬运、仓储技术、包装技术、流通加工等装备）和物流交通运输技术。从已有的文献我们看出：对于科技进步如何影响区域物流的发展大多停留在定性分析的层面上，对于科技影响区域物流的定量分析也主要是采用全要素分析或者是采用生产函数对一个省份进行分析，缺乏对全国各省份区域物流科技进步贡献率的测算和分析。因此，本书在规模报酬不变的假设下，才采用1998—2009 年的全国 30 个省份的面板数据，建立经典的生产函数模型进行 30 个省份的物流科技进步贡献率的测算，基于物流科技进步进一步促进各个省份区域物流发展的对策建议，根据总结的发展不足提出相应的对策建议。

3.1.1　模型构建——物流科技进步贡献率计量模型

Cobb – Douglas 生产函数是由数学家柯布和经济学家道格拉斯于 20 世纪 30 年代初一起提出来的，是用来预测国家和地区的工业系统或大企业的生产和分析发展生产途径的一种经济数学模型。由于其模型具有反映边际产量递减，边际替代递减和规模报酬不变等重要经济特性，获得了广泛的应用。本书也将采用 Cobb – Douglas 生产函数对物流科技进步贡献率率进行测定。经典的 Cobb – Douglas 生产函数的表达式是：

$$Y = AK^{\alpha}L^{\beta} \quad A \neq 0,\ \alpha > 0, \beta > 0 \qquad (3-1)$$

在公式（3 – 1）中 Y 为产出，A 是大于 0 的常数，K 是资本的投入量，L 是劳动力投入量，α 为资本的产出弹性系数，β 为劳动力的产出弹性系数。

在规模报酬不变的假设下，即 $\alpha + \beta = 1$，则有 $\dfrac{Y}{K} = A\ (L/K)^{\beta}$，调整为线性关系。

$$\text{Ln}(Y/K) = \text{Ln}A + \beta\text{Ln}(L/K) \qquad (3-2)$$

而规模报酬不变的公式（3 – 2）为：

$$\frac{1}{Y} \times \frac{\partial Y}{\partial t} = \lambda + (1-\beta) \times \frac{1}{K} \times \frac{\partial K}{\partial t} + \beta \times \frac{1}{L} \times \frac{\partial L}{\partial t} \qquad (3-3)$$

模型表明：经济增长率等于科技贡献率、资本贡献率和劳动贡献率总和。所以根据余值法我们可以得到各要素对于经济的贡献率，既有科技对于物流的贡献率 $E_{\lambda} = \dfrac{\lambda}{\Delta Y}$。

3.1.2 面板数据测算方法

研究不同地区区域物流的科技进步贡献率，既要考虑不同地区物流基础设施建设和整体区位优势的差异（截面数据），同时也要考虑国家的物流发展政策，制度因素等方面的影响（时间序列），而简单的使用截面数据或者时间序列数据无法达到这个目的。为了克服这一缺点，使用 Panel Data 模型结合时间序列和截面数据，能够同时反映出研究对象在不同时间和截面单元两个方向上的变化规律和特征。面板数据不仅大大增加了研究的观测样本量，提高了样本的自由度，而且可以减弱解释变量多重共线性带来的影响，降低估计误差，其基本形式如下：

$$Y_{it} = a_{it} + X_{it}\beta_{it}\varepsilon_{it}$$
$$X_{it} = (X_{1it}, X_{2it}, \cdots, X_{kit})$$
$$\beta = (\beta_{1i}, \beta_{2i} \cdots, \beta_{ki})$$
$$i = 1, 2 \cdots, N; t = 1, 2, \cdots, T \qquad (3-4)$$

在（3-4）式中，α_i 为截距项，β_i 为解释变量的系数，ε_{it} 为白噪声，i 为解释变量的个数。根据 α_i 和 β_i 的不同假设，模型又分为三种形式：

混合数据模型：$\alpha_i = \alpha_j$，$\beta_i = \beta_j$

变截距模型：$\alpha_i \neq \alpha_j$，$\beta_i = \beta_j$

变系数模型：$\alpha_i \neq \alpha_j$，$\beta_i \neq \beta_j$

建立面板数据模型的第一步就是检验样本适合哪种模型形式，从而避免模型设定上的偏差，改进参数估计的有效性。目前广泛采用的是协方差分析检验，主要是通过两个 F 统计量进行检验的：

$$F_1 = \frac{(S_2 - S_1)/(N-1)K}{S_1/[N(T-K-1)]} \sim F[(N-1)K, N(T-K-1)] \qquad (3-5)$$

$$F_2 = \frac{(S_3 - S_1)/(N-1)(K+1)}{S_1/[N(T-K-1)]} \sim F[(N-1)(K+1), N(T-K-1)]$$

$$(3-6)$$

其中，S_1、S_2、S_3 分别为变系数模型、变截距模型和混合数据模型的残差平方和；N 为截面样本点个数；T 为时间跨度；K 为自变量的数目。对于给定的显著性水平，一般为 $\alpha = 0.05$，首先利用 F_2 统计量判断是否为混合模型，若 F_2 小于临界值，则认为模型参数跟个体变化无关，使用混合数据模型；否

则再利用 F_1 进行检验，如果 F_1 小于临界值，则使用变截距模型，否则使用变系数模型。

根据对个体影响处理形式的不同，变系数模型和变截距模型都有固定效应和随机效应模型之分，因此建立数据面板模型的第二步就是在这两种效应模型中进行选择。Hausman（1978）认为应该把模型中的个体影响处理为随机，但随机效应模型与模型中的解释变量不相关，存在问题。因此在选择时，一般采用的方法是使用 Hausman 检验。该检验的原假设是：随机影响模型中个体影响与解释变量不相关，检验的过程构建统计量 W 如下：

$$W = \left[b - \hat{\beta} \right] \sum^{-1} \left[b - \hat{\beta} \right] \qquad (3-7)$$

其中，b 为固定效应模型中回归系数的估计结果，$\hat{\beta}$ 为随机效应模型中回归系数的估计结果。$\hat{\sum}$ 为两类模型中回归系数估计结果之差的方差，即 $\hat{\sum} = \mathrm{var} \left[b - \hat{\beta} \right]$。当原假设成立时，$W$ 服从自由度为 K 的卡方分布，在给定显著性水平下，一般取 $\alpha = 0.05$，若统计量 W 的值大于临界值，则选择固定效应模型，否则选择随机效应模型。

3.1.3 实证研究

1. 相关指标选择和数量来源

按照《物流业调整和振兴规划》，物流业是融合运输业、仓储业、货代业和信息业等的复合型服务产业；《国民经济行业分类》（GB/T4754-2002）中产业划分的规定，物流业包括了第三产业中的交通运输、仓储、邮政业、批发和零售业。从数据的可得性和研究目的出发，本文选择 1998—2009 年的各省市（不包括西藏）的相关数据作为样本，Y 选择交通运输、仓储和邮政业的产值表示，并用居民消费指数进行大致处理成真实值；K 选择交通运输、仓储和邮政业的全社会投资表示，并采用各省的固定资产投资价格指数进行处理；L 选择交通运输、仓储和邮政业的年底就业人数表示。所有数据来自 1999—20010 年的《中国统计年鉴》。

2. 模型的选择和检验

根据公式（3-5）、（3-6）进行计算得到：$F_1 = 3.02 > F_{0.05}(29, 300) \approx 1.45$，不采用混合数据模型；计算 $F_2 = 11.32 > F_{0.05}(58, 300) \approx 1.41$，故应

该采用变系数模型。在此基础上，进行 Housman 检验，P 值为 0.0035，拒绝原假设故应该采用固定效应的变系数模型。

表 3-1 β 值的估计结果

解释变量 Ln（L/k）	系数	解释变量 Ln（L/k）	系数
北　京	0.255*	河　南	0.412**
天　津	0.340**	湖　北	0.674**
河　北	0.617***	湖　南	0.658**
山　西	0.483***	广　东	0.792***
内蒙古	0.478*	广　西	0.475***
辽　宁	0.355***	海　南	0.325***
吉　林	0.837***	重　庆	0.539***
黑龙江	0.452**	四　川	0.435***
上　海	0.358**	贵　州	0.765**
江　苏	0.634*	云　南	0.189***
浙　江	0.837***	陕　西	0.467*
安　徽	0.761**	甘　肃	0.568***
福　建	0.223***	青　海	0.383***
江　西	0.143***	宁　夏	0.492***
山　东	0.487***	新　疆	0.528***

（由于本书主要研究弹性系数，所以没有给出固定效应变系数模型的截距项）

表 3-2   各地区的 1998—2009 年平均物流科技进步贡献率

东部 11 省	贡献率	中部 8 省	贡献率	西部 11 省	贡献率
北　京	0.41	山　西	0.26	内蒙古	0.25
天　津	0.40	吉　林	0.29	广　西	0.29
河　北	0.27	黑龙江	0.35	重　庆	0.27
辽　宁	0.27	安　徽	0.25	四　川	0.22
上　海	0.38	江　西	0.23	贵　州	0.26

续　表

东部11省	贡献率	中部8省	贡献率	西部11省	贡献率
江　苏	0.28	河　南	0.29	云　南	0.26
浙　江	0.27	湖　北	0.22	陕　西	0.20
福　建	0.28	湖　南	0.21	甘　肃	0.27
山　东	0.31			青　海	0.14
广　东	0.35			宁　夏	0.19
海　南	0.20			新　疆	0.29
平均值	0.31	平均值	0.26	平均值	0.24
		全国平均值：0.271			

3.2　参数灰色估计方法测算江西省区域物流科技进步贡献率

3.2.1　数据来源与处理方法

由于中国目前统计制度和统计方法不完善，相关统计资料比较缺乏，所以，无法直接获得各省区域物流的投入产出数据；根据《中国第三产业统计年鉴（2007）》，区域物流作为第三产业的复合行业，包括交通运输业物流、仓储业物流、邮政业物流、贸易业物流、流通加工与包装业物流。江西省区域物流起步较晚，其中交通运输、仓储和邮政业对于区域物流的贡献超过了80%。所以根据数据搜集的可得性，本书选取了江西省交通运输、仓储和邮政业的相关数据作为区域物流的替代值。根据索洛余值法和灰色关联度的要求，本书最终选取1996—2007年江西省交通运输、仓储和邮政业的投入和产出数据作为研究样本，源数据来自1996—2007年《中国统计年鉴》与《江西统计年鉴》。为保证测算结果具有可靠性和可比性，下面对所涉及的指标变量进行适当的分析整理。

1. 资本投入指标

目前，对于资本投入的测量方法有许多种，且过程比较复杂。对于这一指标的测量，最好的方法是能够直接测量资本对经济增长实际提供的服务流量。但是，实际经济中资本的服务流量是很难直接得到的，因此，人们就用

资本存量来作为资本投入的替代量。在中国研究总量生产函数将资本存量定义为三类：固定资产原值加上流动资金、固定资产原值或固定资产净值、固定资产净值加流动资金。在这三类定义中，从理论上来说以固定资产净值加该年的定额流动资金平均余额作为该年的资本存量是比较适合的，但由于不同地区、企业或部门对于折旧率的选择可能都不相同，这就会致使计算出的固定资产净值缺乏可比性。所以本书认为采用固定资产原值更加合理。另外，西方学者在研究科技进步贡献率时一般不采用流动资金，因此为使本书研究结果具有国际可比性，也不考虑流动资金。综上所述，本书最终选取江西省交通运输、仓储和邮政业的固定资产投资作为基本指标，为消除价格因素的影响，利用固定资产投资价格指数将各年数据转化为 1996 年不变价格的固定资产投资，如表 3-3 所示。

表 3-3　　　　　　　　　　　江西省区域物流资本投入

年份	固定资产投资总额现价	固定资产投资价格指数 上年＝100	不变价格的固定资产投资总额（亿元）
1996	43. 56	105. 80	43. 56
1997	69. 92	101. 40	68. 95
1998	101. 22	102. 10	97. 77
1999	72. 22	98. 60	70. 75
2000	81. 84	101. 40	79. 07
2001	116. 53	98. 90	113. 83
2002	162. 25	100. 00	158. 49
2003	173. 41	105. 09	161. 19
2004	273. 73	107. 36	237. 00
2005	310. 25	100. 51	267. 26
2006	328. 47	103. 20	274. 18
2007	280. 24	105. 40	221. 93

2. 劳动投入指标

劳动投入指标是指生产过程中实际投入的劳动量，比较科学的方法应该是用标准劳动强度的劳动时间来衡量。另外，劳动的时间、质量、强度与劳动收入是相联系的，所以也可以用劳动报酬来衡量劳动投入量的变化。但在我国都缺乏这方面全面的统计资料。所以，在参考大量前人的研究文献的基础上，本书选取了交通运输、仓储和邮政业的各地区历年职工人数、私营企业和个体企业就业人数之和作为劳动投入量指标。

3. 产出指标

根据索洛余值法中对科技进步的定义，本书以生产总值（GDP）作为产出指标，即依然以交通运输、仓储和邮政业的生产总值作为区域物流生产总值的代替值。为排除价格因素的影响，使时间序列具有纵向可比性，需要将以当年价格计算的 GDP 转化为以不变价格计算的 GDP。计算公式为：

$$t \text{ 年不变价格的 GDP} = \frac{t \text{ 年按可比价格计算的 GDP 指数}}{\text{基年按可比价格计算的 GDP 指数}} \times \text{基年的 GDP 值}$$

江西省数据如表 3 - 4 所示。

表 3 - 4　　　　　　　　　　江西省区域物流生产总值

年份	国内生产总值（GDP）（现价）	国内生产总值（GDP）指数（上年 = 100）	不变价格的国内生产总值（GDP）
1996	101.64	110.3	101.64
1997	115.41	117.3	119.22
1998	145.40	122.9	146.53
1999	167.74	117.8	172.61
2000	194.98	117.4	202.64
2001	217.94	110.5	223.92
2002	248.61	110.6	247.65
2003	266.11	108.3	268.20
2004	320.50	112.5	301.73
2005	369.56	112.3	338.84
2006	380.43	112.5	381.20
2007	337.60	112.5	428.85

综上所述，在对江西省物流科技进步贡献率进行实证分析时，以 1996 年为基期得到的不变价格的交通运输、仓储和邮政业的生产总值作为产出指标，以 1996 年为基期得到的不变价格的交通运输、仓储和邮政业固定资产投资作为资本投入指标，以交通运输、仓储和邮政业历年职工人数、私营企业和个体企业就业人数之和作为劳动投入指标。数据搜集时间跨度为 1996—2007 年，数据搜集范围为江西省。根据此原则，本书得到的区域物流投入—产出数据如表 3－5 所示。

表 3－5　　江西省区域物流投入—产出表（以 1996 年当年价格衡量）

年份	区域物流产出量（Y）（亿元）	区域物流资本投入量（K）（亿元）	区域物流劳动投入量（L）（万人）
1996	101.64	43.56	27.15
1997	119.22	68.95	28.22
1998	146.53	97.77	23.31
1999	172.61	70.75	23.04
2000	202.64	79.07	28.03
2001	223.92	113.83	27.20
2002	247.65	158.49	27.40
2003	268.20	161.19	26.40
2004	301.73	237.00	25.71
2005	338.84	267.26	27.90
2006	381.20	274.18	29.17
2007	428.85	221.93	28.29

3.2.2　测算结果及分析

运用 Excel 软件，根据表中 1996—2007 年的江西省区域物流相关数据对 α 和 β 进行灰色估计，结果是 $\alpha = 0.53$ ，$\beta = 0.47$。同时，本书对江西省 8 个期间内的物流科技进步贡献率进行了测算，如表 3－6、图 3－1、图 3－2 所示。

表3-6　　　　　　　江西省区域物流中各要素的贡献率　　　　（单位:%）

时　　期	物流科技进步贡献率	物流资本投入贡献率	物流劳动投入贡献率
1996—2000	53.28	44.70	2.01
1996—2001	30.73	69.18	0.09
1996—2002	24.59	74.93	0.47
1996—2003	29.74	71.56	-1.30
1996—2004	11.80	90.37	-2.17
1996—2005	15.64	83.37	0.98
1996—2006	26.10	71.34	2.55
1996—2007	38.35	60.39	1.26

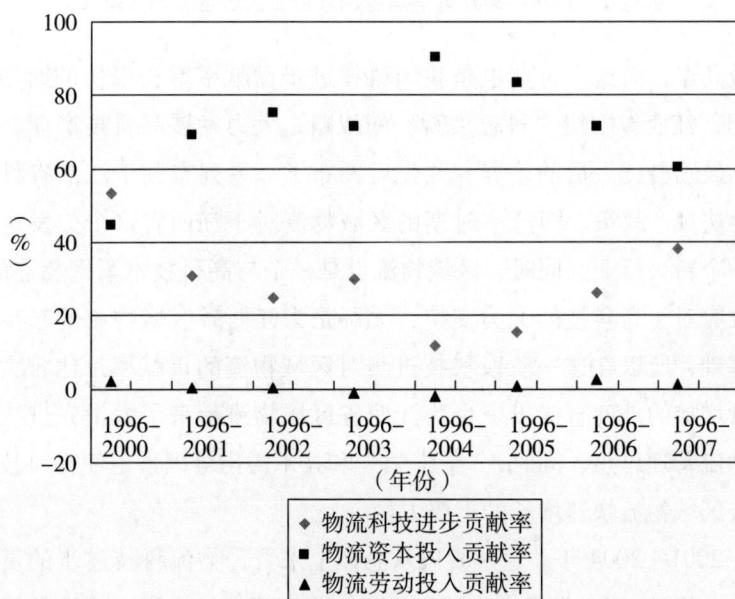

图3-1　江西省不同时期区域物流经济增长中各要素的贡献率

测算结果表明,1996—2007年,江西省物流科技进步对区域物流的贡献率并不是稳步上升,而是呈现出波动状态,波动可以分为三个时期。

(1) 1996—2000年。在这一时期,江西省区域物流科技进步对其经济增长的贡献率是53.28%,高于资本投入贡献率44.70%和劳动投入贡献率2.01%的总和。也就是说在"九五"期间,江西省物流科技进步贡献率达到

物流劳动投入
贡献率

物流科技进步
贡献率

物流资本投入
贡献率

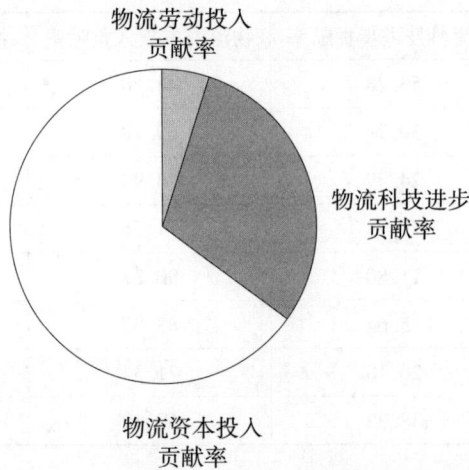

图 3 - 2   1996—2007 年各要素对江西省区域物流的贡献率

了一个最高点，而这一时期也是我国科技进步贡献率增长最快的时期。"九五"期间，江西省围绕"科教兴赣"的战略，大力发展高科技产业，推动科技创新，鼓励科技人员的培养，并先后颁布了一系列有利于江西省科技发展的地方性法规、政策。而这一时期的区域物流对于江西省这个欠发达地区来说还是一个新兴行业，同时，区域物流也是一个与高科技紧密相连的产业。因此，政府对于高科技的大力支持，无疑是为江西省区域物流的起步奠定了良好的基础，所以在这一阶段科技进步对区域物流的贡献率是比较大的。另外，大量增加的外商直接投资也为江西省区域物流带来了大量先进技术以及前沿的物流管理思想，同时，"干中学"和技术溢出等因素也使得科技进步成为江西省区域物流快速增长的重要力量。

（2）2001—2004 年。这一阶段从总体上来看，物流科技进步的贡献率呈下降趋势，从 30.73% 降至 11.80%。而与此相反的是，资本投入的贡献率呈上升趋势，从 2001 年的 69.18% 上升至 2004 年的 90.37%，达到了最高值。江西物流资本投入量从 113.83 亿元增长至 251.44 亿元，增长率为 121%。这说明该期间江西省区域物流经济增长主要依靠资本投入来拉动，科技进步的拉动力在降低，区域物流经济增长的质量在下降。

原因可能有以下几点：①FDI（外商直接投资）对科技进步的影响下降。研究表明，江西省引进的直接投资外商大部分是一些小型或中型企业，这些企业为江西区域物流带来的先进技术和管理思想相对较少。此外，区域物流的兴起让人们看到了其中的高额利润，发展区域物流对整个地区经济发展也能起到促进作用。物流源于国外，与国内相比，国外对于区域物流有着更深一步的认识。所以，为了能够更快的引进更多的外商，江西省对外资也采取了一系列的优惠政策，这使得大量的国内资本借道国外再回到国内投资，那么这类 FDI 对提高江西物流科技进步率很难起到帮助。②引进高科技的成本过高，20 世纪 90 年代，国内外物流水平相差较远，所以国内可以以比较低的价格引进国外非一流的，但比国内先进的物流技术，而且当时这些技术的供给市场竞争比较激烈。但进入 21 世纪，国内物流水平飞速发展，与国外的差距在逐渐缩小，此时，只有引进国外一流技术或产品才能为国内的物流生产效率带来较大的提高。而这些尖端技术一般掌握在少数的发达国家的厂商手中，市场是不完全竞争。因此，本可以表现为全要素生产率提高的部分变成了资本投资的增加。③技术研发投资的不足也是导致科技进步率降低的原因之一。由于缺乏江西省区域物流技术研发投资的相关具体数据，我们就通过比较江西省 R&D（研究与实验发展）经费支出与全国 R&D 经费支出来进行说明。江西省 2003 年和 2004 年 R&D 经费支出总和为 18.7769 亿元和 23.3311 亿元，分别占当年地区生产总值的 0.67% 和 0.68%，而同期全国 R&D 经费支出相当于国内生产总值比例分别为 1.31% 和 1.44%。通过比较可以看出，江西省对于科学技术研发的投资远远小于全国平均水平，与发达国家 3% 的平均水平相比也相差甚远。而江西又是一个农业大省，其发展重点在第一、第二产业，物流属于第三产业。据此估计，江西省对于区域物流的技术研发投资也同样会低于全国平均水平，即江西省区域物流的技术研发投资不足。

（3）2005—2007 年。2005 年开始，科技进步贡献率逐年稳步增长，从 15.64% 增长到 38.35%。同时，资本投入的贡献率也逐步从 83.37% 下降至 60.39%，这一变化得力于江西省科技发展政策和物流振兴计划。这也说明了江西省区域物流依靠投资来拉动增长的状况有所转变，虽然资本投入贡献率仍占有最大比例，但根据表中的曲线来看，资本投入贡献率曲线呈稳步下降趋势，而科技进步贡献率曲线呈上升状态，若该趋势能够保持下去，科技进步贡献率很有可能超过资本投入贡献率，成为拉动江西省区域物流发展的主导力量。所以，政府和企业应该立即采取相应的措施、加大物流科技投入、完善政府政策，加快物流科技的进步，从而促进江西省区域物流的发展。

3.3 基于 DEA—Malmquist 指数法测算中部六省区域物流科技进步贡献率

3.3.1 中部六省区域物流科技进步贡献率分析

本章采用 DEA—Malmquist 指数法，利用中部六省的面板数据对江西省区域物流科技进步贡献率进行测量。进一步分析物流科技进步增长的原因，并与其他五省进行比较，从而找出发展不足。

为了加强本章计算物流科技进步贡献率两种方法之间的一致性，所选取的数据都采用相同来源。根据数据的可得性和 DEA—Malmquist 指数法的要求，选取 1996—2007 年中部六省（山西、安徽、江西、河南、湖北、湖南）交通运输、仓储和邮政业的投入和产出数据作为研究样本。其中资本投入指标 K 和劳动投入指标 L 保持不变，但产出指标转变为货运周转量。区域物流的产出指标从价值形态上看是区域物流产值，从实用价值形态上看是货运周转量，货运周转量的计量单位是吨千米，是运量与运距的乘积，能够反映区域货运量和货运距离，最主要的是不受价格因素的影响。因为该部分采用了中部六省的数据，所以为了减少价格因素的影响该部分用货运周转量作为区域物流的产出指标。

根据产出导向的 Malmquist 生产率指数模型和调整后的投入产出数据，利用数据包络分析软件包 DEAP 2.1 软件进行分析，结果如表 3-7 所示。

表 3-7 1996—2007 年中部六省区域物流 TFP 变化及物流科技进步贡献率

地区	技术效率变化指数	技术进步指数	纯技术效率变化指数	规模效率变化指数	Malmquist 生产率指数（TFP 变化）	TFP 增长率（%）	GDP 年增长率（%）	物流科技进步贡献率（%）
山西	1.035	0.995	1.000	1.035	1.030	3.00	14.16	21.19
安徽	0.972	0.963	0.988	0.983	0.936	-6.40	14.94	-42.85
江西	1.007	1.035	0.945	1.066	1.043	4.30	14.00	31.00
河南	0.973	0.997	1.000	0.973	0.970	-3.00	13.46	-22.29
湖北	1.003	1.000	1.021	0.982	1.003	0.30	11.97	2.51
湖南	1.009	1.011	1.012	0.997	1.021	2.10	9.90	21.20

注：除特殊说明外，本书数据中的平均值均为算术平均值。

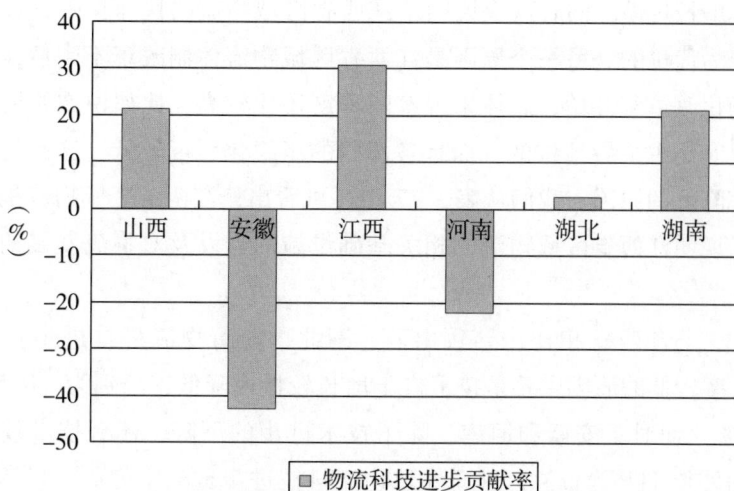

图 3 - 3　1996—2007 年中部六省物流科技进步贡献率

　　根据表 3 - 7 和图 3 - 3 显示，1996—2007 年江西省物流科技进步贡献率平均值为 31%，在六省之中处于首位。排在之后的分别是湖南、山西、湖北、河南、安徽，其中河南与安徽的物流科技进步贡献率为负值。为了探究物流科技进步贡献率背后的变动，需要对 TFP 进行进一步的研究。

　　第一，从表 3 - 7 中可以看出，江西省物流科技进步贡献率约为 31%，TFP 平均增长 4.3%，技术效率和技术进步对它的增长都有促进作用，其中技术效率增长 0.7%，技术进步增长 3.5%，说明技术进步是推动全要素生产率增长的主要原因。这是由于从 1996—2007 年，特别是近几年，区域物流的振兴，使得政府陆续出台了一系列促进区域物流发展的相关政策，对物流的投入增加，人才素质不断提高，技术创新效果明显；信息技术的快速发展为区域物流的发展起到了有力的促进作用；江西省外商直接投资的增加也提高了江西省区域物流技术水平。同时，技术效率又可分为纯技术效率变化和规模效率变化，导致江西省区域物流技术效率增长慢的原因可以归结于纯技术效率的下降，从 1996—2007 年平均下降 55%。纯技术效率是指每一个生产决策单位利用现有投入生产相应产出的能力，它可以说明生产决策是否正确。从本书所选的投入—产出指标来看，纯技术效率小于 1，说明江西省区域物流存在扩大投入能力的倾向，但由于产出，即货运周转量受到江西省总体经济发展水平的影响，无法随着投入的增加而增加，所以纯技术效率下降，而导致

技术效率增长过慢。同时这也说明了江西省区域物流的快速扩张是以牺牲效率和资源为代价的。另一个原因是江西省区域物流体制改革不到位，区域物流的市场化改革刚开始，总体来说垄断程度还比较高，比如说铁路运输这一部分，政府是占主导地位的。而且各部门的组织化程度较低，这都是导致纯技术效率降低的原因。我们从表3-7中还可看出，江西省区域物流是规模有效率的，说明江西省区域物流的相关基础设施的建设及对物流发展的规划进展良好。

第二，与江西省相比，导致山西、湖北、湖南物流科技进步贡献率和TFP增长率较低的原因主要是技术进步增长较慢或降低，分别为 - 0.5%、不变、1.1%。而对于安徽和河南，除了技术进步的下降，还有技术效率的降低，从而使得 TFP 为负值，进而导致物流科技进步贡献率为负，当然这并不是说物流科技进步对区域物流经济增长产生负作用，这主要是与该省市的政策、经济环境、发展速度等多方面的因素有关。同时，根据表中数据显示江西省区域物流技术进步增长率远高于其他各省，而最终导致了其物流科技进步贡献率高于其他各省，这可能是由于江西省区域物流技术水平原来的起点较低导致的，所以进步才更为显著。最后，本书是用交通运输、仓储和邮政业都代替区域物流的相关数据来进行测量的，对于江西省来说，该部分在区域物流中占有绝对大头，所以其数据可以用来测量区域物流的发展水平。而对于其他各省来说该部分数据可能不能代替其区域物流的整体发展水平，所以仅用交通运输、仓储和邮政业的数据来进行测量，会低估其区域物流科技进步贡献率水平。这也是本书的测量结果中，其他各省物流科技进步贡献率偏低的另一个原因。由于其他各省不是本书的主要研究对象，所以不再赘述。

综上所述，本节主要通过测量 TFP 的增长情况来研究物流科技进步贡献率，并将 TFP 增长分解为技术进步和技术效率的增长，从而可以更进一步的了解物流科技进步贡献率增长的背后因素。测量结果显示，江西省物流科技进步贡献率为31%，其中技术进步是其主要拉动力量，而技术效率还有待提高。所以，在区域物流生产总值不断增加的环境下，若想要保持物流科技进步贡献率的增加，就要大力提高 TFP 增长率。

3.3.2 江西省以物流科技进步促进区域物流发展中存在的不足

以上两部分都是以江西省区域物流1999—2007年的数据为测算对象，运用灰色关联分析方法对索洛余值法中的参数值进行了估计，并对江西省区域物流科技进步贡献率进行了测算。目的是在上一种方法的基础上对江西省区域物流科技进步对区域物流经济发展的贡献率做更进一步的分析。结果表明，两种方法得出的物流科技进步贡献率分别是31%和38.35%，测算方法的不同，导致结果有所偏差是正常情况。每一种测算方法都有自身的优缺点，物流科技进步贡献率的测算十分依赖于统计数据，用两种不同的方法分别进行测算能更好的说明测算结果的可靠性。两种测算方式结果共同说明了：①在这12年里，区域物流资本投入贡献率一直是占着最大比例，说明江西区域物流经济增长主要是依靠投资进行拉动。②区域物流劳动投入贡献率一直处于较低水平，甚至在2003年和2004年两年中呈现负值。原因有以下几点：一是物流企业逐渐从传统的运输仓储企业转变为现代物流企业，以劳动人数支持的劳动密集型企业在逐渐减少，以技术支持的集约型企业相对增加。二是近年随着江西省对区域物流发展的重视，物流就业人员的素质和技术能力都有了一定的提高，但这一部分的提高并没有作为劳动投入的贡献，而是算进了科技进步中，所以劳动投入的贡献率会减少。三是资本投入、科技进步和劳动投入的贡献率总和为1，前两者的贡献率提高了，劳动投入贡献率也就相对的降低了。③根据物流科技进步贡献率测量的结果说明物流科技进步对江西省区域物流的影响是积极的，是起促进作用的。但据国际经济理论界普遍认为，如果科技进步对经济增长的贡献率超过劳动力投入和资本投入的综合，即该指标大于50%，则可以认为该国家或地区已经进入集约型经济增长阶段；相反，则被人认为尚处于粗放型经济增长阶段。根据本文测算的结果，1996—2007年江西省区域物流科技进步贡献率为35%左右，2004年降至11.80%到达最低点，2005年之后才呈逐渐上升的趋势，说明目前江西省区域物流应该还处于粗放型经济增长阶段，虽然物流科技进步对江西省区域物流的贡献较为明显，但这是由于江西省区域物流起步水平较低所致；并且结果显示物流科技进步贡献率波动性较大。所以，在这样的环境之下，物流科技进步贡献率还需要进一步加强。那么，首先就要找出以物流科技进步促进江西省区域物流发展中的不足，根据江西省物流科技现状、物流企业调研情况与测算结果显示，江西省物流科技的需求、投入和产出都是不足的。主要归纳为以下几点：

1. 现代物流意识不强，导致对物流科技的需求较弱

目前，由于经济发展等原因，江西省对于"物流"这一概念的普及越来越广泛，人们对于物流并不陌生，但什么是现代物流，可能只有少部分人能够比较清楚的解释，在对30名物流活动不同岗位的员工进行随机访谈的调研中，只有20%的人现代物流意识较强，大部分人还是认为物流和运输、储存、包装等基本功能是一个概念，或者认为就是这些基本功能的简单相加。这样的一种不充分的认识，导致江西省大部分物流供给处于一个较低的服务水平，物流企业对于要引进物流科学技术提高物流能力的意识较弱，最终导致对物流科技的需求较弱，这不利于调动江西省物流科技发展的积极性。

2. 物流企业没有成为科技创新的主体

创新是科技进步的原动力，要发展物流技术，就必须重视创新。技术创新是在市场需求的基础上，通过市场竞争而产生的。而企业作为市场竞争中的主体，它应该是技术创新的主要承担者。所以在区域物流中，物流企业应该是科技创新主体，政府、科研机构作为引导者和辅助者存在。但目前江西省的实际情况是，政府和科研机构在物流科技创新中扮演了主要角色，物流企业科技创新的能力差。据估计统计，2007年江西省区域物流中从事研究与试验发展的人员占物流企业科技活动人员比例为19.2%，而同期全国平均水平是53.3%。可见江西省物流企业中技术创新人才不足。在调研的物流企业中，大型物流企业虽然有自己的研发机构，但投入资金十分有限，主要活动是技术维护。而大部分中小型物流企业没有自己的物流技术开发机构。因此，江西省物流企业对物流技术的需求一般采取引进的方法，这不利于物流企业培养自己的核心竞争力，同时由于引进先进技术的资金需求大，大部分企业因为资金不足而放弃或引进低水平的物流技术。同时，政府和科研机构作为物流科技创新中的主导力量由于与市场的距离会使得产出与市场需求不相符合。这两个原因都会使得江西省物流科技水平低，对区域物流的贡献不高。

3. 物流科技投入小

2009年，江西省研究与试验发展（R&D）经费支出总计726387万元，占GDP总量的1.12%。而全中国2008年R&D经费支出与GDP的比例为1.47%，江西省低于全国平均水平。另外根据2009年全国及各地区科技进步统计监测结果显示表明，江西省科技活动投入在31个省、市、自治区中排名第19位，处于中下游水平，同样低于全国平均水平。而江西省是一个农业大省，其科技投入主要集中在第一、第二产业，所以本身就比较低的科技投入能力分配给第三产业的比例就更小了。这样从总体来看，我们可推出对于属于第三产业的江西省区域物流的科技投入能力是比较弱的，即政府和企业对于物流科技的投入小。物流科技进步的步伐也相应的比较缓慢，对物流的促进作用也就比较弱。在对江西省物流企业进行调研中，各企业负责人也表示，物流科技的投入资金占企业总收入的比例很小。

4. 物流科技成果市场转化能力低

目前，江西省区域物流技术的创新研究主要是依靠江西省政府的推动。政府对科研机构、院校、企业下达科研任务，计划性较强，这就容易使得科研产出与市场需求不相符合，造成有市场，而没有相应的科研成果作为支持；或是有科研成果，市场需求不足的局面，科研成果不能及时转化为市场产出，这又可以分为两种情况：一是科研产出完全没有对应的市场需求，显然这对推动区域物流的发展是毫无作用；二是科研产出有相对应的市场，但科研成果要想投入市场，还需要进一步的放大、试验后才能决定，那么这个中间过程也需要投入一定的资金。而由于江西省物流企业的经济能力和体制问题，导致他们有引进高校或科研机构成果的愿望，却力不从心。

同时物流作为一个新兴行业，其研究潜力是无穷的，科研成果也是比较容易产生，这就会形成科研人员为了评奖或评职称而来搞科研的倾向，哪里容易出成果就研究哪里，而不考虑市场的实际需求。这种现象也会直接导致物流科技成果的市场转化能力低。

5. 专业化物流人才的缺乏

人才是科技研发的源头，任何先进的科学技术都是通过人而产生的。因此物流科技的进步和创新也取决于地区对其人力资本的投入，而教育是人力资本投资中最重要的一部分。在这个知识经济时代，教育可以看做是科技进步的基础，完善的教育体系可以培养出高素质的专业化物流人才，研发并使用更多的与市场紧密联系的物流技术，从而促进江西省区域物流的发展。

据调研显示，江西省专业化物流人才较为缺乏。例如，在新华物流中，专业人才占总员工总数的10%，而昌大瑞丰中高级素质人才也不足20%。大部分员工文化程度为大专以下，没有受过专门的物流教育。而面对江西省物

流教育，江西省虽然比较早的就开始了对物流人才的培养教育，但由于其发展缓慢，目前专业化物流人才还是较为缺乏。最早进行物流人才教育的是华东交通大学于1994年在全国招收物资管理专科，但1999年停办，直至2003年江西财经大学开始在全国招收物流管理本科。目前江西共有6所学校招收物流本科，每年共招生人数为400多人，分别是江西财经大学、华东交通大学、赣南师范学院、井冈山大学、东华理工大学以及南昌工程学院。有45所学校招收物流专科，每年招生人数900人左右，包括南昌航空大学、南昌工程学院、宜春学院、赣南师范学院、江西科技师范学院、九江学院、江西交通职业技术学院等。在各高校培养物流人才的过程中都普遍存在这样一些问题：物流师资力量比较薄弱；物流教材重理论轻实践；缺乏必备的教学设备与实验设施，教学方法单一，使得学生对物流的认识停留在书本上，无法满足市场对物流人才的需求。目前在江西省物流人才市场中，对于一些包装、装卸搬运等技术含量低的低端物流人才的需求已经趋于饱和，而对于能够对信息系统进行设计或对先进仪器进行操作的高端物流人才严重缺乏，物流人才的整体素质还有待提高。另外，导致江西省物流人才的缺乏的原因还有由于引进人才的制度不完善，致使大量物流人才流失。

3.4　江西省物流系统投入产出效率评价研究

随着"十二五"规划开始，江西省面临着实现新发展的关键时期。物流业作为国民经济基础产业，与经济增长存在较强的相关性，区域物流系统已经成为地区综合竞争力的重要组成部分。物流业发展特别是物流运营效率问题引起了学术界关注，进行物流效率评价，改善管理，合理配置资源减少浪费，已成为物流学术研究热点。如黄勇等采用数据包络分析方法对中部6省社会物流效率进行分析与评价，并提出改进建议；田振中采用DEA模型和Tobit模型得出我国物流业总体上效率较低，各省区效率存在较大差异；雷勋平等运用DEA的C2R模型和"超效率"对31个区域物流投入产出效率进行了实证研究；钟祖昌运用三阶段DEA方法对28家物流上市公司的运营效率进行了分析；刘秉镰等应用SFA模型评价了区域物流业整体技术效率和全要素生产率；田刚等以Malmquist - DEA方法对我国TFP增长来源和差异变化趋势进行了实证分析。综上研究发现，虽然近年我国物流业迅速发展，但区域发展不平衡性及差异性严重，为此对区域物流效率进行评价分析，对于合理配置资源，推动物流业的健康发展很有必要。本书基于 DEA 中 C2R 模型和 BC2 模型，对 2001—2010 年江西省物流投入产出效率进行纵向比较研究，以客观评价江西省区域物流发展状况，为物流业的调整和优化提供决策支持。

3.4.1　数据包络分析建模

数据包络分析（DEA）是美国著名运筹学家 Charnes 等提出的效率评价方法。它把单输入、单输出的工程效率概念推广到多输入、多输出同类决策单元（DMU）的有效性评价中，极大丰富了微观经济中生产函数理论，同时，在避免主观因素、简化算法、减少误差等方面有很大的优越性。现已成为经济管理及系统科学领域中常用且重要的分析工具。本书采用 DEA 模型中用于评价 DMU 综合有效性（TE）的 C2R 模型和评价纯技术有效性（PTE）的 BC2 模型，应用两模型可对 DMU 间相对效率进行评价。

1. 综合效率 C2R 模型

依据 DEA 方法基本原理，使用 C2R 模型来度量 DMU 在 DEA 有效生产前沿面上的投影，可进一步分析 DMU 无效的原因。假设有 n 个 DMU_i，$x_i = (x_{1i}, x_{2i}, \cdots, x_{pi})^{\mathrm{T}}$ 为 DMU_i 的"输入"（表示对决策单元对"资源"的消耗），$y_i = (y_{1i}, y_{2i}, \cdots, y_{qi})^{\mathrm{T}}$ 为 DMU_i 的输出（表明成效的指标）。C2R 模型主要计算方法：

$$\min\theta - \varepsilon(e's^- + es^+) = V_{D_\varepsilon}$$

$$\mathrm{s.\,t.} \begin{cases} \sum_{j=1}^{n} x_j\lambda_j + s^- = \theta x_{j0}, \\ \sum_{j=1}^{n} y_j\lambda_j - s^+ = y_{j0}, \\ \lambda_j \geq 0, j = 1, 2, \cdots, n, \\ s^- \geq 0, s^+ \geq 0 \end{cases} \tag{3-8}$$

式中，$e' = (1, 1, \cdots, 1)^{\mathrm{T}} \in E^m$，$e = (1, 1, \cdots, 1)^{\mathrm{T}} \in E^s$，$E$ 为单位矩阵；θ 为 DMU 的综合效率值；$s^- = (s_1^-, s_2^-, \cdots, s_m^-)$ 和 $s^+ = (s_1^+, s_2^+, \cdots, s_s^+)$ 分别是输入与输出的松弛变量；λ 是 n 个 DMU 的组合系数；ε 为非阿基米德无

穷小量，取 $\varepsilon = 10^{-10}$。

设未知变量取值为 θ^*，λ^*，s^{-*}，s^{+*} 为 C2R 模型最优解，模型的判断结论为：当存在 λ^* 使 $\sum \lambda^* = 1$，表明 DMU 规模收益不变；$\sum \lambda^* < 1$ 为规模收益递增，其值越小增长的趋势越大，增加投入量可能带来更多比例的产出；$\sum \lambda^* > 1$ 为规模收益递减，其值越大减少的趋势越大，投入量增多不能带来更多比例的产出。当 $\theta^* = 1$，且 $s^{-*} = 0$，$s^{+*} = 0$，则 DMU 的 D_{CR}^2 为 DEA 有效；若 $\theta^* = 1$，但 $s^{-*} \neq 0$，$s^{+*} \neq 0$，DMU 的 D_{CR}^2 为弱 DEA 有效；若 $\theta^* < 1$，$s^{-*} \neq 0$，$s^{+*} \neq 0$，DMU 的 D_{CR}^2 为 DEA 技术无效。若某一 DMU 为 DEA 总体无效，可通过计算相对有效前沿面上的投影来改进 DEA 无效为有效 DMU，寻找提升决策提升的方向，调整方式为：

$$\begin{cases} \Delta x_0 = x_0 - x'_0 = (1 - \theta^*)x_0 + s^{-*} \\ \Delta y_0 = y'_0 - y_0 = s^{+*} \end{cases} \qquad (3-9)$$

2. 纯技术效率 BC2 模型

由于 C2R 模型对应的生产可能集满足锥性特征，但在某些情况下，把生产可能集用突锥来描述可能缺乏准确性。为此在 C2R 模型中去掉锥性后得到用于描述部门间纯技术效率的 BC2 模型。BC2 模型的表述可以在模型公式（3-8）中加入约束条件 $\sum_{j=1}^{n} \lambda_j = 1$。判断结论有：当 $\sigma^* = 1$，且 $s^{-*} = 0$，$s^{+*} = 0$，则 DMU 的 D_{BC}^2 为纯技术有效；当 $\sigma^* = 1$，但 $s^{-*} \neq 0$，$s^{+*} \neq 0$，DMU 的 D_{BC}^2 为弱 DEA 纯技术有效；若 $\sigma^* < 1$，$s^{-*} \neq 0$，$s^{+*} \neq 0$，D_{BC}^2 为 DEA 纯技术无效。

根据 DEA 模型理论，综合技术效率可分解为纯技术效率与规模效率之积。其规模效率值（SE）反映规模收益不变的生产前沿与规模收益变化的生产前沿之间的距离，可由公式 $se = \theta^* / \sigma^*$ 计算得出。

3.4.2　实证研究

选取江西物流系统的投入产出指标，以 2001—2010 年指标数据为江西区域物流效率测度的决策单元（DMU），基于 DEA 方法评价相对效率。

1. 指标选取及数据来源

目前物流投入产出还没有形成统一的评价体系，考虑物流效率投入与产出指标的多样性，经过文献研究分析，结合江西省区域物流发展特点，分别从四个方面选取了江西省物流系统投入产出指标。选取的投入指标为2001—2010 年江西省物流业从业人员（X_1），物流业固定资产投入（X_2），物流业职工工资总额（X_3），物流等级公路长度（X_4）。在现有的效率研究中，物流劳动指标多单纯采用行业从业人数表示，该指标只能说明劳动力数量的多少，却不能完全表达行业劳动力成本状况，为此本研究加入物流业职工工资总额来弥补上述不足。因铁路、公路和水路货运量占江西省总货运量的比例达98% 以上，货物周转量达97% 以上，所以采用三者的线路长度代替总路网里程。考虑运输方式不同，不能采用简单代数相加，依据运输效率比例法将其换算为公路里程后作为投入指标，换算后近十年 DMU 的物流等级公路长度见表 3－8。物流产出指标分别为货物运输周转量（Y_1），货运量（Y_2），区域物流生产总值（Y_3），地区 GDP（Y_4）。其中货物运输周转量和货运量反映了江西省物流运输能力，区域物流生产总值与地区 GDP 分别表明了区域物流所产生的直接及间接的经济效益。

表 3－8   **物流等级公路长度**   （单位：万千米）

年份	2001	2002	2003	2004	2005	2006	2007	2008	2009	2010
长度	27.00	27.99	29.04	30	29.57	54.45	55.82	20.47	20.81	20.67

注：原始数据均来自中国统计网站。

2. 模型计算

运用 Matlab7.10 计算 C2R 模型和 BC2 模型程序，得到江西省近十年综合效率计算结果见表 3－9。

表 3－9   **物流投入产出 DEA 相对有效性结果**

C2R	θ	s_1^-	s_2^-	s_3^-	s_4^-	s_1^+	s_2^+	s_3^+	s_4^+	$\sum \lambda$	RTS
DMU1	1.00	0	0	0	0	0	0	0	0	1.00	—
DMU2	1.00	0	0	0	0	0	0	0	0	1.00	—
DMU3	0.88	8	0	0	17	129	0.50	0	0	0.39	irs
DMU4	0.95	9	75	0	19	172	0.66	0	0	0.42	irs

C2R	θ	s_1^-	s_2^-	s_3^-	s_4^-	s_1^+	s_2^+	s_3^+	s_4^+	$\sum \lambda$	RTS
DMU5	0.97	8	86	0	19	311	1.03	0	0	0.47	irs
DMU6	0.94	7	64	0	40	415	1.30	0	0	0.53	irs
DMU7	0.96	5	0	0	40	661	2.08	0	0	0.67	irs
DMU8	1.00	0	0	0	0	0	0	0	0	1.00	—
DMU9	0.97	0	4	0	1	29	0	0	0	0.93	irs
DMU10	1.00	0	0	0	0	0	0	0	0	1.00	—

注：RTS 表示规模效益，—表示规模效益不变，irs 表示规模递增。

由表 3 - 9 进一步处理，江西省 2001—2010 年物流投入产出平均总体效率为 0.967，近十年江西省物流效率较高，但仍存在一定的改善空间。根据 C2R 模型最优解判断条件，DEA 总体有效（$\theta = 1$，$\sum \lambda = 1$）的年份是 2001 年、2002 年、2008 年、2010 年，说明这四年的区域物流投入产出要素达到了最佳的组合，且规模效益不变；剩余 DMU 均 DEA 总体无效（$\theta < 1$），其中 2003 年效率最低（$\theta = 0.88$），六年中在不同程度上存在物流资源冗余的问题，又由 $\sum \lambda < 1$ 知，这六年中区域物流投入产出没有达到最佳比例，优化投入比例会带来更多产出。

据投入松弛变量 s_1^-、s_2^-、s_3^-、s_4^- 数值，江西省物流资源投入有一定盲目性，规模投入对于物流业发展是必要的，但为了追求规模庞大而盲目扩张，物流业从业人员，物流业固定资产投入以及物流等级公路长度均存在投入冗余现象，造成资源浪费。同时物流业职工工资总额 DMU 均无冗余现象，说明物流行业劳动成本较低，应提高物流职工的工资，使投入达到最优状态。以输出松弛变量 s_1^+、s_2^+、s_3^+、s_4^+ 得出，江西省区域物流在货物运输周转量和货运量存在缺口，仍然有提升空间，物流资源投入对区域物流生产总值与地区 GDP 贡献出现饱和趋势，这将成为江西区域物流可持续发展的瓶颈。

运行 BC2 模型的程序，并利用公式 $se = \theta^* / \sigma^*$ 得出各 DMU 规模效益，见表 3 - 10。

表 3 – 10　　　　　　　　　　　纯技术效率及规模效率

	DMU1	DMU2	DMU3	DMU4	DMU5	DMU6	DMU7	DMU8	DMU9	DMU10
σ	1	1	1	1	1	0.9991	0.9919	1	1	1
se	100%	100%	87.93%	95.47%	96.93%	94.01%	96.96%	100%	96.67%	100%

在表 3 – 10 中，σ 只有 2006 年、2007 年纯技术效率 $\sigma < 1$，即 DEA 纯技术无效，均处于规模和技术都无效的状态；剩余 DMU 均为 DEA 纯技术有效 $\sigma = 1$，表示物流技术效率都处于最佳状态，投入量既定时，物流运营能获得最大产出。规模效率值（se）仅 2001 年、2002 年、2008 年、2010 年为规模有效，剩余为规模经济递增，区域物流投入产出没有达到最佳组合，增加投入量可能会带来更多产出，为了增加产值有必要增加一定比例的物流投入。

3. 投影分析

非 DEA 综合有效的 DMU 在生产前沿面上的投影是 DEA 有效的。对于 DEA 无效的 DMU 可以利用一定方法调整输入和输出以达到 DEA 有效，采用公式（3 – 9），分别得出物流投入冗余额和物流产出不足额，见表 3 – 11。

表 3 – 11　　　　　　　　物流投入产出 DEA 投影结果

年份	投入冗余值				产出增加值			
	X_1	X_2	X_3	X_4	Y_1	Y_2	Y_3	Y_4
2001	0	0	0	0	0	0	0	0
2002	0	0	0	0	0	0	0	0
2003	9.96	19.32	2.57	20.49	129	0.50	0	0
2004	9.83	88.69	1.19	20.50	172	0.66	0	0
2005	8.48	95.31	0.81	19.89	311	1.03	0	0
2006	7.96	83.71	1.89	43.27	415	1.30	0	0
2007	5.65	11.21	1.46	42.23	661	2.08	0	0
2008	0	0	0	0	0	0	0	0
2009	0.47	15.46	1.50	1.62	29	0	0	0
2010	0	0	0	0	0	0	0	0
均值	4.24	31.37	0.94	14.8	171.7	0.56	0	0

物流投入指标中，江西省近十年的物流行业从业人员平均冗余 4.24 万人，物流业固定资产投入平均冗余 31.37 亿元，物流业职工工资总额投入冗余 0.94 亿元，物流等级公路长度平均冗余 14.8 万千米；产出指标中货物运输周转量平均不足额 171.7 亿吨千米，货运量的不足额为 0.56 亿吨。说明江西省物流资源过多的投入并没有促进地区生产总值的增长，存在较严重的投入浪费现象，但同时物流产出还有相当大的发展空间。2001 年、2002 年、2008 年、2010 年物流投入冗余额和产出不足额均为 0，达到了规模和技术 DEA 相对有效，不存在物流资源投入浪费和产出不足的情况；其他存在物流投入冗余额和产出不足额的 DMU 在不同程度上存在物流投入资源浪费现象，物流成本较高，现有物流资源进行有效的优化配置不合理，其产出也没有达到最优值。为此需要加快调整优化物流投入要素结构，促进物流投入要素的合理利用，进一步提高物流投入产出效率。

4. 结论

本书构建出符合江西省现实状况的物流投入产出评价体系，基于 DEA 模型中 C2R 模型和 BC2 模型来对 2001—2010 年江西省区域物流发展效率的纵向比较。分析结果表明：应用 C2R 模型计算出的平均总体效率为 0.967，说明近十年江西省物流效率较高，但只有 2001 年、2002 年、2008 年、2010 年达到最佳组合，且规模效益不变，剩余 DMU 均为 DEA 总体无效，并且 2003 年效率最低；依据 BC2 模型得到 2006 年和 2007 年处于规模和技术都无效的状态；剩余决策单元均为 DEA 纯技术有效，物流运营能获得最大的产出；本书根据非 DEA 综合有效决策单元的投影分析，对决策单元输入输出定量调整以达到 DEA 有效。本书为江西省物流投入产出的纵向比较提供了新思路，其结果可以为江西区域物流发展提供科学依据。

3.5　中部六省经济发展的物流效率分析

加快转变经济发展方式，是党的十七大提出的重大战略任务，关系到我国改革开放和社会主义现代化建设全局。近年来物流产业成为国家以及区域经济发展的增长极，物流产业已经纳入国家产业振兴规划。目前，我国经济中心珠三角、北部湾、长三角、京津冀、东三省均在推动区域物流大整合，大型区域物流中心和国际物流中心正在形成。中部六省不断完善自身物流产业规划，山西、安徽、江西、河南、湖北和湖南均已形成初步的物流产业规划，致力于不断提高区域物流能力。中部地区物流产业规模扩大，区域物流水平提高，就货运量而言，1995—2010 年的 16 年间，货运量年均增长达到8.7%，由 1995 年的 26.89 亿万吨增加到 2010 年的 89.90 亿万吨，2007—2008 年货运量增加更为迅猛，年增长率达到了 33.35%。见图 3 - 4。

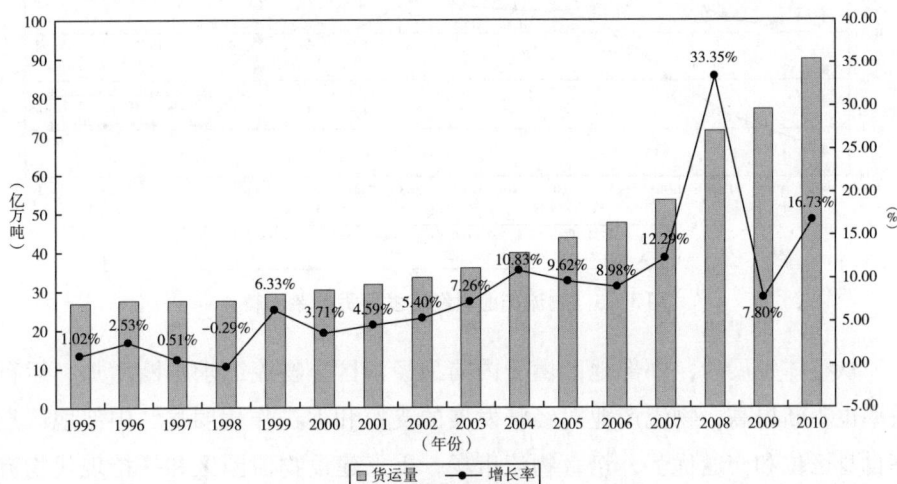

图 3 - 4　中部六省货运量及增长率

虽然中部地区物流规模及水平都有所提高，在交通运输、仓储业、贸易业、流通加工、包装业以及邮政业物流增值方面也不断上升，但对中部地区、全国及东部地区物流业对经济发展贡献率比较看出，中部地区物流对于经济发展贡献不仅低于东部发达地区，而且也低于全国的平均水平，中部六省物流对经济发展的贡献相对较低。从图 3 - 5 中可看出，1995—2003 年，中部地区物流对经济发展的贡献逐年上升，而 2003—2010 年物流贡献率逐年下降，但保持在 14% 之上，这说明中部地区物流增加值的增长幅度落后于地区 GDP 增长幅度，物流产业总体水平相对较低。这些特征与中部地区经济结构和消费水平有着密切联系，中部地区第一产业和第二产业在经济总量中占有绝对比重，物流业多为基本类型行业，服务成本低，收益也相对低，对过程化、系统化和个性化服务需求较少，这部分物流服务成本较高，收益相对较高。而东部地区三大产业结构优化组合，第三产业在经济总量中比重较大，对多

样化、系统化物流服务需求较大，加上拥有先进的设施设备，提高效率的同时也降低了物流活动中的费用，从而提高地区物流增加值。

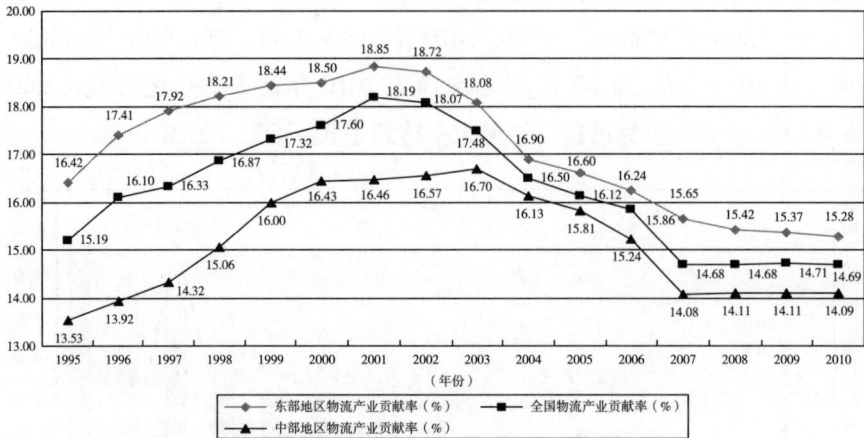

图3-5 物流产业对经济发展贡献率比较

从整体发展看，中部地区属于内向型经济区，物流需求不断增加，运行效率也不断提高，物流产业对经济发展的支撑和促进作用明显。中部地区发挥自身区位和交通优势，培育物流市场，重点建设物流园区和扶持现代物流企业，大力发展第三方物流服务，构筑物流基础设施、物流公共信息、物流配套设施和物流产业政策体系四大平台，努力实现物流的社会化、专业化、信息化。中部地区的粮食、以煤炭为主体的能源、有色金属等重要原材料是运量大、运输距离长、价值量相对也比较大的货物，物流自身成本比较高。由此可见，中部六省各产业发展能否充分发挥现代物流产业在降低流通成本、提高流通效率的优势，是提升产业竞争力、实现区域经济高效运行、改善本地区投资环境等方面的关键所在，物流产业高效发展对中部地区转变经济发展方式、实现中部崛起具有举足轻重的作用。

鉴于目前国内对中部六省物流产业投入产出效率分析及影响因素对其影响的程度差异性研究较少，本书基于2001—2010年我国中部六省物流产业面板数据，运用DEA中的C2R模型和BC2模型测算区域物流投入产出效率并进行省际间的比较，在此基础上使用计量模型分析变量对各地区物流产业效率的影响。

3.5.1 模型方法的介绍和选择

数据包络分析（DEA）是美国著名运筹学家 Charnes 等提出的效率评价方法。它把单输入、单输出的工程效率概念推广到多输入、多输出同类决策单元（DMU）的有效性评价中，极大丰富了微观经济中生产函数理论，同时，在避免主观因素、简化算法、减少误差等方面有很大的优越性。本书采用DEA 模型中用于评价 DMU 综合有效性（TE）的 C2R 模型和评价纯技术有效性（PTE）的 BC2 模型，应用两模型可对 DMU 间相对效率进行评价。

依据 DEA 方法基本原理，使用 C2R 模型来度量 DMU 在 DEA 有效生产前沿面上的投影，可进一步分析 DMU 无效的原因。假设有 n 个 DMUi，$x_i = (x_{1i}, x_{2i}, \cdots, x_{pi})^T$ 为 DMUi 的"输入"（表示对决策单元对"资源"的消耗），$y_i = (y_{1i}, y_{2i}, \cdots, y_{qi})^T$ 为 DMUi 的"输出"（表明"成效"的指标）。C2R 模型主要计算方法：

$$\min \theta - \varepsilon(e's^- + es^+) = V_{D_\varepsilon}$$

$$s.t. \begin{cases} \sum_{j=1}^{n} x_j \lambda_j + s^- = \theta x_{j0}, \\ \sum_{j=1}^{n} y_j \lambda_j - s^+ = y_{j0}, \\ \lambda_j \geq 0, j = 1, 2, \cdots, n, \\ s^- \geq 0, s^+ \geq 0 \end{cases}$$

式中，$e' = (1, 1, \cdots, 1)^T \in E^m$，$e = (1, 1, \cdots, 1)^T \in E^s$，E 为单位矩阵；$\theta$ 为 DMU 的综合效率值；$s^- = (s_1^-, s_2^-, \cdots, s_m^-)$ 和 $s^+ = (s_1^+, s_2^+, \cdots, s_s^+)$ 分别是输入与输出的松弛变量；λ 是 n 个 DMU 的组合系数；ε 为非阿基米德无穷小量，取 $\varepsilon = 10^{-10}$。由于 C2R 模型对应的生产可能集满足锥性特征，但在某些情况下，把生产可能集用突锥来描述可能缺乏准确性。为此在 C2R 模型中去掉锥性后得到用于描述部门间纯技术效率的 BC2 模型。BC2 模型的表述可以在模型中加入约束条件 $\sum_{j=1}^{n} \lambda_j = 1$。根据 DEA 模型理论，综合技术效率可分解为纯技术效率与规模效率之积。其规模效率值（SE）反映规模收益不变的生产前沿与规模收益变化的生产前沿之间的距离，可由公式 $se = \theta^* / \sigma^*$ 计算得出。

DEA 作为一种非参数估计的方法，适用于多投入、多产出分析，可以规

避参数方法中多投入、单产出和需要确定估计方程函数形式等多种限制，但是 DEA 方法测算出来效率的大小不能直观的反映出与效率相关的影响因素的影响程度、不可控变量的冲击及这些变量在不同样本间的差异性。为此，通过 DEA 测算物流效率后，测算中部地区物流产业增加值与其影响因素的关联度，并基于计量回归模型分析因变量对不可控变量的影响。

3.5.2 中部六省数据的实证分析

选取我国中部六省物流系统的投入产出指标，以 2001—2010 年指标数据为物流产业效率测度的决策单元（DMU），基于 DEA 方法评价相对效率。

1. 指标选取及数据来源

目前物流投入产出还没有形成统一的评价体系，考虑物流效率投入与产出指标的多样性，经过文献研究分析，结合物流产业发展特点，分别从四个方面选取了中部物流系统投入产出指标。选取的投入指标为 2001—2010 年物流业从业人员（X_1），物流业固定资产投入（X_2），物流业职工工资总额（X_3），物流等级公路长度（X_4）。在现有的效率研究中，物流劳动指标多单纯采用行业从业人数表示，该指标只能说明劳动力数量的多少，却不能完全表现行业劳动力成本状况，为此本研究加入物流业职工工资总额来弥补上述不足。因铁路、公路和水路货运量占中部地区总货运量的比例达 98% 以上，货物周转量达 97% 以上，所以采用三者的线路长度代替总路网里程。考虑运输方式不同，不能采用简单代数相加，依据运输效率比例法将其换算为公路里程后作为投入指标，换算后近十年 DMU 的物流等级公路长度见表 3 - 12。物流产出指标分别为货物运输周转量（Y_1），货运量（Y_2），物流产业生产总值（Y_3），地区 GDP（Y_4）。其中货物运输周转量和货运量反映了中部六省物流运输能力，物流产业生产总值与地区 GDP 分别表明了区域物流所产生的直接及间接的经济效益。

表 3 - 12　　　　　　　　　物流等级公路长度　　　　　　（单位：万千米）

年份	2001	2002	2003	2004	2005	2006	2007	2008	2009	2010
江西	27.00	27.99	29.04	30.00	29.57	54.45	55.82	20.47	20.81	20.67
山西	18.93	20.22	23.64	25.41	29.94	48.62	51.59	29	33.58	38.55
安徽	27.79	27.59	29.03	29.87	26.98	54.14	54.36	23.05	22.26	21.35

续 表

年份	2001	2002	2003	2004	2005	2006	2007	2008	2009	2010
河南	30.34	31.08	34.47	37.8	40.05	106.95	95.8	41.64	37.97	36.32
湖北	40.85	44.26	47.56	52.65	51.36	101.72	100.05	60.29	54.41	59.19
湖南	23.43	28.9	25.27	26.57	26.67	50.58	49.39	39.97	38.19	43.35

注：原始数据均来自中国统计网站。

2. 模型计算

运用 Matlab7.10 运行 C2R 模型和 BC2 模型程序，得到中部六省近十年综合技术效率 θ、纯技术效率 σ 及规模效率 ω 计算结果（见表 3-13）。

表 3-13　　　　中部六省 2001—2010 年物流产业效率分析

地区	指标	2001	2002	2003	2004	2005	2006	2007	2008	2009	2010	均值
江西	θ	1	1	0.88	0.95	0.97	0.94	0.96	1	0.97	1	0.967
	σ	1	1	1	1	1	0.99	0.99	1	1	1	0.999
	ω	1	1	0.88	0.95	0.97	0.94	0.97	1	0.97	1	0.968
山西	θ	1	1	1	1	1	1	1	1	1	1	1
	σ	1	1	1	1	1	1	1	1	1	1	1
	ω	1	1	1	1	1	1	1	1	1	1	1
安徽	θ	0.96	1	1	0.97	1	1	1	1	1	1	0.993
	σ	1	1	1	0.98	1	1	1	1	1	1	0.998
	ω	0.96	1	1	0.99	1	1	1	1	1	1	0.995
河南	θ	1	1	1	1	0.88	0.88	0.93	1	1	1	0.969
	σ	1	1	1	1	0.99	0.98	0.98	1	1	1	0.995
	ω	1	1	1	1	0.89	0.90	0.95	1	1	1	0.974
湖北	θ	1	1	1	1	0.99	0.93	0.94	1	1	1	0.986
	σ	1	1	1	1	1	1	0.97	1	1	1	0.997
	ω	1	1	1	1	0.99	0.93	0.97	1	1	1	0.989
湖南	θ	0.95	1	0.94	1	1	1	1	1	1	1	0.989
	σ	1	1	1	1	1	1	1	1	1	1	1
	ω	0.95	1	0.94	1	1	1	1	1	1	1	0.989

从表 3-13 可以看出，对于综合技术效率 θ，中部六省 2001—2010 年物流产业投入产出效率整体变化不大，其中只有江西省的效率波动较大，总体均值为 0.984。近十年中部六省的技术效率排序由高至低依次为：山西、安徽、湖南、湖北、河南、江西。其中山西省物流效率最高，并且分布非常稳定，其余省份虽然存在不同程度的波动，但物流投入产出效率都较高。对于区域物流投入产出要素未达到最佳与规模无效的组合，可以通过改善投入产出比例达到最佳组合。据投入松弛变量数值，效率较低的 DMU 物流资源投入有一定盲目性，规模投入对于物流业发展是必要的，为了追求规模庞大而盲目扩张，物流业从业人员，物流业固定资产投入以及物流等级公路长度均存在投入冗余现象，造成资源浪费。同时物流业职工工资总额均无冗余现象，说明物流行业劳动成本较低，应提高物流职工的工资，使投入达到最优状态。另外根据输出松弛变量得出，中部地区物流产业在货物运输周转量和货运量存在缺口，仍然有提升空间，物流资源投入对物流产业生产总值与地区 GDP 贡献出现饱和趋势，这将成为物流产业可持续发展的瓶颈。关于纯技术效率 σ，由于 σ 只有山西、湖南 DMU 均为 DEA 纯技术有效 $\sigma=1$，表示物流技术效率都处于最佳状态，投入量既定时，物流运营能获得最大产出；剩余纯技术效率 $\sigma<1$，即 DEA 纯技术无效，均处于规模和技术都无效的状态。计算中部六省 2001—2010 年规模效率 ω，结果显示：首先从总体来看，我国中部六省份的整体规模效率（总体均值为 0.986）较高，说明中部六省物流产业运营整体接近最优规模。从各省份物流产业规模效率均值分布情况来看，有两个特点：一是规模效率一直为 1 的地区其技术效率也一直为 1，说明这些地区运营于技术最优生产能力规模上；二是其余地区规模效率较高（ω 接近于 1），且这些地区物流产业投入水平不一，说明中部地区基本实现了最优规模，剩余 $\omega<1$ 为规模经济递增，物流产业投入产出没有达到最佳组合，增加投入量可能会带来更多产出，为了增加产值有必要增加一定比例的物流投入。但是中部省份人口众多，水土富饶农业发展较好，工业发展相对落后，第三产业占 GDP 比重较低，这些现状都制约了资源的有利配置，造成了浪费和不足，导致了中部地区在技术效率和规模效率上的落后。

为了更加清晰地区分中部各省份物流投入产出效率水平，利用区域物流投入产出水平进行投影分析，即若某一 DMU 为 DEA 总体无效，可通过计算相对有效前沿面上的投影来改进 DEA 无效为有效 DMU，寻找提升决策提升的方向。可以将中部六省物流投入产出系统分类如下：高投入高效率，以山西为代表，其特点是该地区的物流产业具有较高投入，也实现了技术效率（$\theta = 1$），并且运营于最优规模上（$\omega = 1$），此地区投入产出模式相对较为成熟，是中部地区的代表和较为理想的状态；高投入中效率，以安徽、湖南、湖北为代表，这些地区总体投入较高，技术效率相对较高，但相对投入其规模效率却较低，说明该地区效率低下的主要原因归咎于其运营规模远离最优规模点，因此应加大物流投入产出运营规模的调整，同时对产出水平进行微调以实现区域物流运营有效性；低投入低效率，以江西、河南为代表，这些地区投入不高，产出能力相对较低，因此技术效率也不高，要实现效率不但要加大投入，同时还需要提高产出以实现效率优化。

　3. 物流效率影响因素回归分析

　基于文献研究及结合我国物流特征，对影响我国物流产业发展的因素可以进行以下分类：地区经济因素，如 GDP、地区固定资产投资、内外经济贸易、各产业总值比重、社会消费品总额、价格水平等；物流行业内部因素，如物流业从业人员、物流业基础设施等；环境因素，如科技活动经费支出、科技成果应用、经济政策等；其他因素，主要包括：地理位置、自然资源和人口等。除去次要及难以定量分析的变量，分析中部物流产业增加值与影响因素的关联度，结果见表 3 – 14。

表 3 – 14　　　　　　　　　中部物流产业增加值与影响因素关联度

关联度	1995—1999 年	2000—2010 年
中部地区 GDP	0.689547	0.91587
第一产业产值	0.66939	0.916642
第二产业产值	0.65201	0.882762
第三产业产值	0.499186	0.938399
居民消费水平	0.501056	0.969187
社会零售总额	0.611862	0.950529
进出口贸易	0.670915	0.738308
物流投资	0.879967	0.688089

　1995—1999 年影响中部物流增值的因素指标与物流增值关联度最高的是

物流投资、地区 GDP、进出口贸易，接下来依次是第一产业产值、第二产业产值、社会零售总额、居民消费水平。而 2000—2010 年影响因素与物流增值关联度最高的是居民消费水平和社会零售总额、第三产业产值指标，接下来依次是第一产业产值、地区 GDP 总量、第二产业产值、进出口贸易以及物流投资。对两个时间阶段比较，除了物流投资关联度下降之外，其他指标关联度均上升。其中，居民消费水平和第三产业产值与物流增值关联度上升幅度最大，进出口贸易与物流增值的关联度上升幅度最小。以结果看，这些因素都是影响物流增值的重要因素，第三产业产值、居民消费水平和社会零售总额与物流增加值关联度相对较大，进出口贸易和物流投资关联度相对较小。

物流增加值与各个影响因素关联度都较大，且因素之间高度相关，若均纳入回归方程则出现多重共线性，导致回归结果无解释意义。第三产业产值、居民消费水平以及社会零售总额指标对物流增值的关联度相对较大，可先将这三个指标纳入回归方程考察结果。为了消除原始数据的异方差性，对中部地区第三产业、居民消费水平、社会零售总额和物流增值取自然对数，分别表示为 $LnX1$，$LnX2$，$LnX3$，LnY。采用 ADF 单位根检验对 $LnX1$，$LnX2$，$LnX3$，LnY 进行平稳性检验，变量 $\Delta2LnY$，$\Delta2LnX1$，$\Delta2LnX2$，$\Delta2LnX3$ 的 ADF 检验为稳定时间序列，排除了出现伪回归的可能，直接进行回归计算。利用 Eviews 6.0 对四个变量进行拟合。根据拟合结果知，$\Delta2LnX3$ 表现不显著，接受回归系数为 0 的假设，剔除回归分析方程，只对 $\Delta2LnY$，$\Delta2LnX1$，$\Delta2LnX2$ 拟合估计，结果如下：

$$\Delta2LnY = 1.3958 + 0.3508 * \Delta2LnX1 + 0.6746 * \Delta2LnX2$$

$$t - Statistic \rightarrow (2.68) \qquad (3.61) \qquad (2.45)$$

$$R2 = 0.9708$$

从 OLS 输出结果看，回归系数（Coefficient）都显著。各 $t - Statistic$ 的值均大于 2，系数至少 95% 不为零，P 值低于 0.05，系数显著不为零。$R2 = 0.9708$，拟合结果理想。DW 值为 2.0920，说明残差不存在自相关。输出结果中 $F - Statistic$ 为 183.0690，对应 P 值为零，则系数不为零。对数据平稳性检验，中部地区物流增值与第三产业产值社会零售额及居民消费水平二阶差分平稳的数据序列进行回归。由回归模型可知，第三产业产值对物流增值弹性为 0.35，即第三产业产值每上升 1%，物流增值会有 0.35% 的增长变动；居民消费水平对物流增值弹性为 0.67，即居民消费水平每上升 1%，物流增值有 0.67%的增长变化。进行格兰杰因果分析，物流增值和第三产业产值及居民消费水平存在单向因果关系。因物流增值受第三产业影响显著，第三产业发展带动区域物流产业，从而增加了物流增值，相反则不成立，物流增值的增长不一定带来第三产业增长，并且物流增值与居民消费水平同样具有单向因果关系，居民消费水平增长刺激物流发展从而增加物流增加值，而物流增值增加对居民消费水平的变化没有长期均衡影响。

3.5.3　结论与政策建议

通过中部地区物流产业发展分析，构建出符合我国中部六省现实状况的物流投入产出评价体系，基于 DEA 模型中 C2R 模型和 BC2 模型来对 2001—2010 年六省的物流产业发展效率的纵向比较，最后分析中部物流产业增加值与影响因素的关联度，建立了物流增值影响因素回归计量模型。研究结果表明：整体而言中部地区物流产业规模不断扩大，区域物流水平不断提高，但对经济贡献程度为两个阶段，1995—2003 年对经济发展的贡献逐年上升，2003—2010 年贡献率逐年下降，且中部地区物流增值增长幅度落后于地区GDP 增长幅度，说明中部物流发展总体水平相对较低；应用 C2R 模型平均总体效率为 0.984，近十年中部地区技术效率排序由高至低依次为山西、安徽、湖南、湖北、河南、江西，纯技术效率和规模效率较高，物流产业运营整体接近最优规模；通过关联度分析确定物流增值的影响因素，回归分析发现第三产业、居民消费水平对中部物流产业影响显著，并且弹性系数分别为 0.35 和 0.67，说明两者发展能有效促进物流产业发展。本书为我国中部区域物流投入产出的纵向比较提供了新思路，其结果可以为中部六省物流产业发展提供科学依据。

通过对中部地区物流产业分析所得到的研究结论，对我国中部地区发展物流产业提出以下建议：首先，加快基础设施建设，提高物流服务水平。中部地区应加大物流基础设施的投入，加强物流节点和重要公共设施的建设，加快物流园区建设，加强基础设施与物流需求的衔接，使其在连接本省资源和区域间物流合作中发挥作用。充分集成现有的物流设施资源，完善海陆空立体交通网络，加强多式联运网络建设，真正将区位优势和物流设施资源衔接起来。其次，推动物流信息化发展，提高对经济发展的贡献率。中部地区想要发挥物流产业服务经济，须加快发展物流信息技术及自动化技术，打造

物流信息平台。加大物流信息开发应用技术的投入力度，加快信息平台建设，同时也要重视物流信息化人才培养，硬件和软件的结合才能有效推动中部区域物流产业信息化发展；最后，促进物流产业层次优化，实现与其他产业联动发展。物流产业与其他产业有着高度关联性，物流产业服务其他产业的发展，与其他产业互动发展。中部地区应利用供应链管理模式改造提升其他产业，实现联动发展，引导企业对工作流程、物流流程、信息流程和资金流程进行设计、执行和不断改进，实现物流产业与其他产业共同发展。

4 科技进步对区域物流发展的作用途径分析

4.1 信息技术共享对区域物流发展的作用

随着信息技术在物流服务中地位的不断提高，对现代物流企业的运行方式、产业组织、市场竞争格局的影响越来越大，企业对信息共享技术的要求也越来越高。本节将从基础应用层面、环境应用层面、作业管理应用层面、销售管理应用层面分析信息共享技术对区域物流的影响。

4.1.1 物流信息技术基础应用层面

4.1.1.1 Internet 技术

Internet 技术被国内外物流企业广泛运用，国外物流企业十分重视国际互联网资源的有效利用，开发了基于国际互联网的各种在线查询系统，通过高速互联网技术，顾客查询信息能够得到及时响应，并且各种交互内容都得到加密技术和密码的保护。对于较复杂的查询，则以电子邮件和电话的形式进行回复。同时还发行了客户端工具，以桌面工具条的形式对在线费用查询系统进行导航，以方便顾客在个人电脑上进行查询。

国内部分大的物流企业也在利用国际互联网来获取信息，虽然同国外多年先进的做法相比还很不成熟，但也充分显示了我国物流企业利用国际互联网的能力与意识。当然在有效地利用国际互联网技术方面，我国同世界还存在很大的差距。在有效利用国际互联网方面，我国物流企业应该针对具体国情，着重注意以下几个方面的问题。

1. 加强通用数据的利用

国际互联网的使用使物流业发生了巨大的变化，开始大量运用通用数据，RFID，ED，ERP，SCPS 等数据采集和交换系统层出不穷。物流企业只要支付

一定的初装费和服务费，ISP 就会在自己的服务器上划出属于该企业的一片空间，使其成为国际互联网数据结构的一个有机组成部分。

我国物流企业在国际互联网上通用数据的利用方面十分不足，对各种数据采集形式的尝试仍停留在原始阶段，对客户服务器这种最有效的国际互联网信息管理模式也未能投入规模化使用。因此形成了我国通用数据不能通用的局面，严重影响了物流企业之间的信息交流与合作。国内物流企业对通用数据的开发利用是今后一个阶段的主要任务。

2. 加强信息发布的主动性

最主动地利用信息的方式就是信息发布。国际互联网能够延伸到的地方，就可以引起人们的注意。如果物流企业经常接触国际互联网，又关心物流企业动态的话，可以从旗帜广告做起。

3. 加强信息的时效性管理

国际互联网对于物流企业来说，它是一个充满着无尽数据与服务的数据库。互联网上的数据从某种意义上讲并不属于某个具体企业，但却与时间密切相关。我国物流企业应特别注意对信息的时效性管理。

4. 强化企业内部网的构建

物流企业 Intranet 是 Internet 技术在物流企业的应用。它是物流企业利用 Internet 技术建立的企业内部网络，是物流企业内部信息管理和交换的基础设施。物流企业应充分利用 Internet，设计和实施企业的 Intranet 方案。

物流企业 Intranet 一般包括客户服务器体系结构和基本平台组成两部分。前者一般采用三层组成，后者一般有网络平台、开发平台、用户平台和服务平台等。按照规模及功能，一般可将 Intranet 分为以下 4 级：一级应提供对静态数据的静态访问，对公共信息实现基本共享；二级应能引入检索工具，提高企业信息库的实用性；三级应提供对动态数据的动态访问，数据从现有的、联合管理的数据源动态生成；四级应使访问所有联合信息成为可能。

物流企业 Intranet 主要功能有以下几个方面：①市场营销功能。通过 Intranet 的事务处理方式，销售人员及时掌握所有相关的客户信息并向分散的客户提供及时准确的本企业最新产品信息，并可随时完成合同的建立、订单的查询、状态的跟踪等一系列工作。②项目管理功能。Intranet 可以管理物流企业配套供应项目，如调整项目安排及了解项目进展情况以及客户反馈意见等。③客户服务和支持功能。Intranet 能够帮助客户服务与支持部门共享客户的反馈信息，并创建一个相应的支撑系统。

4.1.1.2 条码技术（BS）

1. 条码技术的含义和应用

条码技术是在计算机的应用中产生和发展起来的一种自动识别技术。它是为实现对信息的自动扫描而设计的，是快速、准确、而可靠的采集数据的有效手段。条码技术的应用解决了数据输入和数据采集的"瓶颈"问题。

近十几年来，以条码技术为代表的自动识别技术，很快渗透到计算机管理的一些领域。条码技术以从商业零售领域向运输、物流、电子商务和产品追溯等多领域拓展，并带动了条码产业的产生和发展。国际上，条码技术及应用都取得了长足的发展：符号表示由一维条码发展到二维，目前又出现了将两者相结合的复合码；条码介质由纸质发展到特殊介质；条码应用从商业领域扩展到物流、金融等经济领域，并向纵深发展，面向企业信息化管理的深层次的集成；条码技术产品逐步向高、精、尖和集成化方向发展等。

2. 条码技术在物流中的运用

条码技术已经成为现代化物流的一个重要组成部分。它有力地促进了物流体系各个环节作业的自动化、机械化，对物流各环节的计算机管理起着基础性的作用。条码在现代物流管理中起着直接、高效的信息媒体作用，它使现代化的管理和现代化的技术互相结合。以条码技术的应用为基础的信息流将是未来信息技术的重要特征。控制了信息流就控制了物流。信息技术的现代化必然促进物流技术和管理的现代化。在供应链物流的领域，条码技术就像一条纽带，把产品的生命周期个阶段发生的信息连接在一起，可跟踪产品从生产到销售的全过程。条码技术在区域物流中的具体应用如下：

（1）仓库货物管理

条码技术的应用与库存管理，避免手工书写票据和送到机房输入的步骤，大大提高了工作效率。同时解决了库房信息滞后的问题，提高了交货日期的准确性。另外，解决了票据信息不准确的问题，提高了客户服务质量、消除

事务处理中的人工操作、减少无效劳动。

（2）生产线人员管理

每个班次开工时，工作小组每个成员都要用条码数据采集器扫描他们员工卡上的条码，把考勤数据和小组成员记录到数据采集器，然后输入到计算机系统。小组成员根据记录的情况，决定相应的奖惩。

（3）流水线生产管理

在条码技术没有应用的时期，每个产品在上生产线前，必须手工记载生成这个产品所需的工序和零件，领料号按记载分配好物料后，才能开始生产。在每条生产线上每个产品都有记录表单，每个工序完成后，填上元件号和自己的工号。手工记载工作量大，很复杂，而且不能及时反映商品在生产线上的流动情况。采用条码技术后，订单号、零件种类、产品编号都可条码化，在产品零件和装配的生产线上及时打印并粘贴标签。产品下线时，由生产线质检人员检验合格后扫入产品的条码、生产线条码号并按工序扫入工人的条码，对于不合格的产品送维修，由维修确定故障的原因，整个过程不需要手工记录。

（4）仓储管理

条码出现以前，仓库管理作业存在着很多问题，如物料出入库、物品存放地点等信息手记过程烦琐，信息传递滞后，导致库存量上升，发货日期无法保证，决策依据不准，降低了系统可靠性。为了避免失误，一些企业增设验单人员，这就降低了劳动生产率，影响指令处理速度。如果在已安装了计算机网络系统的工厂，只需在数据输入前加一些条码数据采集设备，就可以解决。

（5）进货管理

进货时需要核对产品品种和数量，这部分工作由数据采集器完成的。首先将所有本次进货的单据、产品信息下载到数据采集器中，然后数据采集器将提示材料管理员输入收货单的号码，由数据采集器在应用系统中判断这个条码是否正确。如果不正确，系统会立刻向材料管理员作出警示；如果正确，材料管理员再扫描材料单上的项目号，系统随后检查购货单上的项目是否与实际相符。

（6）入库管理

搬运工（或叉车司机）只需扫描准备入库的物料箱上的标签即可。入库可分间接和直接两种：直接入库指物料堆放在任意空位上后，通过条码扫描记录器地址；直接入库指将某一类货物存放在指定货架，并为其存放位置建立一个记录。

（7）库存货物的管理

对于标签破损，参照同类物或依据其所在位置，在计算机制作标签，进行补贴。在货物移位时，用识别器进行识读，自动收集数据，把采集数据自动传送至计算机货物管理系统中进行管理。按照规定的标准，通过条码识读器对仓库分类货物或零散货物进行定期的盘存。在货物发放过程中，出现某些物品的货物零散领取的情况，可采用两种方式：一是重新打包，系统生成新的二维码标签，作为一个包箱处理；另一种是系统设置零散物品库专门存储零散货物信息，记录货物的品名、数量、位置等信息，统一管理。

（8）货物信息控制、跟踪

库存自动预警：对于各种货物库存量高于或低于限量进行自动预警。结合各种货物近期平均用量，自动生成需要在一定时间内需要采购或取消订货；有效的控制库存量。空间监控：监控货物的实际位置、存放时间、空间余地等参数，自动对不合理位置、超长存放时间、余地不足等规定的限量自动预警。货物信息跟踪：对整个供应链进行跟踪。报损处理：自动对将要报损货物进行跟踪，管理人员可对报损货物进行登记，填写报损申请表，若报损申请批准后，系统对报损货物进行报损处理，建立报损明细。

（9）出库管理

采用条码识读器对出库货物包装上的条码标签进行识读，并将货物信息快递给计算机，计算机根据货物的编号、品名、规格等自动生成出库明细。发现标签破损或丢失按照上述程序人工补贴。出库货物经过核对，确认无误后，再进行出库登账处理，更新货物库存明细。

条码技术有机地联系了各行各业的信息系统，为实现物流和信息流的同步提供了技术手段，有效地提高了供应链管理的效率，是电子商务、物流管理现代化等的必要前提。虽然在我国条码技术的发展还处于初级阶段，产业规模偏小、标准体系还不健全、物品编码体系不完善，但在现代物流业的发展中，条码技术的作用至关重要。因此要不断改进条码技术，使其更好的在物流中发挥作用。

4.1.1.3 射频技术

1. 射频技术（Radio Frequency Identification）

射频识别技术简称 RFID 技术，是将微芯片嵌入到产品当中，微芯片会向扫描器自动发出产品的序列号等信息。RFID 的基本原理是电磁理论。射频系统的优点在于不局限于视线，识别距离比光学系统远，射频识别卡可具有读写能力，可以携带大量数据，难以伪造，并且有一定智能性。射频识别适合物料的跟踪、运载工具和货架识别等要求非接触数据的采集和交换场合。由于射频识别的标签具备可读写能力，这对需要射频改变数据内容的场合特别有用。

射频识别系统的组成一般包括两个部分：电子标签（Tag）和阅读器（Reader）。电子标签中一般保存有约定格式的电子数据，在实际应用中，电子标签附着在待识别物体的表面。阅读器又称为读出装置，可无接触地读取并识别电子标签中所保存的电子数据，从而达到自动识别物体的目的。进一步通过计算机及计算机网络实现对物体识别信息的采集、处理及远程传送等管理功能。

射频识别技术根据频率不同可分为低频系统和高频系统。根据电子标签内是否装有电池为其供电，又可将其分为有源系统和无源系统。从电子标签内保存的信息写入方式可分为集成电路固化式、现场有线改写式和现场无线改写式。根据读取电子标签数据的技术实现手段，可将其分为广播发射式、倍频式和反射调制式。

当前，RFID 技术最广泛的应用领域是库存和物流管理，改善库存管理情况，适时出货，有效跟踪库存，极大提高效率的同时还能避免人为错误。

2. 射频技术在物流业中的应用

现代物流，是以物流企业为主体、以第三方物流配送服务为主要形式、由物流和信息流相结合的、涉及供应链全过程的现代物流系统。在信息化时代里面，随着网络技术、电子商务、交通运输和管理的现代化，现代物流配送也将在运输网络合理化和销售网络系统化的基础上，实现整个物流系统管理的电子化及信息化，配送各环节作业的自动化和智能化，从而进入以网络技术和电子商务为代表的物流配送的新时期。

此外，现代物流表现为企业生产与运输一体化的供应链管理与服务。其中货物运输所需的成本、时间及货物在途的状态控制是整个供应链管理过程中的重要环节。而将射频识别技术 RFID 与现代的物流管理相结合，将会极大地提升物流管理各个环节的智能化水平和服务水平，其势必成为 21 世纪现代物流发展的不可逆转的趋势。RFID 在物流的诸多环节上发挥了重大的作用，能有效解决供应链上各项业务运作数据的输入/输出、业务过程的控制与跟踪，减少出错率。

从采购、存储、生产制造、包装、装卸、运输、流通加工、配送、销售到服务，是供应链上环环相扣的业务环节和流程。在供应链运作时，企业必须实时地、精确地掌握整个供应链上的商流、物流、信息流和资金流的流向和变化，使这四种流以及各个环节、各个流程都协调一致、相互配合，才能发挥其最大经济效益和社会效益。然而，由于实际物体的移动过程中各个环节都是处于运动和松散的状态，信息和方向常常随实际活动在空间和时间上变化，影响了信息的可获性和共享性。而 RFID 正是有效解决供应链上各项业务运作数据的输入、输出、业务过程的控制与跟踪，以及减少出错率等难题的一种新技术。由于 RFID 标签具有可读写能力，对于需要频繁改变数据内容的场合尤为适用，它发挥的作用是数据采集和系统指令的传达，广泛用于供应链上的仓库管理、运输管理、生产管理、物料跟踪、运载工具和货架识别、商店、特别是超市中商品防盗等场合。

计算机网络技术与现代通信技术的发展，为全球范围内高速正确的数据传输提供了条件，也为 RFID 技术在物流行业的广泛应用带来了机遇。在现代通信技术的带领下，建立一个将 RFID 标签联入网络的体系框架，在网络上进行商品数据处理的服务器技术，与库存管理和市场营销有关的技术都是未来 RFID 技术在物流行业应用值得研究的课题。RFID 技术的应用，对于以信息化为基础的现代物流管理来说尤为重要。相信在不久的将来，RFID 技术将同条码技术一样深入到现代物流管理的方方面面，尤其对提高物流配送中心的作业效率和经济效益起到关键性作用。RFID 技术的先进性，在于利用无线电波，非接触式、远距离、动态多目标大批量同时传送识别信息，实现真正的"一物一码"，可快速地进行物品追踪和数据交换。由于 RFID 技术免除了跟踪过程中的人工干预，在节省大量人力的同时可极大地提高工作效率，所以对物流和供应链管理具有巨大的吸引力。采用 RFID 技术不仅可以降低劳动力成本，还可以解决商品断货和损耗这两大难题。

4.1.2　物流信息技术环境应用层面

4.1.2.1　全球定位系统（GPS）

1. 全球定位系统的定义

GPS 是英文 Global Positioning System 的简称，而其中文简称为球位系。GPS 是 20 世纪 70 年代由美国陆海空三军联合研制的新一代空间卫星导航定位系统。其主要目的是为陆、海、空三大领域提供实时、全天候和全球性的导航服务，并用于情报收集、核爆监测和应急通信等一些军事目的，经过 20 余年的研究实验，耗资 300 亿美元，到 1994 年 3 月，全球覆盖率高达 98% 的 24 颗 GPS 卫星星座已布设完成。在机械领域 GPS 则有另外一种含义：产品几何技术规范（Geometrical Product Specifications），简称 GPS。

2. GPS 在物流作业中的运用

（1）导航功能

三维导航既是 GPS 的首要功能，也是它的最基本功能，其他功能都要在导航功能的基础上才能完全发挥作用。飞机、船舶、地面车辆以及步行者都可利用 GPS 导航接收器进行导航。汽车导航系统是在 GPS 的基础上发展起来的一门新技术。它由 GPS 导航、自律导航、微处理器、车速传感器、陀螺传感器、CD - ROM 驱动器、LCD 显示器组成。由 GPS 卫星导航和自律导航所测到的汽车位置坐标、前进的方向都与实际行驶的路线轨迹存在一定误差，为修正这两者间的误差，使之与地图上的路线统一，需采用地图匹配技术，加一个地图匹配电路，对汽车行驶的路线与电子地图上道路的误差进行实时相关匹配，并做自动修正，此时，地图匹配电路通过微处理单元的整理程序进行快速处理，得到汽车在电子地图上的正确位置，以指示出正确行驶路线。CD - ROM 用于存储道路数据等信息，LCD 显示器用于显示导航的相关信息。

（2）车辆跟踪功能

GPS 导航系统与 GIS 技术、无线移动通信系统（GSM）及计算机车辆管理信息系统相结合，可以实现车辆跟踪功能。利用 GPS 和 GIS 技术可以实时显示出车辆的实际位置，并任意放大、缩小、还原、换图；可以随目标移动，使目标始终保持在屏幕上；还可实现多窗口、多车辆、多屏幕同时跟踪，利用该功能可对重要车辆和货物进行跟踪运输。目前，已开发出把 GPS/GIS/

GSM 技术结合起来对车辆进行实时定位、跟踪、报警、通信等技术，能够满足掌握车辆基本信息、对车辆进行远程管理的需要，有效避免车辆的空载现象，同时客户也能通过互联网技术，了解自己货物在运输过程中的细节情况。

（3）货物配送路线规划功能

货物配送路线规划是 GPS 导航系统的一项重要辅助功能，包括：

自动线路规划。由驾驶员确定起点和终点，由计算机软件按照要求自动设计最佳行驶路线，包括最快的路线、最简单的路线、通过高速公路路段次数最少的路线等。

人工线路设计。由驾驶员根据自己的目的地设计起点、终点和途经点等，自动建立线路库。线路规划完毕后，显示器能够在电子地图上显示设计线路，并同时显示汽车运行路径和运行方法。

（4）信息查询

为客户提供主要物标，如旅游景点、宾馆、医院等数据库，用户能够在电子地图上根据需要进行查询。查询资料可以文字、语言及图像的形式显示，并在电子地图上显示其位置。同时，监测中心可以利用监测控制台对区域内任意目标的所在位置进行查询，车辆信息将以数字形式在控制中心的电子地图上显示出来。

（5）话务指挥

指挥中心可以监测区域内车辆的运行状况，对被监控车辆进行合理调度。指挥中心也可随时与被跟踪目标通话，实行管理。

（6）紧急援助

通过 GPS 定位和监控管理系统可以对遇有险情或发生事故的车辆进行紧急援助。监控台的电子地图可显示求助信息和报警目标，规划出最优援助方案，并以报警声、光提醒值班人员进行应急处理。

4.1.2.2 地理信息系统（GIS）

1. 地理信息系统的定义

地理信息系统既是管理和分析空间数据的应用工程技术，又是跨越地球科学、信息科学和空间科学的应用基础学科。其技术系统由计算机硬件、软件和相关的方法过程所组成，用以支持空间数据的采集、管理、处理、分析、建模和显示，以便解决复杂的规划和管理问题。

地理信息系统处理、管理的对象是多种地理空间实体数据及其关系，包括空间定位数据、图形数据、遥感图像数据、属性数据等，用于分析和处理在一定地理区域内分布的各种现象和过程，解决复杂的规划、决策和管理问题。

2. GIS 在物流作业中的运用

随着信息技术的发展以及应用领域的不断扩大，地理信息系统技术得到了飞速的发展，并在物流运输方面得到了越来越广泛的应用，优越的物流配送很大程度上依赖于地理信息系统的发展和完善。GIS 技术的发展、成熟，使得物流配送可以依靠地理信息的处理和通信能力以及定位来对整个配送过程进行空间网络分析与配送跟踪。地理信息系统对物流配送的作用主要表现在以下几个方面：

（1）制造中心的选址

世界经济的全球化及资本的转移加速化，物流配送呈现跨地跨国的运输形势。因而利用 GIS 的空间查询、分析及叠加的功能将资本配置到最优的地理空间位置，从而发挥更大的作用。

（2）配送中心及配送点的分布

配送中心根据客户要求进货，在配送中心进行加工处理，然后经其他配送点或直接送给客户。配送的基本流程是：进货→存储→分拣→配货、配装→发送。因而利用 GIS 的空间网络分析和决策功能，对节点（制造点、配送中心、配送点和服务对象）及网络连线（配送路线）所形成的空间网络进行分析和处理，使得配送中心布局和配送点的分布趋于合理，大大加快物流的速度。

（3）最佳路径的选择

在信息时代，配送路径的选择在最佳配送方案的选择上占据着重要的位置。利用 GIS 的空间决策可以解决时间因素，甚至运输成本、关税以及路桥费的空间距离。

（4）物流配送的可视化表达及动态监测

依靠 GIS 的图形表达功能，可以将传统物流系统中的表格和图表转化成空间网络图，借助空间网络图，可以实时监测物流的动态配送。

上述地理信息系统对物流配送的作用中，可以了解 GIS 在物流领域是作为一个分析的基础，它能把数据以地图的方式表现出来，把空间要素和相应的属性信息结合起来，合理调配和使用各种资源，在最短的时间内获得最大的经济效益。GIS 应用于物流分析，而完整的物流分析软件集成了车辆路线模型、最短路径模型、网络物流模型、分配集合物流模型和设施定位模型：①车辆路线模型。主要用于解决如何在保证质量的同时，降低从一个起点到多个终点的货物运输物流作业费用。②网络物流模型。主要用于寻求高效率的配送路径及配送中心网点分布与布局的问题。③分配集合物流模型。根据要素间的相似点，将同一层上的要素分为几个组，用来解决服务范围和销售市场范围等问题。也就是合理分布，使得每个要素要解决的问题均衡。④设施定位模型。物流系统中，对于节点和网络连线所组成的空间网络中，每个设施就是网络中的节点，而节点又决定了运输的路线（网络连线），所以设施定位模型的运用就能在提高经济效益的基础上解决节点与网络连线的物流关系。

4.1.3　物流信息技术作业管理应用层面

物流信息技术在作业管理层面的应用主要包括 MRP 技术、MRPⅡ技术和 ERP 技术。MPR 主要对制造环节中的物流进行管理，使企业达到既要保证生产又要控制库存的目的；而 MRPⅡ则集成了物流和资金流，将人、财、物，时间等各种资源进行周密计划，合理利用，以提高企业的竞争力；ERP 的概念则由 Garter Group 率先提出，它将供应链、企业业务流程和信息流程都囊括其中。由于 ERP 的概念流传最广，现在已经成为企业管理信息系统的代名词，且 ERP 技术是经由基本 MRP 阶段、闭环 MRP 阶段发展、MRPⅡ阶段发展而来的。

4.1.3.1　ERP 的发展

1. 基本 MRP 阶段（Material Requirement Planning）

基本 MRP 理论和方法与传统库存理论有明显的不同，其最主要特点是在传统方法上引入了物料清单（BOM），较好地解决了库存管理和生产控制难题，使企业能够按时按量地得到所需要的物料。按照需求的来源不同，可以将企业内部的物流需求分为独立需求和相关需求两种类型，独立需求的需求量和需求时间是由企业外部的需求来决定的，而相关需求则是由独立需求的

物料所产生的需求，MRP 的基本原理就是首先根据主生产计划计算独立需求物料的需求量和需求日期，再根据 BOM 自动导出构成独立需求物料的所有相关需求的物料，再由毛需求减去现有库存量和计划接收量；根据每种相关需求物料的各自提前期导出相关需求的开始采购（生产）时间。

企业运用 MRP 方法对产品构成进行管理，借助计算机的运算能力及系统对客户订单、在库物料、产品构成的管理能力，实现依据客户订单，按照产品结构清单展开并计算物料需求计划。实现减少库存，优化库存的管理目标。

2. 闭环 MRP 阶段

基本 MRP 能根据有关数据计算出相关物料需求的准确时间与数量，但是它没有考虑到生产企业现有的生产能力和采购的约束，也不能根据计划实施情况的反馈信息对计划进行调整，为了解决这些问题，20 世纪 70 年代出现了闭环 MRP 系统。闭环 MRP 系统除了物料需求计划外，还引入了生产能力需求计划、车间作业计划和采购计划等，形成了一个环形的回路。此时的闭环 MRP 已经成为较完整的生产计划和控制系统。

闭环 MRP 的基本目标是满足客户和市场的需求，因此在编制计划时，总是首先排除能力约束，优先保证计划需求，然后进行能力计划，经过多次反复运算，调整核实，基本平衡各工作中心能力与负荷需求。之后就转入现场作业控制阶段，在这个阶段中主要解决如何具体地组织生产活动，使各种资源能既合理利用又能按期完成各项订单任务，并将客观生产活动进行的状况及时反馈到系统中，以便进行调整与控制，现场作业控制的工作内容一般包括车间订单下达，作业排序，投入产出控制和作业信息反馈等 4 个方面。

3. MRP Ⅱ 阶段（Manufacture Resource Planning）

闭环 MRP 系统统一了生产活动方面的各种子系统，然而它也存在着一些不足：①计划是从主生产计划开始的，缺乏对企业长远经营战略的考虑；②闭环 MRP 系统虽然涵盖了物流和信息流，但是却不包括企业中的资金流。因此在 20 世纪 80 年代，人们把生产、财务、销售、采购等各个子系统集成为一个一体化的系统，并称为制造资源计划系统，为了与物料需求计划相区别，就称其为 MRP Ⅱ，这种管理系统已能动态监察到产、供、销的全部生产过程。

MRP Ⅱ 的基本思想就是把企业作为一个有机整体，以生产计划为主线，从整体最优的角度出发，通过运用科学方法对企业各种制造资源和产、供、销、财各个环节进行有效的计划、组织和控制，使物流、信息流、资金流流动畅通的动态反馈系统。MRPⅡ对企业进行系统管理后，能够保持计划的一贯性和可行性，它提供了统一的数据库，支持企业各部门进行数据共享，同时，MRPⅡ能够具有很强的动态应变性和模拟预见性，能够迅速地对企业内外环境条件的变化作出响应，也可预见在相当长的计划期内可能发生的问题，事先采取措施消除隐患，最后实现物流与资金流的统一。

4. ERP 阶段（Enterprise Resource Planning）

进入 20 世纪 90 年代，随着市场竞争的进一步加剧，企业竞争空间与范围的进一步扩大，人们已经不再满足于仅仅对企业内部的资源进行计划管理，而是将眼光投向了整体资源的管理和利用，因此，在扩展了 MRPⅡ管理范围的基础上，产生了一种新的结构——企业资源计划即 ERP（Enterprise Resource Planning）。

进入 ERP 阶段后，以计算机为核心的企业级的管理系统更为成熟，系统增加了包括财务预测、生产能力、调整资源调度等方面的功能。配合企业实现 JIT 管理全面、质量管理和生产资源调度管理及辅助决策的功能。成为企业进行生产管理及决策的平台工具。

4.1.3.2 ERP 对现代物流的作用

1. 应用过程控制思想，控制材料采购全过程

采购管理将控制论中的过程控制思想应用到材料采购过程中，从采购计划制订、采购申请、采购订单形成，直到材料接收以及检验合格入库的全过程形成连续的控制，确保每一个环节都有有效的监督控制制度，并要坚持成本最低的原则。过程控制思想同时要求采购管理要与物流管理的其他功能子模块相互协调配合，如采购计划就要根据生产管理中的实际材料需求而制订，只有实现整个物流管理的大的过程控制，才能充分发挥 ERP 系统的优势，促进企业管理水平的不断提高。

2. 确定最优库存量，保证企业正常运营

最优库存量的设计涉及生产、销售、采购等环节，要在 ERP 系统的物流管理系统中统筹规划，根据销售需求、生产状况以及材料市场状况确定最优库存量，并同时设计企业的采购时间和单次采购量，实现企业成本控制和正

常生产经营的平衡。

3. 客户资料管理

完善的客户管理有利于维护与客户的长期商业往来关系，也便于企业在大量的客户信息的分析基础上来回答生产何种产品、如何确定企业最优的产品组合、产品如何销售、产品如何定价、如何提供更优质的产品销售服务等诸多问题。应当为每一位客户建立档案式的资料，包括客户代码、客户名称、地区代码、发货地址、专管业务员、联系方式、产品种类和规格、采购频率等信息。

4. 客户订单管理

企业客户对企业的产品需求是以订单形式体现并反映到 ERP 系统中的，通过 ERP 系统进行企业的订单管理，就要改变目前销售人员各自管理订单的状况，实行企业统一的订单管理，充分发挥 ERP 系统在数据统计和分析方面的优势，对销售状况进行有效的管理，订单数据库的建立也有利于企业的相关预测工作的进行。

5. 物流 ERP 是信息化的强有力工具

物流 ERP 以信息为媒介把企业多种业务领域及其职能集成起来，是信息化的强有力的工具，可以帮助企业减少库存、缩短产品生产周期、降低成本、改善企业物流的整体操作。通过自动化仓储及物流输送控制系统及周边设备组成的自动化系统，通过计算机实现设备的联机控制，进行库存管理及数据处理，达到充分利用存储空间、迅速而合理、准确地处理物品的目的；通过互联网将供应商与经销商有机地联系在一起，为企业的业务经营及与贸易伙伴的合作提供了一种全新的模式，使企业具备对订单和供货进行快速反应和持续补充库存的能力；利用 GPS 技术、计算机技术和网络技术，增强双向信息与监控机能，实现运输的网络化管理，提高货车配置效率，降低运输成本。所以 ERP 是物流信息化的强有力工具，它通过销售和分销、物料管理、生产计划、质量管理、工厂维修等核心模块，帮助企业减少库存、缩短产品周期、降低成本、改善企业物流的整体操作。

很多企业已将开始通过物流 ERP 系统来提高企业的竞争力。海尔通过设计构建了基于后台 ERP 系统的完善的内部供需链，覆盖了整个集团原材料的集中采购、原材料库存和各个事业部的生产计划、生产线的原材料配送等业务，大幅降低了采购成本，仓储面积减少一半，库存资金周转时间从 30 天降低至 12 天以下。制鞋企业奥康集团采用网络分销管理系统，实现了以信息为基础的经营决策机制，有效解决了信息不通畅的问题，对市场变化的反应更加灵活了。从总体上来看，我国绝大部分企业，特别是中小型企业仍然处于发展初期，关注的是如何用较少的投资，解决好业务各流程的信息化问题，包括信息的采集、传输、加工和建立决策依赖信息和数据的机制。ERP 已经在物流运作过程中发挥了巨大的作用，其范畴已经扩大到生产制造领域，包括从原材料采购、加工生产到产品销售、售后服务整个流通过程。从实践层面看，物流信息化已经表现出不同层次的应用。当然，基本的物流信息化不能满足基础较好企业的应用要求，必须将系统论和优化技术引入物流的流程设计和改造，固化合理的流程和科学的管理制度，并在规定流程中实施优化的操作方案，如仓储存取优化方案不断降低成本，加快资金周转。同时，物流信息化已经发展到了供需链应用阶段，超出了传统物流管理系统的范畴，它通过实现生产企业与销售企业的协同、供应商与采购商的协同，提高整个供需链的效率和竞争力。

4.1.4 物流信息技术销售管理应用层面

4.1.4.1 自动订货系统（EOS）

1. 电子订货系统的定义

电子订货系统是一个信息传送系统，被称为没有纸张的订货系统，即买方经订货资料经由计算机终端机输入后，再利用电脑网路传送至增值中心，并将资料格式变换成标准形式，再送到卖方信息系统的自我订货作业环境中。通过 EOS 订货系统能达到收发订单省力化、收集情报迅速化及正确化的目的。

2. 电子订货系统的组成

电子订货系统采用电子手段完成供应链上从零售商到供应商的产品交易过程，因此，一个 EOS 系统必须有：

（1）供应商：商品的制造者或供应者（生产商、批发商）。

（2）零售商：商品的销售者或需求者。

（3）网络：用于传输订货信息（订单、发货单、收货单、发票等）。

（4）计算机系统：用于产生和处理订货信息。

3. EOS 系统对区域物流的作用

（1）EOS 系统整体效益

①达到资源共享的目的。②提升整体竞争力，避免订货错误及传票处理速度上的层层错误；迅速处理越来越大量的订货资料；简化订货情报传送作业、传票作业、转登录作业等；避免因订货资料错误而发生送错货的缺失，以降低物流成本；便于少量多样的订货不仅可以防止缺货，更可以降低库存。③培养更和谐的商业合作关系。④符合信息化社会的需求，奠定商业现代化的基础。

（2）EOS 对零售商的效益

订货的作业合理化，降低处理订货流程的成本，也可以减少由于订货错误所造成的损失。陈列的商品较为新鲜，而具有时效性。在不降低顾客满意度的情况下，使用少量且频繁的订货，避免因库存而积压资金，达到降低库存，提高周转率的效果。有效缩短订货、到货的前置时间。在不增加仓库大小的情况下，增加店内销售其他商品种类的机会。EOS 系统根据货架标签或订货簿进行订货，由于操作方便，不需查找供应商，任何人都可完成订货作业；促成订货作业的合理化、迅速化、正确化、简单化，除降低处理成本外，还可减少因订货错误造成的困扰；可实现小批量订货，符合少量多样化的趋势，并且提高货架陈列效果、降低库存备货和仓储空间；EOS 系统可弥补与供应商作业的时差，缩短订货前置时间，减少缺货，增进商品周转率，提高货架利用率生产力，并可提高客户服务质量。奠定了商店自动化的基础，便于展开其他自动化系统的建设。

（3）EOS 对供应商的效益

缩短接单处理时间，减少工时及处理错误，减少退货；批发业的库存适量。因零售点下单都考虑到市场的真实状况，批发商根据订单来准备物料、生产计划，库存也才能适量。仓库管理体制的确立，作为批发业的系统化基础。EOS 资料是来自零售体系间的市场资料，可充分反映市场，作为批发供应商市场导向的自动化基础。利用 VAN 接收订单，将订货数据自动输入计算机系统；支持客户频繁下单的订货作业模式，从而准确掌握市场需求；减少订货错误，降低退货率；使库存调度合理化；可据此开发供应商管理信息系统，逐渐建立高效的物流体系；与管理信息系统集成，可快速、准确地分析数据，为管理者提供决策参考；可作为跨企业网络通信的基础，加快业界的信息流通。

（4）EOS 对物流中心的效益

减少订发货处理时间及人为错误；降低退货率，降低运营成本；缩短订单至交货期间的时间；可以接收少量多样的订单，满足客户少量多样高频度的需求；可以推动供应商的信息化系统的建立。在商业化、电子化迅速发展的今天，EOS 系统越来越显示出它的重要性，同时随着科技的发展和 EOS 系统的日益普及，EOS 系统的标准化和网络化已成为当今 EOS 系统的发展趋势。

4.1.4.2　电子数据交换（EDI）

1. 电子数据交换的定义和特点

EDI 是 Electronic Data Interchange 的缩写，即电子数据交换，EDI 不是用户之间简单的数据交换，EDI 用户需要按照国际通用的消息格式发送信息，接收方也需要按国际统一规定的语法规则，对消息进行处理，并引起其他相关系统的 EDI 综合处理。整个过程都是自动完成，无须人工干预，减少了差错，提高了效率。

EDI 系统由通信模块、格式转换模式、联系模块、消息生成和处理模块等 4 个基本功能模块组成。

使用 EDI 的主要优点有：①降低了纸张文件的消费。②减少了许多重复劳动，提高了工作效率。③使得贸易双方能够以更迅速、有效的方式进行贸易，大大简化了订货过程或存货过程，使双方能及时地充分利用各自的人力和物力资源。④可以改善贸易双方的关系，厂商可以准确地估计日后商品的需求量，货运代理商可以简化大量的出口文书工作，商业用户可以提高存货的效率，提高他们的竞争能力。

2. 电子数据交换在物流业中的应用

近年 EDI 在物流业中广泛应用，被称为物流 EDI。所谓物流 EDI 是指货主、承运业主以及其他相关的单位之间，通过 EDI 系统进行物流数据交换，并以此为基础实施物流作业活动的方法。物流 EDI 参与单位有货主（如生产厂家、贸易商、批发商、零售商等）、承运业主（如独立的物流承运企业等）、实际运送货物的交通运输企业（如铁路企业、水运企业、航空企业、公路运输企业等）、协助单位（如政府有关部门、金融企业等）和其他的物流相关单位（如仓库）。

物流 EDI 的优点在于供应链组成各方基于标准化的信息格式和处理方法通过 EDI 共享信息，提高流通效率，降低物流成本（例如，对零售商来说，应用 EDI 系统可以大大降低进货作业的出错率、节省进货商品检验的时间和成本、能迅速核对订货与到货的数据、易于发现差错等），在即时送货和迅速反应系统中使用 EDI 缩短了交货时间，降低了库存量，改善了双向往来的准确性，降低了管理成本，提高了产品和服务质量。

4.2 物流装备技术对区域物流发展的作用

4.2.1 仓储设施设备

现代化的仓储设备、设施对发展现代物流具有重要的作用，仓储设备、设施所包含的内容也很广泛，由于篇幅的限制，本节将重点从自动化立体仓库、货架、辅助性仓储设施三个方面对现代化的仓储设备、设施进行分析。

4.2.1.1 自动化立体仓库

1. 自动化立体仓库概念和发展

（1）自动化立体仓库的概念

自动化立体仓库（AS/RS）是由立体货架、有轨巷道堆垛机、出入库托盘输送机系统、尺寸检测条码阅读系统、通信系统、自动控制系统、计算机监控系统、计算机管理系统以及其他如电线电缆桥架配电柜、托盘、调节平台、钢结构平台等辅助设备组成的复杂的自动化系统。运用一流的集成化物流理念，采用先进的控制、总线、通信和信息技术，通过以上设备的协调动作，按照用户的需要完成指定货物的自动有序、快速准确、高效的入库出库作业。

自动化立体仓库从建筑形式上看，可以分为主整体式和分离式两种。整体式是库房货架合一的仓库结构形式，仓库建筑物与高层货架相互连接，形成一个不可分开的整体。分离式仓库是库架分离的仓库结构形式，货架单独安装在仓库建筑物内。无论哪种形式，高层货架是主体。

（2）自动化立体仓库的发展

仓库的产生和发展是第二次世界大战之后生产和技术发展的结果。20 世纪 50 年代初，美国出现了采用桥式堆垛起重机的立体仓库；20 世纪 50 年代末 60 年代初出现了司机操作的巷道式堆垛起重机立体仓库；1963 年美国率先在高架仓库中采用计算机控制技术，建立了第一座计算机控制的立体仓库。此后，自动化立体仓库在美国和欧洲得到迅速发展，并形成了专门的学科。20 世纪 60 年代中期，日本开始兴建立体仓库，并且发展速度越来越快，成为当今世界上拥有自动化立体仓库最多的国家之一。

我国对立体仓库及其物料搬运设备的研制开始并不晚，1963 年研制成第一台桥式堆垛起重机（机械部北京起重运输机械研究所），1973 年开始研制我国第一座由计算机控制的自动化立体仓库（高 15 米，机械部起重所负责），该库 1980 年投入运行。到 2003 年为止，我国自动化立体仓库数量已超过 200 座。立体仓库由于具有很高的空间利用率、很强的入出库能力、采用计算机进行控制管理而利于企业实施现代化管理等特点，已成为企业物流和生产管理不可缺少的仓储技术，越来越受到企业的重视。

2. 自动化立体仓库在物流中的应用

自动化立体仓库是现代物流系统中迅速发展的一个重要组成部分，它具有节约用地、减轻劳动强度、消除差错、提高仓储自动化水平及管理水平、提高管理和操作人员素质、降低储运损耗、有效地减少流动资金的积压、提高物流效率等诸多优点。与厂级计算机管理信息系统联网以及与生产线紧密相连的自动化立体仓库更是当今 CIMS（计算机集成制造系统）及 FMS（柔性制造系统）必不可少的关键环节。

（1）控制系统

技术先进，采用现场控制总线直接通信的方式，真正做到计算机只监不控，所有的决策、作业调度和现场信息等均由堆垛机、出入库输送机等现场设备通过相互间的通信来协调完成。每个货位的托盘号分别记录在堆垛机和计算机的数据库里，管理员可利用对比功能来比较计算机的记录和堆垛机里的记录，并进行修改，修改可自动完成和手动完成。系统软、硬件功能齐全，用户界面清晰，便于操作维护。

堆垛机有自动召回原点的功能，即无论任何情况，只要货叉居中且水平运行正常时，可按照下达的命令自动返回原点。这意味着操作人员和维护人员可以尽量不进入巷道。智能的控制系统，可以实现真正的自动盘库功能，

避免了以往繁重的人工盘库工作，减轻了仓库管理人员的工作强度，同时保证了出库作业的出错率为零。

（2）监控管理系统

监控管理系统包括数据管理、入库管理、出库管理、查询、报表、单据与盘库、报警、监控与动画等模块。

（3）提高空间利用率

早期立体仓库的构想，其基本出发点就是提高空间利用率，充分节约有限且宝贵的土地。在西方有些发达国家，提高空间利用率的观点已有更广泛深刻的含义，节约土地，已与节约能源、环境保护等更多的方面联系起来。有些甚至把空间的利用率作为系统合理性和先进性考核的重要指标来对待。立体库的空间利用率与其规划紧密相连。一般来说，自动化高架仓库其空间利用率为普通平库的 2～5 倍。这是相当可观的。

（4）便于形成先进的物流系统，提高企业生产管理水平

传统仓库只是货物储存的场所，保存货物是其唯一的功能，是一种静态储存。自动化立体仓库采用先进的自动化物料搬运设备，不仅能使货物在仓库内按需要自动存取，而且可以与仓库以外的生产环节进行有机的连接，并通过计算机管理系统和自动化物料搬运设备使仓库成为企业生产物流中的一个重要环节。企业外购件和自制生产件进入自动化仓库储存是整个生产的一个环节，短时储存是为了在指定的时间自动输出到下一道工序进行生产，从而形成一个自动化的物流系统，这是一种动态储存，也是当今自动化仓库发展的一个明显的技术趋势。

以上所述的物流系统又是整个企业生产管理大系统（从订货、必要的设计和规划、计划编制和生产安排、制造、装配、试验、发运等）的一个子系统，建立物流系统与企业大系统间的实时连接，是目前自动化高架仓库发展的另一个明显的技术趋势。

随着经济全球化步伐的加快，物流供应链中蕴藏的巨大潜力越来越引起人们的注意。而物流中心则是物流供应链中重要的枢纽之一。它是接收并处理下游用户的订货信息，对上游供应方的大批量货物进行集中储存、加工等作业，并向下游进行批量转运的设施和机构。而实现这些功能的直接执行机构包括：自动仓储设备（自动化立体仓库）、其他货架（平面托盘货架与流动货架等）、各种输送机（辊道输送机、链条输送机、皮带输送机、升降移载

机、提升机等）、各种分拣设备、无人台车（AGV、RGV、LGV）、其他各种辅助设备。

作为物流中心的重要组成部分，自动化立体仓库（Automatic Storage & Retrieval System）直接影响到企业领导者制订的战略和计划、指挥和调整企业的行动。

4.2.1.2 货架

1. 货架的概念

货架泛指存放货物的架子。在仓库设备中，货架是指专门用于存放成件物品的保管设备。货架在物流及仓库中占有非常重要的地位，随着现代工业的迅猛发展，物流量的大幅度增加，为实现仓库的现代化管理，改善仓库的功能，不仅要求货架数量多，而且要求具有多功能，并能实现机械化，自动化要求。

2. 货架的分类

货架按货架的发展分为传统货架和新型货架。传统式货架包括：层架、层格式货架、抽屉式货架、橱柜式货架、U 形架、悬臂架、栅架、鞍架、气罐钢筒架、轮胎专用货架等。新型货架包括：旋转式货架、移动式货架、装配式货架、调节式货架、托盘货架、进车式货架、高层货架、阁楼式货架、重力式货架、屏挂式货架等。

按货架的载货方式分：悬臂式货架、橱柜式货架、棚板式货架。按货架的构造分组合可拆卸式货架、固定式货架。其中又分为单元式货架，一般式货架，流动式货架，贯通式货架。按货架高度分：低层货架：高度在 5 米以下；中层货架：高度 5～15 米；高层货架：高度在 15 米以上。按货架重量分：重型货架：每层货架载重量在 500 千克以上；中型货架：每层货架（或搁板）载重量 150～500 千克；轻型货架：每层货架载重量在 150 千克以下。下面具体介绍几种比较常见的货架。

（1）重型托盘货架

重型托盘货架采用优质冷轧钢板经辊压成型，立柱可高达 6 米而中间无接缝，横梁选用优质方钢，承重力大，不易变形，横梁与立柱之间挂件为圆柱凸起插入，连接可靠、拆装容易，并使用锁钉，以防叉车工作时将横梁挑起；全部货架的表面均经酸洗、磷化静电喷涂等工序处理，防腐防锈，外形

美观。适用于大型仓库。

（2）中型货架

中型货架：中型货架造型别致，结构合理，装拆方便，不用螺丝，且坚固结实，承载力大，广泛应用于商场、超市、企业仓库及事业单位。

（3）轻型货架

轻型货架：轻型冲孔货架是一种通用性很强的结构系统，可广泛应用于组装轻型料架、工作台、工具车、悬挂系统、安全护网及支撑骨架。冲孔角钢的长度可按刻度快捷切割、用螺丝任意组装、修正并重新安装，这样它既可满足经周密计划的使用，又可满足紧急使用的需要。

（4）阁楼式货架

阁楼式货架：全组合式结构，可采用木板、花纹板、钢板等材料做楼板，可灵活设计成二层及多层，适用于五金工具。电子器材，机械零配件等物品的小包装散件储存，存放多品种，少批量货物充分利用空间。阁楼式货架适用于场地有限品种繁多，数量少的情况下，它能在现有的场地上增加几倍的利用率，可配合使用升降机操作。全组合式结构，专用轻钢楼板，造价低，施工快。可根据实际场地和需要，灵活设计成二层、多层、充分利用空间。

（5）通廊式货架

通廊式货架为储存大量同类的托盘货物而设计。托盘一个接一个按深度方向存放在支撑导轨上，增大了储存密度，提高了空间利用率。这种货架通常运用于储存空间昂贵的场合，如冷冻仓库等。通廊式货架有4个基本组成部分：框架、导轨支撑、托盘导轨和斜拉杆等。这种货架仓库利用率高，可实现先进先出，或先进后出。适合储存大批量、少品种货物，批量作业。可用最小的空间提供最大的存储量。其适用大批量、少品种的货物存储作业。叉车可直接驶入货道内进行存取货物，作业极其方便。

（6）横梁式货架

横梁式货架是最流行、最经济的一种货架形式、安全方便，适合各种仓库，直接存取货物。是最简单也是最广泛使用的货架。可充分地利用空间。采用方便的托盘存取方式，有效配合叉车装卸，极大提高作业效率。机械设备要求：反平衡式叉车或堆高机。堆高机可提高地面空间使用率30%，操作高度达16米多；横梁式货架的特点：流畅的库存周转。可提供百分之百的挑选能力。提高平均的取货率。

（7）重力式货架

重力式货架：相对普通托盘货架而言不需要操作通道，故增加60%的空间利用率；托盘操作遵循先进先出的原则；自动储存回转；储存和拣选两个动作的分开大大提高输出量，由于是自重力使货物滑动，而且没有操作通道，所以减少了运输路线和叉车的数量。在货架每层的通道上，都安装有一定坡度的、带有轨道的导轨，入库的单元货物在重力的作用下，由入库端流向出库端。这样的仓库，在排与排之间没有作业通道，大大提高了仓库面积利用率。但使用时，最好同一排、同一层上的货物，应为相同的货物或一次同时入库和出库的货物。层高可调，配以各种型号叉车或堆垛机，能实现各种托盘的快捷存取，单元货格最大承载可达5000千克，是各行各业最常用的存储方式。

（8）悬臂式货架

悬臂式货架适合存放长料货物和不规则货物。前伸的悬臂具有结构轻巧，载重能力好，并且对存放不规则的或是长度较为特殊的物料时，能大幅提高仓库的利用率和工作的效率。增加了搁板后，特别适合空间小，高度低的库房，管理方便，视野宽阔，与普通搁板式货架相比，利用率更高。

3. 货架在物流中的应用

仓储与包装、运输、装卸、分拣、信息管理是物流的六大基本功能。而货架是仓储的主要设施之一，可以说，货架是现代工业仓库、物流中心、配送中心必不可少的组成部分。

（1）立体结构，可充分利用仓库空间，提高仓库容量利用率，扩大仓库储存能力；

（2）货物存取方便，可做到先进先出，百分之百的挑选能力，流畅的库存周转；

（3）仓库货架中的货物，一目了然，便于清点、划分、计量等十分重要的管理工作；

（4）满足大批量货物、品种繁多的存储与集中管理需要，配合机械搬运工具，同样能做到存储与搬运工作秩序井然；

（5）存入货架中的货物，互不挤压，物资损耗小，可完整保证物资本身的功能，减少货物在储存环节中可能的损失；

（6）保证存储货物的质量，可以采取防潮、防尘、防盗、防破坏等措施，以提高物资存储质量；

（7）满足现代化企业低成本、低损耗、高效率的物流供应链的管理需要；

（8）承重力大、不易变形、连接可靠、拆装容易，多样化。

4.2.1.3 辅助性仓储设施

辅助性仓库设备主要包括保管设备、计量设备、养护检验设备、通风保暖照明设备、消防安全设备等。

（1）保管设备是用于保护仓储设备产品的质量，主要包括占垫用品，起遮挡雨水和隔潮、通风等作用，包括苫布（油布、塑料布等）、苫席、枕木、石条等。

（2）计量设备是用于商品进出时的计量、点数以及存货期间的盘点、检查等，如：地磅、轨道秤、电子秤、电子计数器、流量仪、皮带秤、天平仪以及原始的磅秤、卷尺等。随着仓储管理现代化水平的提高，现代化的自动计量设备将会得到更多的应用。

（3）养护检验设备是指商品进入仓库验收和在库内保管测试、化验以及防止商品变质、失效的机具、仪器。如：温度仪、测潮仪、吸潮器、烘干箱、风幕（设在库门处，以隔内外温差）、空气调节器、商品质量化验仪器等。在规模较大的仓库这类设备使用较多。

（4）通风保暖照明设备是根据商品保管和仓储作业的需要而设定。

（5）消防安全设备是仓库必不可少的设备，包括：报警器、消防车、手动抽水器、水枪、消防水源、砂土箱、消防云梯等。

上述仓储设备虽然是辅助性质的，但同样也是构成仓储系统的重要组成部分，担负着仓储作业的各项任务，影响着仓储活动的每一个环节。辅助性仓储设备在提高仓储系统效率方面起着重要作用，影响着现代物流业的发展。

4.2.2 物料搬运设备

物料搬运是指在同一场所内进行的、以改变物料存放状态和空间位置为主要目标的活动。在企业中，物流经理通常要对货物搬运入库、货物在仓库中的存放、货物从存放地点到订单分拣区域的移动以及最终到达出货区准备运出仓库等环节负责。因此，物料搬运对仓库作业效率的提高是很重要的，也会直接影响到生产效率。现代物料搬运设备的改进对提高物流运作效率起到了重要作用，本节将对一些主要的物料搬运设备进行分析。

4.2.2.1 输送机

输送机是在一定的线路上连续输送物料的物料搬运机械，又称连续输送机。输送机可进行水平、倾斜和垂直输送，也可组成空间输送线路，输送线路一般是固定的。输送机输送能力大，运距长，还可在输送过程中同时完成若干工艺操作，所以应用十分广泛。

1. 带式输送机

带式输送机是一种摩擦驱动以连续方式运输物料的机械。应用它可以将物料在一定的输送线上，从最初的供料点到最终的卸料点间形成一种物料的输送流程。它既可以进行碎散物料的输送，也可以进行成件物品的输送。除进行纯粹的物料输送外，还可以与各工业企业生产流程中的工艺过程的要求相配合，形成有节奏的流水作业运输线。所以带式输送机广泛应用于现代化的各种工业企业中。在矿山的井下巷道、矿井地面运输系统、露天采矿场及选矿厂中，广泛应用带式输送机。它一般用于水平运输或倾斜运输，使用非常方便。

带式输送机是最重要的现代散装物料输送设备，它广泛的应用于电力、粮食、冶金、化工、煤炭、矿山、港口、建材等领域。近年来，带式输送机因为它所拥有的输送料类广泛、输送能力范围宽、输送路线的适应性强以及灵活的装卸料和可靠性强费用低的特点，已经在某些领域逐渐开始取代汽车、机车运输。成为散料运输的主要装备，在社会经济结构中扮演越来越重要的角色。特别是电动滚筒驱动的带式输送机在粮库的散料输送过程中更加有无可比拟的优势和发展潜力。

2. 链条输送机

链条输送机是以链条作为牵引和承载体输送物料，链条可以采用普通的套筒滚子输送链，也可采用其他各种特种链条（如积放链，倍速链）。链条输送机的输送能力大，主要输送托盘、大型周转箱等。输送链条结构形式多样，并且有多种附件，易于实现积放输送，可用做装配生产线或作为物料的储存输送。

（1）链条输送机——裙板输送机

输送机表面是由若干等距离相叠的金属裙板排列在台面上，由一循环的链条带动使台面移动。裙板输送机具有可从头顶端卸料，维护少且寿命长、不易破损，倾斜度超过10°时要用挂件，可斜至30°～40°使用，板可作为夹具的底部或制成特别的设计，以支持特定物品等特点。

裙板输送机的适用范围：①适合较重、较大物料的传送；②油腻性或热锻及铸件物品的搬运；③压碎物料的工作；④可翻转的物料搬运；⑤不锈钢的裙板能运送食品原料；⑥具有孔的裙板町可将湿物的水分排开；⑦可承受较大的冲击力的物料搬运。

（2）链条输送机——拖索输送机

拖索输送机是一个连续的链带动在高处的轨道，或轨道在地面上来带动着一部一部的拖车或构架从而移动物品。它的特性在于：①拖车可特别设计作特定负载；②轨道可装侧线或支线；③可做上下倾斜运送；④每吨的运输成本低；⑤不精密，易于维护；⑥拖车可按预定设计装卸货，并可将拖车由输送机上移开至其他任意地点。

拖索输送机的适用范围：①适用于箱子、盒子、桶、纸箱等的运送；②连续性的运输仓储；③厂内的移动；④装配线上的搬运；⑤仓库内进出的运输。

（3）链条输送机——悬吊输送机

悬吊输送机由高架的轨道联结连续的被驱动的装置，如链、钢索或其他联结物，用以支持一连串的吊具上的装载物。悬吊输送机特点有：①装载物或箱由吊具支持，并可由负载棒（Load Bar）来分散大负载物的重量；②可做三维空间的移动；③为架空式可自由选择搬运路线，可有效利用空间；④在地面上活动方便，不会受其他运输工具影响；⑤全程均可利用，即无空的回程；⑥设备费较低，且附加值高；⑦容易实现自动化；⑧操作与维护成本较低；⑨能行经复杂路径且易于变更或增减；⑩能由天花板承载重力。

悬吊输送机的适用范固：①厂内或厂间的物料运输；②层间或楼间的物料输送；③高架运输储存，并在运输中达到冷却、定型等作业；④物料的再循环运送；⑤按次序取用，工作人员操作方便省力；⑥物品可流经连续的作业程序，如涂装、烘烤、除脂、酸洗等。

（4）链条输送机——托盘升降机

托盘升降机是类似链斗式输送机的构造，但在两链条机的承载介质为类似梳形的托盘，可将捆包物或箱类物品做垂直的运送。托盘升降机具有以下特点：①可手动或自动装卸货；②可从任意高度载入或卸脱；③保持垂直搬运物品，安全迅速；④楼板空间的经济使用；⑤可设计特殊结构适合特殊的装载物。

托盘升降机适合箱形或捆包类物品及圆状、桶状物品的垂直运送。

3. 螺旋输送机

旋转的螺旋叶片将物料推移而进行螺旋输送机输送，使物料不与螺旋输送机叶片一起旋转的力是物料自身重量和螺旋输送机机壳对物料的摩擦阻力。螺旋输送机旋转轴上焊的螺旋叶片，叶片的面型根据输送物料的不同有实体面型、带式面型、叶片面型等型式。螺旋输送机的螺旋轴在物料运动方向的终端有止推轴承以随物料给螺旋的轴向反力，在机长较长时，应加中间吊挂轴承。螺旋输送机具有以下特点：①一般在平面上带动物料，有时也可垂直或倾斜35°；②只要强度与挠度变形在许可范围内，可随意接至所需的长度；③在输送机的沿途，均可设置开口，装卸物品；④可左旋转或右旋转。

螺旋输送机适用于任何粉状或粒状物的运送，有混合器或调和器的功能。

4. 滑槽输送机

滑槽输送机的滑板是由金属或其他较滑润的物料所制成，外围有栏板，按照一定轨迹的斜面滑动，利用重力做倾斜运送或以螺旋形滑动。滑槽输送机的特点有：①成本低，不需动力且维护极少；②利用重力滑落，仅可由上而下运送；③经济利用空间。

滑槽输送机适用短距离或由上而下的搬运，通常连接辊形或其他输送机配合使用。

5. 辊道输送机

辊道输送机由一连串的滚辊来承载物品，滚辊由轴承支撑，承载物品置于两侧栏杆间，滚辊间的距离由承载物大小决定，由重力或动力带动。它可沿水平或曲线路径进行输送，对不规则的物品可放在托盘或者托板上进行输送。辊道输送机的特点有：①滚辊多为圆柱状，两端露出轴承，每一承载物至少需三个滚辊；②便宜、易安装，维护成本低，寿命长；③以滚辊滚动来移动物品，可上升或下降少许倾斜度。

辊道输送机的适用范围：①适合地区间、机器间、建筑物间的物料移动；②为常用的搬运设备，适合装载与卸货；③工作台内的物料移动；④工作站间的储存；⑤可与其他搬运方式合并运用。

6. 轮式输送机

轮式输送机由许多同规格的活动轮子组成，用以支撑负载，轮子装在框架之上，靠轮子的转动来搬运物料。轮式输送机的特点有：①与辊式输送机的特点相似，但重量较轻，可承载的物品重量也较轻；②费用较辊式输送机便宜；③由人力或重力移动物品；④轮子的多寡决定负荷量；⑤易装置、拆卸或搬运；⑥维护极少。轮式输送机适用于仓库内的物料搬运。

7. 振动、摆动输送机

振动、摆动输送机利用槽形或金属条、圆管支撑，振动是为高频率小振幅或机械摆动以低频率大振幅来运送物品。振动、摆动输送机的特点有：①由电或机械来导致振动；②搬运缓和而不损伤物料；③可自动清除；④可自动排列物品；⑤少维护。

振动、摆动输送机的适用范围：①需要抖动才能移动的物料输送；②需要排列而不能重叠时的物料输送；③冷或热的物料运送；④铸件与铸砂分离运送。

8. 气压输送机

气压输送机借着压缩空气、真空或其他机械力运送物料的设备，由圆筒形的导管及管所构成。气压输送机的特点有：①自动搪涂并可分离粉尘和粒状物；②设备具有较大柔性，可增减或变更操作程序、位置；③运送快速，结构简单，易于保养，节省空间；④初期投资成本高且能量有限。

气压输送机的适用范围：①运送标本至实验室；②用运送筒来运送物品，如往返的公文，信件，订单，图表，小型工具，小型配件及样品等；③适用于运送大量干燥的碎粒及细粉，如各种干屑型的物品，碎粒状的物品，灰尘式化学物品；④另一种管线输送机是利用水压或油压推动，诸如炼油工业的输油管、化学工业、饮料工业等皆是。

9. 单轨（小车）输送机

单轨（小车）输送机在特定的空中轨道上运行的电动小车，可组成一个承载的、全自动的物料搬运系统。其特点是：①系统中的各个小车，独立驱动；②物料有轨道、平移道岔、转盘、升降机段等组成，形成立体输送网络；

③多种控制方式，可采用集中控制、分散控制或集散控制方式，小车按设定程序实行全自动作业；④随机物料供应系统，工位要车可随机提出申请，通过小车随机编写要车工位特征地址码，直达要车工位，供应物料；⑤分拣配送系统，载物小车根据承载货物的不同种类携带的特征地址码，地面设立读址站，可实现自动分拣和配送作业等；⑥广泛应用于汽车、邮电行业，工厂企业的装配线、检测线等。

10. 垂直输送机

垂直输送机能连续地垂直输送物料，使不同高度上的连续输送机保持不间断的物料输送。也可以说，垂直输送机是把不同楼层间的输送机系统连接成一个更大的连续的输送机系统的重要设备。垂直输送机又称连续垂直输送机和折板式垂直输送机。

4.2.2.2 起重机

起重机械是一种以间歇作业方式对物料进行起升、下降和水平移动的搬运机械。起重机械的作业通常带有重复循环的性质，一个完整的作业循环一般包括取物、起升、平移、下降、卸载等环节。

1. 桥架型起重机

桥架型起重机可在长方形场地及其上空作业，多用于车间、仓库、露天堆场等处的物品装卸，有梁式起重机、桥式起重机、龙门起重机、缆索起重机、运载桥等。

（1）梁式起重机

梁式起重机主要包括单梁桥式起重机和双梁桥式起重机。单梁桥式起重机桥架的主梁多采用工字型钢或钢型与钢板的组合截面。起重小车常为手拉葫芦、电动葫芦或用葫芦作为起升机构部件装配而成。

按桥架支承式和悬挂式两种。前者桥架沿车梁上的起重机轨道运行；后者的桥架沿悬挂在厂房屋架下的起重机轨道运行。单梁桥式起重机分手动、电动两种。手动单梁桥式起重机各机构的工作速度较低，起重量也较小，但自身质量小，便于组织生产，成本低，适合用于无电源后搬运量不大，对速度与生产率要求不高的场合。手动单梁桥式起重机采用手动单轨小车作为运行小车，用手拉葫芦作为起升机构，桥架由主梁和端梁组成。主梁一般采用单根工字钢，端梁则用型钢或压弯成型的钢板焊成。

电动单梁桥式起重机工作速度、生产率较手动的高，起重量也较大。电动单梁桥式起重机由桥架、大车运行机构、电动葫芦及电气设备等部分组成。

（2）桥式起重机

桥式起重机是桥架在高架轨道上运行的一种桥架型起重机，又称天车。桥式起重机的桥架沿铺设在两侧高架上的轨道纵向运行，起重小车沿铺设在桥架上的轨道横向运行，构成一矩形的工作范围，就可以充分利用桥架下面的空间吊运物料，不受地面设备的阻碍。

桥式起重机广泛地应用在室内外仓库、厂房、码头和露天储料场等处。桥式起重机可分为普通桥式起重机、简易梁桥式起重机和冶金专用桥式起重机三种。

普通桥式起重机一般由起重小车、桥架运行机构、桥架金属机构组成。起重小车又由起升机构、小车运行机构和小车架三部分组成。

起升机构包括电动机、制动器、减速器、卷筒和滑轮组。电动机通过减速器，带动卷筒转动，使钢丝绳绕上卷筒或从卷筒放下，以升降重物。小车架是支托和安装起升机构和小车运行机构等部件的机架，通常为焊接结构。

（3）门式起重机

门式起重机一般根据门架结构形式、主梁形式、吊具形式来进行分类。按门框结构形式分为：全门式起重机、半门式、双悬臂门式起重机、单悬臂门式起重机；按主梁结构形式分为：单主梁门式起重机、双梁桥式起重机。

2. 臂架型起重机

悬臂起重机有立柱式、壁挂式、平衡起重机三种形式。

（1）柱式悬臂起重机是悬臂可绕固定于基座上的定柱回转，或者是悬臂与转柱刚接，在基座支承内一起相对于垂直中心线转动的由立柱和悬臂组成的悬臂起重机。它适用于起重量不大，作业服务范围为圆形或扇形的场合。一般用于机床等的工件装卡和搬运。

（2）壁挂式起重机是固定在墙壁上的悬臂起重机，或者可沿墙上或其他支承结构上的高架轨道运行的悬臂起重机。壁挂式起重机的使用场合为跨度较大、建筑高度较大的车间或仓库，靠近墙壁附近处吊运作业较频繁时最适合。壁行起重机多与上方的梁式或桥式起重机配合使用，在靠近墙壁处服务于一长方体空间，负责吊运轻小物件，大件由梁式或桥式起重机承担。

（3）平衡起重机俗称平衡吊，它是运用四连杆机构原理使载荷与平衡配重构成一平衡系统，可以采用多种吊具灵活而轻松地在三维空间吊运载荷。平衡起重机轻巧灵活，是一种理想的吊运小件物品的起重设备，被广泛用于工厂车间的机床上下料，工序间、自动线、生产线的工件、砂箱吊运、零部件装配，以及车站、码头、仓库等各种场合。

4.2.2.3　升降台

升降台是一种将人或者货物升降到某一高度的升降设备。在工厂、自动仓库等物流系统中进行垂直输送时，升降平台上往往还装有各种平面输送设备，作为不同高度输送线的连接装置。一般采用液压驱动，故称液压升降台。除作为不同高度的货物输送外，广泛应用于高空的安装、维修等作业。升降台的分类：

（1）按照升降机构的不同分：剪叉式、升缩式、套筒式、升缩臂式、折臂式。

（2）按移动的方法不同分：固定式、拖拉式、自行式、车载式、可驾驶式。许多液压升降台制造厂同时生产胎式登车桥、地面式登车桥，也归入此类。

本节重点介绍主要用于物流行业的剪叉式升降平台。剪叉式升降平台分为移动式、牵引式、固定式。

移动式升降平台是用途广泛的高空作业专用设备。它的剪叉机械结构，使升降台起升有较高的稳定性，宽大的作业平台和较高的承载能力，使高空作业范围更大、并适合多人同时作业。它使高空作业效率更高，安全更有保障。主要用于车站、码头、桥梁、大厅、厂房室内外机械安装、设备维修、建筑保养。

牵引式升降平台采用外来动力做牵引，利用三相电源或柴油机做动力，移动方便快捷，适用于远距离作业，主要用于石油、电力、城建、邮电等行业野外高空作业。

固定式升降平台是一种升降稳定性好，适用范围广的货物举升设备主要用于生产流水线高度差之间货物运送；物料上线、下线；工件装配时调节工件高度；高处给料机送料；大型设备装配时部件举升；大型机床上料、下料；仓储装卸场所与叉车等搬运车辆配套进行货物快速装卸等。

4.2.2.4 工业用车辆

1. 牵引车

具有牵引一组无动力台车能力的搬运车辆的牵引车。牵引车作业时，台车的物料装卸时间与牵引车的运输时间可交叉进行，且牵引一组台车，从而提高工作效率。根据作业场所的不同可分：

（1）室内牵引车，室内牵引车操作平台离地较低，实心车轮直径较小，适用于室内平坦路面。

（2）室外牵引车，室外牵引车为充气轮胎，直径较大，可在室外不平的路面上行驶。

2. 人力搬运车

人力搬运车是一种以人力为主，在路面上从事水平运输的搬运车。这是最古老，但至今仍是应用最广泛的搬运设备之一。它具有轻巧灵活、易操作、回转半径小、价格低等优点，广泛使用于车间、仓库、站台、货场等处。是短距离轻小物品的一种方便而经济的搬运工具。随着手动液压、电动液压技术的应用，并与托盘运输相结合，目前已成为车间、仓库、站台、货场等最常见的搬运方式。

常见的人力搬运车包括：杠杆式手推车、手推台车、登高式手推台车、手动托盘搬运车、手动液压升降平台车、手推液压堆高车。

（1）杠杆式手推车

二轮杠杆式手推车是最古老的、最实用的人力搬运车，它轻巧、灵活、转向方便，但因靠体力装卸、保持平衡和移动，所以仅适合装载较轻、搬运距离较短的场合。为适合现代的需要，目前还采用自重轻的型钢和铝型材作为车体；阻力小的耐磨的车轮；还有可折叠、便携的车体。

（2）手推台车

手推台车是一种以人力为主的搬运车。轻巧灵活、易操作、回转半径小，广泛应用于车间、仓库、超市、食堂、办公室等，是短距离、运输轻小物品的一种方便而经济的搬运工具。一般每次搬运量为 5～500 千克，水平移动 30 米以下，搬运速度 30 米/分以下。

（3）登高式手推台车

当人需要向较高的货架内存取轻小型的物料时，可采用带梯子的手推台车，以提高仓库的空间利用率，适用于图书、标准件等仓库进行拣选、运输作业。

（4）手动托盘搬运车

手动托盘搬运车，在使用时将其承载的货叉插入托盘孔内，由人力驱动液压系统来实现托盘货物的起升和下降，并由人力拉动完成搬运作业。它是托盘运输中最简便、最有效、最常见的装卸、搬运工具。

（5）手动液压升降平台车

手动液压升降平台车是采用手压或脚踏为动力，通过液压驱动使载重平台作升降运动的手推平台车。可调整货物作业时的高度差，减轻操作人员的劳动强度。

（6）手推液压堆高车

手推液压堆高车是利用人力推拉运行的简易式叉车。其起升机机构有手摇机械式、手动液压式和电动液压式三种，适用于工厂车间、仓库内效率要求不高，但需要有一定堆垛、装卸高度的场合。

3. 工业搬运车

工业搬运车辆是指企业内对成件托盘货物进行装卸、堆垛和短距离运输作业的各种轮式搬运车辆。国际标准化组织 ISO/TC110 称为工业车辆。工业搬运车辆广泛应用于港口、车站、机场、货场、工厂车间、仓库、流通中心和配送中心等，并可进入船舱、车厢和集装箱内进行托盘货物的装卸、搬运作业，是托盘运输、集装箱运输必不可少的设备。

（1）固定平台搬运车

具有较大承载物料平台的搬运车。相对于承载卡车而言；承载平台离地低，装卸方便；结构简单、价格低；轴距、轮距较小，作业灵活等，一般用于企业内车间与车间，车间与仓库之间的运输。根据动力不同分：内燃型和电瓶型。

（2）叉车

1）内燃式叉车：在车体前方有货叉和门架，而在车体尾部设有平衡重的装卸作业车辆，称平衡重式叉车，简称叉车。以内燃机为动力的平衡重式叉车，简称内燃叉车。其机动性好，是应用最广泛的叉车；功率大，是重、大吨位的叉车。

2）前移式叉车：门架（或货叉）可以前后移动的叉车。运行时门架后移，使货物重心位于前、后轮之间，运行稳定，具有不需要平衡重，自重轻，降低直角通道宽和直角堆垛宽，适用于车间、仓库内工作。

3）电动托盘搬运车：由外伸在车体前方的、带脚轮的支腿来保持车体的稳定，货叉位于支腿的正上方，并可以做微起升，使托盘货物离地进行搬运作业的电动插腿式叉车。根据司机运行操作的不同可分：①步行式电动托盘搬运车；②踏板驾驶式电动托盘搬运车；③侧座式电动托盘搬运车。

4）电瓶叉车：以电瓶为动力的平衡重式叉车，简称电瓶叉车。它具有操作容易，无废气污染，适合在室内作业，随环保要求的提高，需求有较快的增长，是中小吨位的叉车。

5）低位拣选叉车：低位拣选叉车是指操作者可乘立在上下车便利的平台上，驾驶搬运车和上下车拣选物料的搬运车。适于车间内各个工序间加工部件的搬运，减轻操作者搬运、拣选作业的强度。一般乘立平台离地高度仅为200mm左右，支撑脚轮直径较小，仅适用于车间平坦路面上行驶。按承载平台（货叉）的起升高度分：微起升和低起升两种（可根据拣选物料的需要选择）。

6）高位拣选叉车：高位拣选叉车是指操作台上的操作者可与装卸装置一起上下运动，并拣选储存在两侧货架内物品的叉车。适用于多品种少量入出库的特选式高层货架仓库。起升高度一般4～6米，最高可达13米，大大提高仓库空间利用率。为保证安全，操作台起升时，只能微动运行。

7）侧面叉车：货叉和门架位于车体侧面的装卸作业车辆，称侧面叉车。适用于长大物料的装卸和搬运。按动力不同可分为内燃型和电瓶型叉车；按作业环境可分为室外工作（充气轮胎）叉车和室内工作（实心轮胎）叉车。

8）集装箱叉车：集装箱叉车是集装箱码头和堆场上常用的一种集装箱专用装卸机械，主要用作堆垛空集装箱等辅助性作业，也可在集装箱吞吐量不大（年低于3万标准箱）的综合性码头和堆场进行装卸与短距离搬运。

4.2.3 集装设备与技术

4.2.3.1 集装单元化

1. 集装单元化的定义

集装是将许多单件物品，通过一定的技术措施组合成尺寸规格相同、重量相近的大型标液化的组合体，这种大型的组合状态称为集装。集装从包装角度来看，是一种按一定单元将杂散物品组合包装的形态，是属于大型包装的形态。集装单元化就是以集装单元为基础组织的装卸、搬运、储存和运输等物流活动的方式。集装器具一般包括托盘、集装箱、柔性集装袋及其他包装容器。

2. 集装单元化对区域物流的意义

集装技术的出发点是把数件物品汇集为一定重量或容积单位的整体，并使物品的外形定型化，以实现机械化高效率作业和提高运输器具的装载效率。对于区域物流而言，具有重要的意义：

（1）通过标准化、通用化、配套化和系统化，以实现物流功能作业的机械化、自动化；

（2）物品的移动简单、减少重复搬运次数、缩短作业时间和提高效率、装卸机械的机动性增强；

（3）改善劳动条件、降低劳动强度和提高劳动生产率和物流载体利用率；

（4）物流各功能环节中便于衔接，容易进行物品的数量检验，清点交接简便，减少差错；

（5）货物包装简单，节省包装费用，降低物流功能作业成本；

（6）容易高堆积，减少物品堆码存放的占地面积，能充分地灵活地运用空间；

（7）能有效地保护物品，防止物品的破损、污损和丢失。

4.2.3.2　集装箱

1. 集装箱的概念、特点

（1）集装箱的概念

集装箱是一种运输设备，符合下列条件就可以称为集装箱：能长期的反复使用，具有足够的强度；适合一种或多种方式运输，中转时箱内货物不必换装；可以进行快速装卸，特别便于从一种运输方式换装到另一种运输方式；便于货物的装满和卸空；具有 $1m^3$ 以上的容积。

在集装箱未大量使用前，运输的货物都是装进麻袋或编织袋、纸盒、木箱等。先在码头上将一箱箱或一袋袋的货物搬进一个大钢丝网兜中，用岸上的吊杆或船上的吊杆吊进船舱内，再由守候在舱底的装卸工人把它们一一搬

出网兜，整齐地摆放在船舱内。这种原始装卸方式的缺点是显而易见的：

1）耗时长

装载量为5000吨的散杂船要5~7天装卸完毕；而3000箱位的集装箱船在港口装卸时间不超过6个小时。

2）货物不易清点

上百件，上千件的货物需要理货员逐件清点；而集装箱则只需要记录箱号和数量。

3）货损货差大

装卸时造成的货损货差严重。比如工人用手钩装卸麻袋时，极易损坏麻袋，导致麻袋内的粮食、塑料制品常常滚得满地都是。

（2）集装箱的特点

优点：①强度高、保护防护能力强；②集装箱功能多，本身是一个小型的储存仓库；③集装箱可以重叠垛放；④集装箱的集装数量较大；⑤集装箱具备标准化装备的一系列优点。例如：尺寸、大小、形状有一定规定。

缺点：①自重大，因而无效运输、无效装卸的比重大；②本身造价高，在每次物流中分摊成本较高；③空箱返空有很大浪费。

2. 集装箱的分类和适用场合

按用途不同可分为：

（1）杂货集装箱：杂货集装箱是一种通用集装箱，这类集装箱适用于装载除流体货和需要调节温度的货物外的一般杂货，这类集装箱箱体一般有密封防水装置。不受温度变化影响的各类固体散货、颗粒或粉末状的货物都可以由这种集装箱装运。

（2）散货集装箱：散货集装箱是适用于装载豆类、谷物、硼砂、树脂等各种散堆颗粒状、粉末状物料的集装箱，可节约包装且提高装卸效率。

（3）开顶集装箱：开顶集装箱是一种顶部可开启的集装箱，箱顶又分为硬顶和软顶两种，适用于装载大型货物、重型货物，如钢材、木材、特别是玻璃板等易碎的重货。

（4）框架集装箱：框架集装箱没有顶和左右侧壁，箱端也可拆卸，货物可从箱子侧面进行装卸。适用于装载长大笨重件，如钢材、重型机械、钢管、木材、钢锭等。

（5）罐状集装箱：罐状集装箱适用于装运饮料、酒品、药品、化工品等流体货物；有单罐和多罐数种，罐体四角由支柱、撑杆构成整体框架。前者由于侧壁强度较大，故一般装载麦芽和化学品等相对密度较大的散货；后者则用于装载相对密度较小的谷物散货集装箱顶部的装货口应设水密性良好的盖，以防雨水浸入箱内。

（6）平台集装箱：平台集装箱是在框架式集装箱基础上再简化而只保留底板的一种特殊结构集装箱。平台的长度与宽度与国际标准集装箱的箱底尺寸相同，可使用与其他集装箱相同的紧固件和起吊装置。这一集装箱的采用打破了过去一直认为集装箱必须具有一定容积的概念。

（7）保温集装箱：为了运输需要冷藏或保温的货物。所有箱壁都采用导热率低的隔热材料而制成的集装箱可分为以下三种：

1）冷藏集装箱，以运输冷冻食品为主，能保持一定温度的保温集装箱。国际上采用的冷藏集装箱基本上分两种：一种是集装箱内带有冷冻机的叫机械式冷藏集装箱；另一种箱内没有冷冻机而只有隔热结构，即在集装箱端壁上设有进气孔和出气孔，箱子装在舱中，由船舶的冷冻装置供应冷气，叫做外置式冷藏集装箱。

2）隔热集装箱：为载运水果、蔬菜等货物，防止温度上升过大，以保持货物鲜度而具有充分隔热结构的集装箱。通常用于冰作制冷剂，保温时间为72小时左右。热的三种传导方式为传导热、对流热、辐射热，是集装箱内温度升高与散失的主要途径。其中三种所占比例分别为辐射热90%以上，对流热5%~7%，传导热几乎为0。传统的保温材料纸板、木板、泡沫板等均以阻隔传导热为主，对辐射热、对流热地阻隔基本上不起作用。ETL集装箱隔热保温防护内衬是一种厚度类似于纸的包装材料，是由铝箔、聚乙烯、聚丙烯等组成。其应用原理是通过表面层对热辐射极高的反射率，以及其优良的密封性能对热对流的隔绝，达到卓越的保温和防潮效果。专门解决货物运输过程中集装箱内温度过高、过低、返潮等问题。

3）通风集装箱：为装运水果、蔬菜等不需要冷冻而具有呼吸作用的货物，在端壁和侧壁上设有通风孔的集装箱，如将通风口关闭，同样可以作为杂货集装箱使用。

（8）动物集装箱：一种装运鸡、鸭、鹅等活家禽和牛、马、羊、猪等活家畜用的集装箱。为了遮蔽太阳，箱顶采用胶合板露盖，侧面和端面都有用

铝丝网制成的窗，以求有良好的通风。侧壁下方设有清扫口和排水口，并配有上下移动的拉门，可把垃圾清扫出去。还装有喂食口。动物集装箱在船上一般应装在甲板上，因为甲板上空气流通，便于清扫和照顾。

（9）汽车集装箱：一种运输小型轿车用的专用集装箱，其特点是在简易箱底上装一个钢制框架，这种集装箱分为单层的和双层的两种。因为小轿车的高度为 1.35～1.45 米，如装在 8 英尺（2.438 米）的标准集装箱内，其容积要浪费 2/5 以上。因而出现了双层集装箱。这种双层集装箱的高度有两种：一种为 10.5 英尺（3.2 米），一种为 8.5 英尺高的 2 倍。因此汽车集装箱一般不是国际标准集装箱。

（10）组合式集装箱：又称子母箱，它的结构是在独立的底盘上，箱顶、侧壁和端壁可以分解和组合，既可以单独运输货物，也可以紧密地装在 20ft 和 40ft 箱内，作为辅助集装箱使用。它拆掉壁板后，形似托盘，所以又称为盘式集装箱。目前在用的几种：G32、G64、G66 和 G132。在一个 20ft 集装箱内，可装载 24 个 G32，12 个 G64，12 个 G66，6 个 G132。

（11）服装集装箱：这种集装箱的特点是在箱内上侧梁上装有许多根横杆，每根横杆上垂下若干条皮带扣、尼龙带扣或绳索，成衣利用衣架上的钩，直接挂在带扣或绳索上。这种服装装载法属于无包装运输，它不仅节约了包装材料和包装费用，而且减少了人工劳动，提高了服装的运输质量。

（12）其他用途集装箱：集装箱现在的应用范围越来越广泛，不但用于装运货物，还广泛用于其他用途。流动电站集装箱可在一个 20ft 内装置一套完整的发电机组，装满燃油后可连续发电 96h，供应 36 只 20ft 或 40ft 冷藏集装箱的用电。流动舱室集装箱、流动办公室集装箱可在一个 20ft 的集装箱内装备舒适的居室和办公室。

4.2.3.3 **托盘**

1. 托盘的概念和特点

托盘（也称栈板、货盘）是一种重要的集装器具，按一定规格形成的单层或双层平板载货工具。其优点在于自重量小、返空容易、装盘容易、装载量适宜，组合量较大；其缺点在于露天存放困难，需要有仓库等设施、回运需要一定的成本支出、托盘本身也占用一定的仓容空间。

2. 托盘的分类

按结构不同可分为：平托盘、柱式托盘、箱式托盘、轮式托盘、特种专用托盘。

（1）平托盘

平托盘几乎是托盘的代名词，只要一提托盘，一般都是指平托盘，因为平托盘使用范围最广，利用数量最大，通用性最好。平托盘又可细分为三种类型：①根据台面分类。有单面型、单面使用型、双面使用型和翼型等四种；②根据叉车叉入方式分类。有单向叉入型、双向叉入型、四向叉入型等三种；③根据材料分类。木制平托盘、钢制平托盘、塑料制平托盘、复合材料平托盘以及纸制托盘等五种。

（2）柱式托盘

柱式托盘的结构：在托盘上部的四个角有固定式或可卸式的立柱，有的柱与柱之间有连接的横梁，使柱子成门框型。其特点在于防止托盘上放置的货物在搬运、装卸等过程中发生塌垛和滑落；在多层堆码保管时，保护下层托盘货物。多用于包装物料、棒料管材等的集装。

（3）箱式托盘

箱式托盘的基本结构：沿托盘四个边有板式、栅式、网式等栏板和下部平面组成的箱体，有些箱体有顶板。箱板有固定式、折叠式和可卸式三种。其特点在于使包装简易并可将形状不规则的货物集装，在搬运中不需要采取防止塌垛措施。多用于散件或散状物料的集装，金属箱式托盘还用于热加工车间集装热料。

（4）轮式托盘

轮式托盘的结构：在柱式或箱式托盘底部装有小型轮子。其特点在于兼具柱式或箱式托盘的优点，并可做短距离移动。多用于包装物料、棒料管材等的集装。

（5）滑片托盘

滑片托盘是一种新型托盘，它是由瓦楞纸、板纸或塑料简单地折曲而成的板状托盘，也叫薄板托盘，仅在操作方向有突出的折翼，以便进行推、拉操作。

（6）特种专用托盘

特种专用托盘包括：平板玻璃集装托盘、轮胎专用托盘、长尺寸物托盘、

油桶专用托盘、航空托盘等。

3. 托盘对物流的作用

托盘虽然是一个小小的物流器具，但它却是一个不可或缺的"可移动的地面"、"活动的货台"，是集装单元化物流中，承上启下，承前启后的关键要素，与集装箱一样是单元化物流的重要载体；衔接运输、仓储、包装、装卸搬运等几大物流环节的接口；实现物流全过程效率最大化、成本最小化的必经之路。

我国社会物流总成本约占 GDP 的 21.4%，较之发达国家相距 10 多个百分点。一般来说，一个国家托盘的拥有总量是衡量这个国家物流现代化运作水平高低的标志之一。有关资料显示，美国的托盘拥有总量约为 15 亿～20 亿个，人均占有 7～8 个；日本的托盘拥有总量已接近 10 亿个，人均占有 4～5 个；韩国国内托盘的应用状况与邻国日本相似，拥有总量也非常大，人均占有 1.1 个；澳大利亚、欧洲等国家和地区的托盘化运输应用也非常广泛。与国外相比，我国托盘应用水平的差距很大，据有关行业组织调查，截至 2002 年年底，我国托盘拥有总量保守的估计约为 5000 万～7000 万个。根据这个统计，即使每年以 2000 万个托盘的速度增加，到 2004 年年底我国托盘拥有总量也不过 1 亿个左右，人均不到 0.1 个。

4.2.4　包装设备与技术

在社会再生产过程中，包装处于生产过程的末尾和物流过程的开头，既是生产的终点，又是物流的始点，其目的是保护产品质量便于装卸搬运，而且还有利于促进和扩大商品的销售。运输包装的重要特点是在满足物流要求的基础上使包装费用越低越好。为此，必须在包装费用和物流时的损失两者之间寻找最优的效果。此外，在物流运输过程中，我们要针对不同产品的性质进行分门别类的包装，以防止产品人为损坏或变质。

4.2.4.1　包装设备

包装技术与方法随着包装材料和包装机械的进步而不断发展，且用于不同领域的包装其专业化程度也在不断提高。目前用于物流系统的典型包装技术方法可以划分为两大类。一类面向仓储物流而展开，主要涉及固定、缓冲、防潮、防锈、防霉等包装技术。另一类主要面向商业销售物流而展开，主要方法涉及泡罩、贴体、收缩、拉伸、真空、充气、吸氧、防虫等包装技术。前者研究重点在于能够以最低的物质资金消耗和人工成本来保证内装产品被安全地送达用户手中。而后者是使内装产品与包装制品共同形成一个销售单元，所以在强调包装保护功能的同时还要兼顾其他包装功能。

1. 固定缓冲包装方法

在装卸、运输和仓储过程中，为防止冲击、震动、堆码等外因对内装物造成机械性破坏，需要将内装物固定在容器内或货台上，以缓冲外力，实施这种保护的包装技术。防震包装主要有以下三种方法：全面防震包装方法；部分防震包装方法；悬浮式防震包装方法。

2. 防潮包装法

在商品流通过程中，产品不可避免地要受到环境潮湿潮空气侵袭，严重者将会导致内装物变质和失效。防潮包装就是为防止物品吸收湿气造成质量下降而采用的防护包装措施和方法。通常首先采用防潮材料将物品密封起来，以隔绝外界湿气的侵入，再在包装容器中加入干燥剂，将内部残存的湿气和透过防湿材料进入的湿气驱除，使包装内部环境的相对湿度符合内装物的要求，从而起到保护作用。

3. 防锈包装技术

大气锈蚀是空气中的氧、水蒸气及其他有害气体等作用于金属表面引起电化学作用的结果。如果使金属表面与引起大气锈蚀的各种因素隔绝（即将金属表面保护起来），就可以达到防止金属大气锈蚀的目的。防锈油包装技术就是根据这一原理将金属涂封防止锈蚀的。用防锈油封装金属制品，要求油层要有一定厚度，油层的连续性好，涂层完整。不同类型的防锈油要采用不同的方法进行涂覆。

4. 防霉腐包装技术

在运输包装内装运食品和其他有机碳水化合物货物时，货物表面可能生长霉菌，在流通过程中如遇潮湿，霉菌生长繁殖极快，甚至伸延至货物内部，使其腐烂、发霉、变质，因此要采取特别防护措施。包装防霉烂变质的措施，通常是采用冷冻包装、真空包装或高温灭菌方法。

5. 保鲜保质包装方法

在物流过程中，为了保证内装物有足够长的货架寿命，必须采取一系列

保护措施和方法，即为保鲜保质包装方法。包括充气包装、真空包装、收缩包装、拉伸包装、脱氧包装以及泡罩包装和贴体包装。

6. 防虫包装方法

商品在流通过程中，仓储环节的主要危害之一是仓库害虫对内装物的损害。防虫包装就是为保护内装物免受虫类侵害采取一定防护措施的包装。目的就是要破坏害虫的正常生活条件，扼杀和抑制其生长繁殖，以防止害虫蛀食商品，并防止其新陈代谢中排泄的污物玷污商品。

通常采用在包装中放入有一定霉性和臭味的驱虫药物的方法，利用药物在包装中挥发气体杀灭和驱除各种害虫。常用驱虫剂有萘、对位二氯化苯、樟脑精等。也可以采用调节温度、电离辐射、微波、远红外线、真空包装、充气包装、脱氧包装等技术，使害虫无生存环境，从而防止虫害。

4.2.4.2　包装技术对现代物流的作用

将现代物流的供应链环节进行分解，其具体的构成要素主要包括运输、储藏、搬运装卸、包装、流通加工、物流信息管理、物流网络、在库管理、物流组织管理、物流成本的管理和控制等。包装是物流的起点，包装的合理化、现代化、低成本是现代物流"物资流动"的合理化、有序化、现代化，包装是其最根本的组成部分、基础和物质保证。包装与物流供应链的密切关系可以通过以下几方面来全面深入地得到反映：①对产品的防护性；②物流信息管理的合理性和物流网络的控制性；③物流组织管理的有序性；④物流成本的低成本；⑤物流整体运营的综合效率性。

4.2.4.3　现代物流对包装技术的要求

1. 包装绿色化

能够循环复用、再生利用或降解腐化，且在产品的整个生命周期中对人体及环境不造成公害的适度包装，称为绿色包装。绿色包装最重要的含义是保护环境，同时兼具资源再生的意义。具体言之，它应具备以下的含义：实行包装减量化（Reduce）；包装应易于重复利用（Reuse）或易于回收再生（Recycle）；包装废弃物可以降解腐化（Degradable）；包装材料对人体和生物应无毒无害；包装制品从原材料采集、材料加工、制造产品，产品使用、废弃物回收再生，直到最终处理的生命全过程均不应对人体及环境造成公害。前面四点应是绿色包装必须具备的要求。最后一点是依据生命周期分析法

（LCA），用系统工程的观点，对绿色包装提出理想的最高要求。

2. 智能化

物流信息化发展和管理的一个基础条件就是包装的智能化。因为在物流活动过程中，信息的传递大部分是包装来携带的。也就是说，如果包装上信息量不足或错误，将会直接影响物流管理中活动的进行。随着物流信息化程度提高，包装上除了标明内装物的数量、重量、品名、生产厂家、保质期及搬运储存所需条件等信息外，还应粘贴商品条码、流通条码等，以便实现电子数据交换（EDI）。智能化的信息包装是形成物流信息化管理的有力媒介。

3. 包装系统化

包装作为物流的一个部分，必须把包装置于物流系统加以研究。如果只片面强调节省包装材料和包装费用，虽然包装费用降低了，但由于包装质量低，在运输和装卸搬运等物流过程中造成破损，物流大系统及其他子系统是相互联系、相互制约的。所以，只有把作为物流基础的包装子系统与它们紧密衔接，密切配合，才能为物流大系统的经济效益创造最佳条件。

4. 包装标准化

在生产技术活动中，对所有制作的运输包装和销售包装的品种、规格、尺寸、参数、工艺、成分、性能等所作的统一规定，称为产品包装标准。产品包装标准是包装设计、生产、制造和检验包装产品质量的技术依据。商品包装标准化主要内容是使商品包装适用、牢固、美观，达到定型化、规格化和系列化。对同类或同种商品包装，需执行"七个统一"，即：统一材料，统一规格、统一容量、统一标记、统一结构、统一封装方法和统一捆扎方法等。

5. 包装合理化

包装与物流各环节都有密切的联系。关于包装的合理化，国内外开展了广泛的研究。我们认为，包装合理化的要点是：从物流总体角度出发，用科学方法确定最优包装以及防止包装不足和包装过剩。目的是做到轻薄化、单纯化、作业简单、集装化和标准化、机械化、自动化、其他环节的配合以及有利于环保等。

4.3　交通运输高速化与智能化对区域物流发展的作用

现代物流是由运输业逐步发展起来的，而且仍以运输为主要分支，交通基础设施是现代物流快速、高效发展的保障，现今各交通运输的高速化与智能化使物流运输速度不断加快、运输时间不断缩短、运输能力持续上升，从而加速了现代区域物流的发展。本节将从铁路运输、公路运输、水路运输及航空运输高速化与智能化入手，深入分析交通运输的智能化与高速化对现代区域物流发展的作用。

4.3.1 铁路运输高速化与智能化

4.3.1.1 铁路运输高速化

物流业的高效率运作，对铁路运输速度也提出了更高的要求。高速铁路建设早已提上日程，根据 UIC（国际铁路联盟）的定义，高速铁路是指通过改造原有线路（直线化、轨距标准化），使得营运速率达到每小时 200 千米以上，或专门修建高速新线，使营运速率达到每小时 250 千米以上的铁路系统。目前，我国高速铁路正处于高速发展阶段，在建的高速铁路有 1 万千米，包括京哈、哈大、合福、京武、沪宁等多条线路。何华武还表示，目前我国投入运营的高速铁路已经达到 6552 营业千米。据悉，我国在今年将进一步扩大并完善铁路网布局，扩大西部路网规模，完善中东部路网结构，规划新建 1 万千米铁路。

预计到 2020 年，中国 200 千米及以上时速的高速铁路建设里程将超过 1.8 万千米，将占世界高速铁路总里程的一半以上。

高速铁路在资源与环境方面的可持续发展优势，在国际上形成共识并在全世界范围迅速发展。其优越性主要有以下五点：

（1）能源消耗低（每人千米消耗能源比见表 4 - 1）。

表 4 - 1　　　　　　　　主要交通方式每人千米能耗对比表

高速铁路	小汽车	飞　机
1	5.3	5.6

（2）环境污染轻（见表 4 - 2）。

（3）占用土地少：一条双向四车道高速公路占地面积是双线高速铁路的 1.6 倍。一个大型飞机场占地面积相当于 1000 千米双线高速铁路。

（4）运输能力大：日本东海道新干线年运量 1.7 亿人次，是航空的 10

倍，高速公路的 5 倍，但运输成本只是其 1/5 及 2/5。

表 4 - 2 主要交通方式污染物排放对比表

污染物	每人千米排放污染量（G/人·千米）	
	小汽车	高速列车
CO	9.30	0.06
NO_x	1.70	0.43
CH	1.10	0.03

（5）高速、安全、正点、舒适：1000 千米内乘坐高速列车比乘坐飞机用时少，高速列车正点率高，日本高铁平均误点 0.8 分钟，安全性高，社会运输成本最低。

2005 年至今我国已有 27 条高速客运专线全面开工。已建成：京津、合宁、合武、秦沈、胶济。正在建：徐兰、杭深（杭甬、甬台温、温福、福厦、厦深）、杭长、青太、宁杭、渝万、哈大、广深港、京哈、广珠、京石、武广、京沪、沪宁、石武、石太、郑西、广深、沪杭。到 2010 年，中国将成为世界上高速铁路里程最长的国家。见表 4 - 3。

表 4 - 3 国内外高速铁路发展规划对比

高速铁路里程（千米）	中国	日本	欧盟
2010 年	7000	4000	7000
2020 年	18000	7000	16000

4.3.1.2 铁路运输智能化

我国幅员广阔，东西和南北跨度分别达 5200 千米和 5500 千米，区域经济发展不平衡，产业布局与资源分布极为不对称等特点形成了高强度的区域间货物流量，需要有一种强有力的运输方式将整个国家和国民经济联系起来。铁路最显著的特点是运量大、成本低、节能环保，是最适合大量物资长距离流通的运输方式，铁路在我国综合运输体系中的骨干作用是其他运输方式难以替代的。而随着我国经济的快速发展，传统的铁路运输已无法满足物流业的要求，必须寻求新的发展方向。随着机械、电子、传感、计算机、信息技术等的不断发展，通过高新技术对铁路运输进行智能化改造，旨在提高铁路运输效率、增强铁路运输安全、提高铁路运输服务质量、减少环境污染。目前，世界发达国家以信息化为基础的铁路智能化进程正以更快的速度和更高的效能进行。如作为欧洲 21 世纪干线铁路总体解决方案的欧洲铁路运输管理系统 ERTMS、法国铁路的连续实时追踪自动化系统 ASTREE、日本新干线的列车运营管理系统 COMTRAC 和 COSMOS、北美的先进列车控制系统 ATCS 和先进铁路电子系统 ARES、美国旧金山港湾铁路的先进列车控制系统 AATC、日本的新一代列车控制系统 ATACS 及计算机和无线电辅助列车控制系统 CARAT。ERTMS、日本的 Cyberrail 等。我国自七·五期间开始的铁路信息化建设取得了丰富的成就，先后建成了计算机连锁控制系统、列车运行状况监控系统、计算机化的自动闭塞系统、智能列车运行控制系统、TMIS 系统、DMIS 系统、PWMIS 系统、ATIS 系统、客票发售和预订系统等，为建设中国铁路智能运输系统奠定了坚实基础。以下是作者对物流运输有重大影响的 TMIS 系统、DMIS 系统进行简单的介绍。

1. 铁路运输管理信息系统（TMIS）

为提高铁路运输业的运输效率和运输服务质量，铁道部于 1994 年开始大规模建设覆盖全国的铁路运输管理信息系统 TMIS（Transportion Management Infor – mation System，TMIS），以实现全国铁路运输管理的信息化。TMIS 是世界上最复杂、最庞大的运输管理信息系统，也是我国"九五"重点科技攻关项目。该系统已于 2004 年完成工程建设任务。TMIS 包括：确报信息系统、货票信息系统、编组站信息系统、货运营销及生产管理信息系统、车辆管理信息系统、铁道部调度信息系统、集装箱追踪信息系统、大节点货车追踪信息系统等子系统，涉及 5 万多千米铁路营运线。此外，为便于传输各信息点采集的信息建立了高度集中的、易于管理与维护的网络管理系统和网络运行中心，机关局域网、企业内部网、运输信息查询及综合办公自动化系统等辅助系统，形成了开放、稳定、可靠、安全的全国性 IP 网络。TMIS 硬件平台配置了 Compaq Alhpa、IBM RS6000、HP 9000、Dell PE2400、Cisco 交换机和路由器等设备，运行 SCO – U – 技术创新 NIX/Tru64 UNIX/HP – UX/NT/IBM AIX 操作系统。系统电源为 APC—21 台 Symmetra 16KVA N + 1，42 台 Sym – metra 16KVA N + 1。所以 TMIS 系统不仅覆盖铁道部、路局和分局的各个主管业务部门，而且还遍及全路各基层站段，通过铁路计算机网络连成一体，这样铁道部中央主处理系统就可以及时从全国铁路 2200 个信息报告点收集全路列车、机车、车辆、集装箱以及所运货物的动态信息，实现列车、货物，机车车辆，集装箱的节点式实时追踪管理，为全国铁路各级运输生产人员提供及时准确，完整的信息和辅助决策管理方案。TMIS 系统采集的主要信息包括：全路货物运输市场需求动态信息；货物运输执行动态信息；机车、车辆、集装箱、篷布等运力资源的配备和使用动态信息；列车组成动态信息；列车到发和通过信息；装/卸车作业信息；其他运输生产作业与管理信息。

TMIS 车站系统及信息采集点采集的信息除了在本地建立数据库外，还及时将原始信息通过计算机网络传送至铁路分局、铁路局和铁道部，各级应用部门共享同一信息源，建立本级管辖范围内的、完整的动态信息资源库。TMIS 的优点：

（1）不仅能支持铁道部现有的业务应用，还可以满足未来的增长需求。

（2）能够为铁路运输调度部门提供实时的全路货车、机车、列车、集装箱及所运货物的位置、状态变化的信息，可大大改善对货主的服务，从而提高货运管理水平。

（3）由于能提供准确、及时、完整的信息，可以有预见地指挥运输生产，从而加速机车车辆周转，提高经济效益。

（4）整个铁路运输管理工作从经验管理过渡到现代化管理，不但可以节省人力，而且大大减轻运输生产指挥和管理人员的劳动强度。

（5）实现信息共享。

2. 调度管理信息系统（DMIS）

为解决全国铁路调度指挥管理系统的现代化，1996 年铁路系统决定建立调度管理信息系统 DMIS（Dispateh Management Information System，DMIS），该系统将于 2005 年年底前全面完成。DMIS 包括以下四个层次：第一层铁道部调度指挥中心 DMIS 系统的核心与各铁路局、铁路分局相连，接收全国铁路铁路系统的各种实时信息与运输数据和资料，监视各铁路局、铁路分局、主要干线、路局交接口、大型客站、编组站、枢纽、车站、区间的列车宏观运行状态、运行统计数据、重点列车及车站的列车实际运行位置和站场状态显示，并建有全国铁路调度指挥系统数据库。铁道部指挥大楼于 2003 年建成并投入使用,它拥有调度中心局域网,并且和各路局调度中心局域网连接成广域网,形成调度实时监视系统。这些系统通过 2 个 60 英寸的超大屏幕投影系统显示,可随时调用显示整个系统的全部功能。主机则采用双主机结构,并利用 DECsafe 集群技术,保证系统的运行可靠采用磁盘镜像技术,保证数据的安全。在主平网上采用光纤网络,传输速率在 100MB/s 以上。在重要楼层上使用 100M 双绞线,在数据量较少的楼层上使用 10M 双绞线。与远程网络连接采用高速网络接 1:3 设备,保证数据的实时传输,所用设备和网络均采用双备份,以保证系统的绝对可靠。第二层铁路局调度指挥中心接收各铁路分局的信息与资料,同时显示与铁道部、铁路局及相邻铁路局的信息交换。第三层铁路分局调度指挥中心接收铁路分局内各站的信息与资料,监视主要干线、路局交接口、大型客站、编组站、枢纽、车站、区间的列车宏观运行状态、运行统计数据、重点列车及车站的列车实际运行位置和站场状态显示,同时显示与铁道部、铁路局及相临铁路分局的信息交换。第四层基层信息采集系统安装在各车站,用来从信号设备及其他设备上采集有关列车运行位置、列车车次、信号设备状态等相关数据,并将上述数据通过专用通信线路传送到铁路分局。整个 DMIS 系统由铁道部、铁路局负责宏观管理和指挥协调工作,铁路分局和车站负责运输组织和行车的直接指挥。部级指挥调度中心是全国的枢纽,铁路 DMIS 把从现场车站采集信息经过车站基层网,分局 DMIS 中心路局 DMIS 中心主机传送到部调度中心,形成完整的信息库,通过对信息综合处理,实现了对全路列车运行的动态跟踪实时监视,并由此生成各种列车运行统计报表。因此 DMIS 有以下主要功能:编制列车运行计划,自动采集列车运行时刻,自动绘制实迹运行图,列车车次号自动采集和跟踪,自动或人工调整阶段计划,向车站、机车自动下达阶段计划和调度命令,自动生成车站行车日志等。整个 DMIS 系统具有以下几个特点:

(1) 可靠性高:不允许出现故障而影响铁路运营指挥。

(2) 实时性强:对任一任务请求做到及时处理,延迟时间不超过 3s。

(3) 数据量大:路局、分局、分界口等数据全部汇总到部调度中心。

(4) 系统复杂:以计算机为主体、连接通信、声像等系统。

(5) 服务性强:提供信息、数据的实时显示、查询。

(6) 标准性好:采用国际、国内标准机制,易于扩展。

4.3.1.3 铁路运输高速化与智能化对区域物流的作用

1. 铁路运输高速化对物流的作用

（1）有利于物流行业的增长

铁路运输的高速化，有利于改善交通运输状况，活跃区域经济活动，促进工农业生产的发展和人民生活水平的提高，吸引外来投资，优化资源配置，合理布局产业分工，提高社会合作水平。而物流业正是在产业分工、社会合作的基础上蓬勃发展起来的。

（2）有利于畅通货运通道

铁路运输的高速化推动了客运与货运的分离，使客货运输均实现专线运输。可以预见，货运在与客运全部或部分剥离后，速度将会进一步提升，输送能力将会进一步扩大，安全性将会进一步得到保障，使铁路在大宗、长距离货物运输中的优势显现。必将提升货物运输效率，体现物流时间效益。

（3）缓解高速公路流量

铁路的高速化对现有的同向之间高速公路运输形成分流，缓解高速公路的交通压力，使公路货运效率明显提高，形成快捷的物流通道。

（4）加速生产要素流动

铁路的高速化有利于各区域的人力资源、物资、资金、信息、技术等资源在经济圈的快速流动，形成资源互补，发挥各地比较优势，促进各地区域物流的发展。

2. 铁路运输智能化对物流的作用

随着铁路运输智能化系统的推进，我国先后建成了计算机连锁控制系统、列车运行状况监控系统、计算机化的自动闭塞系统、智能列车运行控制系统、TMIS 系统、DMIS 系统、PWMIS 系统、ATIS 系统、客票发售和预订系统等，这一系列智能化信息系统的建成，对我国区域物流的发展产生了重大的影响。

物流中心的高效率、高质量、低成本运作必须以完善的信息系统为支撑。信息系统是提高物流服务质量的保证。物流中心向社会提供的产品是一种无形的产品——物流服务。尽管这种产品不具备实体形态，但是它和其他产品一样讲求质量，只有服务质量好了才能吸引客户。因此，现代物流中心必须保证按照客户的要求提供高质量的物流服务，以最少的时间和最低的商品损耗将商品送达合适的地点。为了保证向用户提供高质量的物流服务，必须建立一个高速畅通、动态互联的物流信息系统。而铁路运输智能化信息系统的建立正是顺应这一要求而提上研究日程的。对铁路物流业务的相关数据进行电子化储存与管理，对各个铁路物流环节产生的物流信息进行实时采集、分析、传递，并向货主提供各种作业明细信息及咨询信息，这对于物流行业的现代化运作是至关重要的。

4.3.2 公路运输高速化与智能化

4.3.2.1 公路运输高速化

目前，我国现行的《公路工程名词术语》（JTJ002—87）将高速公路定义为，具有四个或四个以上车道，并设有中央分隔带，全部立体交叉并具有完善的交通安全设施与措施，全部控制输入，专供汽车高速行驶的公路。

我国的高速公路发展比西方发达国家晚近半个世纪的时间，从 20 世纪 80 年代末开始起步，经历了 80 年代末—1997 年的起步建设阶段和 1998 年至今的快速发展阶段。1988 年上海至嘉定高速公路建成通车，结束了我国大陆没有高速公路的历史；1990 年，被誉为"神州第一路"的沈大高速公路全线建成通车，标志着我国高速公路发展进入了一个新的时代；1993 年京津塘高速公路的建成，使我国拥有了第一条利用世界银行贷款建设的、跨省市的高速公路。到 1997 年年底，我国高速公路通车里程达到 4771 千米，10 年间年均增长 477 千米。相继建成了沈大、京津塘、成渝、济青等一批具有重要意义的高速公路，突破了高速公路建设的多项重大技术"瓶颈"，积累了设计、施工、监理和运营等建设和管理全过程的经验，为 1998 年后的快速发展奠定了基础。至 2010 年，我国高速公路里程达到 7.4 万千米，我国高速公路的发展取得了让世界瞩目的成绩。

4.3.2.2 公路运输智能化

由上节的分析可知，在我国高速公路建设处于稳步快速发展之中，高速公路作为现代化交通基础设施，以其通行能力大、行车速度高的显著特点，成为适应现代化产业结构发展需要的骨干运输方式和重要运输通道，摆脱了以往公路运输在综合运输体系中只具有短途、零散、中转接卸功能的附属地位，使汽车运输灵活、机动、"门到门"的优势得到了充分的发挥。要进一步完善高速公路网络，必须从相对滞后的公路信息化入手，建立一个完善的公路运输智能化系统。高速公路信息化与智能化是在完善的基础设施的基础上，通过大范围和密集的信息交流和集成和智能化技术，组织管理高速公路运输，实现高速公路规划、建设、维修与养护、交通管理等的综合信息化和智能化，显著提高管理水平和服务水平，为建立高速公路智能交通系统奠定基础。

依据中国智能交通系统体系框架，我国高速公路交通智能化的服务领域主要为高速公路管理、高速公路交通管理、高速公路收费三个领域。其中，高速公路管理对应中国智能交通系统体系框架中的交通法规监督与执行、交通运输规划支持、基础设施的维护管理需求管理，涉及高速公路网规划、建设管理、设备管理以及路政管理等方面的内容；高速公路交通管理对应中国智能交通系统体系框架中的交通控制与紧急事件管理，涉及高速公路信息采集、交通控制与应急救援管理、紧急事件和安全、自动公路与运营管理等方面的内容；高速公路收费对应中国智能交通系统体系框架中的电子收费，涉及路桥隧不停车收费、路桥隧停车自动收费、有偿交通信息和服务使用电子交易等内容。明确了服务领域，就可以确定系统（已有的、在建的和规划的子系统）的功能、建立相互之间的逻辑关系，形成科学、合理、系统的高速公路网交通信息化与智能化总体框架。对应上面的四个服务领域，我国高速公路交通智能化体系可以分为高速公路智能化管理系统、高速公路交通智能化管理系统、高速公路智能化收费管理系统。

1. 高速公路智能化管理系统

整个高速公路智能化管理系统虽复杂，但我们可以从以下三个角度对这一系统进行细化。从信息的角度出发，主要包括信息采集、信息通信、信息处理和信息的发布；从高速公路使用者角度来看，高速公路交通智能化可以变革传统的对公路使用者采取强制性的约束和管理措施，逐步引入服务的理念，为高速公路使用者提供全方位的信息服务，引导高速公路使用者合理选择线路和出行时间，有利于交通流的合理分布；从高速公路管理部门角度来看，可以实时获得动态交通信息，并对信息进行处理、融合、存储及利用，为交通管理、交通政策的制定、道路网的规划、交通基础设施的建设、交通资源的配置等方面提供决策依据。具体的智能化实施方案有：GIS、人工采集、浮动车、路桥隧检测可以提供有关公路设施信息和路政信息，可以实现动态采集并更新高速公路智能化管理系统的高速公路信息，为高速公路路网规划提供支持；实现公路设施如路面、桥梁、隧道、路侧绿化、机电设备等的信息管理；便于制订公路设施的维修和养护计划，实施对设备维修和养护信息的管理；便于开展电子路政执法。

2. 高速公路交通智能化管理系统

交通参数检测器、交通事件监测器、气象监测器、收费信息、网络调查信息、GIS 以及运行车辆/驾驶员等为高速公路智能化管理系统提供信息，交通参数监测器、气象监测器按照一定的时间间隔对交通参数数据进行采样，高速公路预警管理子系统可以通过当前交通信息预测高速公路的交通状态，通过分析这些交通数据的变化规律实现对高速公路的监测，可以间接获得交通事件信息；交通事件监测器可以实时监测当前高速公路运营情况，及时发现交通事件，以及可以确认由交通参数估测的交通事件；另一种交通事件的获得方法是驾驶员若在行车过程中发现交通事件，可以通过车载单元与路旁单元的通信（DSRC）将所观察的事件及时传送到高速公路智能化管理系统；收费信息可以得到高速公路各进出口的车辆信息，网络调查信息是依附于山东公共出行网的出行调查，涉及出行路线、出行时间等信息，可以作为交通参数信息的补充。当有交通事件或交通拥挤现象发生时，及时发布并启动交通控制子系统（实现匝道流入控制、主线控制以及区域协调控制等）与应急救援子系统（事件的鉴别、事件的地位、事件的响应以及事件的记录），并根据事件的情况及时通知交警、卫生、消防等部门，此外，还包括紧急事件的处理预案准备、紧急车辆调度与维护、危险品运输的信息化与智能化管理等。

3. 高速公路智能化收费管理系统

高速公路智能化收费管理系统利用先进的电子技术及信息技术，以非现金、非手工方式自动完成车辆通行费的征收，收集车辆通过信息并传递到交通信息平台，并且是智能化交通控制的实施对象之一。交通信息平台是整个系统的信息枢纽，具有相关的统一的规范和标准，满足各系统之间以及信息采集与信息管理之间的信息互通，实现各系统之间的信息共享，以及与城区交通管理部门、交警部门等的信息共享。

高速公路运输智能化是提高高速公路管理水平，提高高速公路安全行车，提高工作效率的必要方法，是我国智能交通系统的重要组成部分，通过建立高速公路智能化体系，可以改善高速公路交通状态，促进我国区域物流的发展，下节将具体分析公路智能化与高速化对区域物流发展的促进作用。

4.3.2.3   公路运输高速化与信息化对区域物流的作用

在货物流通中，公路运输既可作为一个独立的运输体系，也可为铁路、水运、空运等运输方式集散货物，是其他运输方式不可或缺的衔接、补充手段及联系纽带，公路运输在短途和中长途的货物流通中占据主导地位。而公路运输的高速化和信息化巩固了它的主导地位，极大地促进了现代物流行业的重要分支—货物运输的高效发展。

1. 公路运输高速化对区域物流的作用

首先，交通基础设施发展滞后区域物流的运作成本居高不下的重要原因，我国大力修建高速公路，推进公路运输的高速化有利于降低区域物流的运作成本，提高区域物流的运作效率和服务水平。

其次，高速公路网的建立将加强沿线地区与大城市、交通枢纽和工业中心的联系，同时会加速这些网络内各区域间的物资流通，促进各区域间物流资源的整合，使各区域间的物流达到无缝链接，从而提高物流发展的层次和水平，扩大区域物流的规模化发展，推动我国现代区域物流的发展。

2. 公路运输智能化对物流的作用

公路运输智能化有利于降低整个公路货物运输行业的成本，对提高物流服务的效率和质量，实现全社会物流资源的优化整合，将起到决定性的作用。公路货物运输企业应积极利用现有网络系统与各区域乃至全国统一的货运电子商务系统联网，提供广泛的货源信息，从而统一调度、统一配载，使其在物流功能上体现科学性和先进性。

5 科技进步对区域物流发展的作用机理

5.1 科技进步对区域物流发展影响研究的理论基础及借鉴

5.1.1 科技进步对区域物流发展影响研究的理论基础

1. 技术发展理论

技术发展理论是马克思主义的创始人——马克思和恩格斯通过对劳动、工艺等生产和经济过程的分析从而提出来的。马克思指出："社会的劳动生产力首先是科学力量"，"劳动生产力是随着科学和技术地进步而不断发展"，"资产阶级在它不到一百年的阶级统治中所创造的生产力，比过去一切时代所创造的全部生产力还要多，还要大，自然力的征服，机器的采用，化学在工业和农业中的应用，轮船的行使，铁路的通行，电报的适用；整个大陆的开垦，河流的通航，仿佛用法术从地下呼唤出来的大量人口——过去哪一个世纪能够料想到有过这样的生产力潜伏在社会劳动力呢"。恩格斯说："在马克思看来，科学是一种历史上起推动作用的、革命的力量"。所以说，科技水平发展到了什么程度就决定了生产力的发展水平；反过来，社会的不断生产又推进了科学技术的进步；并且，社会经济制度也会制约科技的发展。因此，我们可以这样概括马克思关于科学技术与社会经济发展的关系的认识：科学技术是社会经济发展的原动力，社会经济又决定了科技水平的发展，也就是说二者是相辅相成，相互促进的辩证统一的关系。马克思和恩格斯在研究科学技术时，主要是从社会历史进程和社会经济关系的角度来进行分析。他们分析的科学技术与生产力的关系，可以很好地揭示科学技术能为社会带来多少财富，取决于科学技术能多大程度地在生产中应用，并客观地评价了工业经济时代科技进步的贡献程度。

2. 技术创新理论

技术创新理论是由经济学家熊彼特（J. A. Schumpeter）提出并完善的。1912 年，熊彼特在《经济发展理论》一书中，首次提出了技术创新的概念，其后在 1939 年的《经济周期》一书中对此作了补充，最后在 1942 年的《资本主义、社会主义和民主主义》一书中对创新理论体系进行了运用。

根据熊彼德的观点，经济的发展已经不能够用静态均衡、完全竞争等经济学假设来进行解释。经济是发展的，是动态的，即实现动态均衡，而不是静态均衡，经济的发展要靠技术创新。创新是经济发展的助推器，而实现创新的主体是企业家，信用又是企业家以要素新组合的预期收益为担保的支持手段，这三者构成了熊彼德经济发展理论的基石，他研究资本主义经济发展的周期问题时正是基于这个理论。熊彼德认为，经济之所以能够发展，是依靠其内部的创新来实现的。创新就是生产要素与生产条件的一种新组合，并将这种组合引入生产体系，同时这种组合还要能够对原来的生产体系和生产方式产生振荡效应。熊彼德将创新分为以下五种情况：①采用一种新的产品；②采用一种新的生产方法；③开辟一个新的市场；④控制原材料的新供应来源；⑤实现企业的新组织。围绕这五个方面展开的创新作为一个整体代表了一项新发明发展过程——有了一个新的创意，经过研发直到最后投入市场。在这个过程中，市场的需求和技术发展的推动是不可或缺的，并且需要一个有冒险精神的企业家将这整个过程串联起来。熊彼特的观点是，是创新而不是资本和劳动改变了经济世界的面貌。这里的创新和技术上的新发明不能画等号，只有当某项新技术投入生产并带来了或有可能带来利润时才能称得上是创新。创新是自发的、间断的、非均衡的过程，所以不能用经济学中标准的均衡理论来进行解释。有关这一点熊彼特在《经济发展理论》中也清楚地表达过，"静态的分析不仅不能预测传统的行事方式中的非连续必变化的后果，它还既不能说明这种生产性革命的出现，又不能说明伴随着它的现象。它只能在变化发生以后去研究新的均衡位置"。正因为创新具有这样的特征，所以，经济发展过程是一个创新、扩散、再创新的动态均衡过程，而并不是新古典经济学家所说的静态均衡过程。创新理论是熊彼特经济理论的核心内容，为该领域的研究开辟了一条新道路。

3. 新古典经济增长理论

新古典经济增长理论源于 20 世纪 50 年代末，主要代表人物是索洛

（Robert M. Solow）。他认为：在长时期内，除了资本投入和劳动投入，以及资本和劳动对收入增长的相对作用权数会对经济增长起决定作用，技术进步也是经济增长的重要来源。该理论建立在柯布—道格拉斯生产函数的基础上，假设条件有四个：①资本—产量比例是可变的，所以资本—劳动比例也是可以变动的。②引入 C – D 生产函数，该函数是线性齐次生产函数，即产量会随着资本和劳动投入的增加而上升相同的比例，收益规模是不变的。并且该函数遵从欧拉定理，即按照劳动和资本的边际贡献来分配产品，刚好将产品分配完全。③假设劳动力市场、资本市场和技术市场都是完全竞争的，也就是说资本和劳动在任何时候都可以充分的利用。④技术是外生变量，仅仅是时间的函数，企业总是使用最好的技术进行生产。在这样的假设条件下索洛将技术进步因素引入到该函数中去，建立了一个模型：$Y = A_t K^\alpha L^\beta$。其中 Y 为产出量，A，K，L 分别是技术、资本、劳动投入要素，α，β 为资本与劳动的产出弹性，$A_t = A_0 e^{rt}$。

新古典经济增长理论的优点是：首次将科技进步分离于资本和劳动投入，作为独立体纳入到经济增长理论中来。其缺陷是：没有对科技进步的原因作出令人满意的解释。因此，为解决这些问题，就产生了新经济增长理论。

4. 新经济增长理论

20 世纪 80 年代中期，新经济增长理论的出现弥补了新古典经济增长理论中的不足，新经济增长理论，即内生增长理论是西方宏观经济理论中的新分支。该理论的代表人物是：保罗·罗默（Paul. Romer）和卢卡斯（Robert. E. Lucas. Jr.）。其主要观点是：经济是可以内生增长的，同时它将科技进步内生化，论证了经济增长的力量主要是由人力资本和知识积累引起的内生技术进步构成。并在经济增长模型中引入人力资本开发、"干中学"等因素，希望能更好地解释经济增长的原因。该理论的特点是：认为知识也是经济活动中的生产要素，它能够使边际收益递增、实现经济的可持续性发展，从而构建了新经济的理论框架。

新经济增长理论是一个松散集合体，由一些有类似观点的经济学家提出的多种增长模型所构成，其发展可分为两大阶段：第一阶段的增长模型是在假设市场完全竞争、收益递增和外部性的条件下，研究经济的增长。罗默的知识溢出模型、卢卡斯的人力资本溢出模型是这一阶段的代表模型。第二阶段开始于 20 世纪 90 年代，是在垄断竞争的假设条件下研究经济增长，认为如同发达国家的技术创新一样，发展中国家的技术模仿对该国的经济增长也有重要作用。这些模型在较为实际的假设条件之下，解释了科技进步对经济增长的影响。

新经济增长理论的优点是主要研究了科技进步是如何影响经济增长的，它的作用是怎样发挥的。这对于新古典经济增长理论是一个很大的进步。当然，新经济增长理论也是存在缺陷的：①假设条件过于苛刻，这就会导致新经济增长模型很难广泛的运用，并影响该理论对于现实的解释力。比如说：罗默的知识溢出模型中假设是完全竞争市场，这就与现实相差较大。②忽略了经济制度对经济增长的影响。新经济增长理论假设"经济制度和个人偏好属于外生变量"，这就无法说明经济制度和个人偏好对技术进步的作用。

5. 技术扩散理论

曼斯菲尔德认为，技术创新和新技术的扩散是引发科技进步的主要力量。影响技术扩散的主要原因包括：①新技术的模仿比例，新技术可以被模仿的比例越高，技术扩散程度就越高；②新技术的相对盈利率，新技术的盈利率越高，其他人模仿的动力就越强，技术扩散程度越高；③新技术所要求投资额，也可称为技术的准入门槛，新技术要求的投资额越小，即准入门槛越低，技术扩散面越大。技术扩散除了上述三个主要因素以外，还受到以下几个因素的影响：技术更新中的沉淀成本，新技术的专利保护期限，行业的发展趋势，以及新技术首次被使用时处于经济周期中的哪个阶段。

5.1.2 理论借鉴与启示

上述各理论都从不同的角度研究了科技进步与经济增长的关系以及科技进步的来源问题，这些理论对于研究科技进步对区域物流发展的影响有很大的借鉴作用，各理论都有其合理性与局限性。

技术发展理论的创始人马克思指出，科学力量是推动社会生产力发展的首要因素。在他看来，科学是一种历史上起推动作用的、革命的力量。同时马克思还分析了科学技术与生产力的关系，科技水平发展到了什么程度就决定了生产力的发展水平；反过来，社会的不断生产又推进了科学技术的进步，二者的关系是相辅相成，相互促进的辩证统一的关系。该理论为我们揭示了科技进步对于社会生产力的重要性，同时也告诉了我们科技进步与经济发展之间是相互促进的关系。

熊彼得在技术创新理论中将创新看做是资本主义的本质特征，而且认为资产阶级的企业家在创新过程中起了决定性作用，这一思想反映了创新理论的资产阶级庸俗性。但在该理论中，提出经济的发展来源于创新，创新作为一个内生因素，与科学技术、管理手段以及生产方式的进步共同促进经济的增长，这一观点是值得我们借鉴的。因此，熊彼得的技术创新理论对我们的启示是：创新是科技进步和经济增长的原动力，意识到创新的重要性是发展经济最重要的一点。我们应该将加快经济增长的方式从依靠资金投入的增加，逐步转向依靠科技创新和提高劳动者素质上来，以创新促进科技进步，从而改善劳动者的知识水平。我们应该努力加大科技进步对各行各业经济增长的贡献程度，使我国的经济增长方式从粗放型转为集约型，从而可以改善我国人口多、教育水平低、管理方式落后、技术水平低等现状。

索洛在新古典模型中提出，如果保持储蓄率和人口增长速度不变，那么从长期来看，生活水平的提高就归功于技术进步，技术进步是全部要素积累的源泉。但如果将政府的政策效果、偏好的变化等因素考虑进来，那么长期生活水平的提高就不仅是技术进步的结果，同时也取决于政府政策等因素。政府的政策对要素的积累并没有直接影响，它是通过影响技术进步和技术进步乘数从而间接地影响经济增长的，但其影响程度也是不可忽视的。因此，该理论认为，技术的进步、较大的技术进步乘数和合理的政府政策共同组成了影响经济增长的因素。新古典经济增长理论对于本书的启示：要通过科技进步来加强地区或行业的经济增长，我们不仅要考虑到科技发展水平本身，还要考虑到政府政策这个影响因素，政府的行为会直接影响科学技术的产生以及科学技术投入到生产中的运用能力。因此，我们在考虑如何加大科技进步对经济增长的贡献率的时候，也要通过政府政策方面来进行研究。

新经济增长理论，又称为内生增长理论将科技进步内生化。它强调了知识和人力资本的作用，认为通过知识的溢出作用可以提高整个经济的技术水平，从而促进经济发展。该理论对本书的启示：目前，资源的稀缺性以及环境的保护措施，使得通过自然资源和物质资料的投入来推动经济发展的能力逐渐变小，人力资本的重要性已经日益突出，一个国家或地区人才的数量以及质量对其经济的发展起重要作用。因此，要促区域物流的发展就需要引进和培养更多的专业性人才，而人才的培养与教育问题又与科技进步不可分离，科学技术的进步能够推进教育发展水平的提高。

技术扩散理论认为，技术进步不仅来源于技术创新，还取决于技术的扩散程度。新技术的模仿比例、相对盈利率、要求投资额等因素都会影响技术的扩散。该理论启示我们：任何一项技术创新都是来源于某一地区或行业，如果我们希望该项技术创新能够最大程度地发挥其价值和为市场带来更多利润，就应该利用技术扩散理论，将其在各区域、各行业内进行扩散，从而提高科技进步对经济增长的贡献率。

5.2　科技进步对区域物流发展的作用机理分析

"科学技术是第一生产力"。对正处于高速发展的中国来说，物流业具有广阔的发展空间和巨大的市场潜力，现代物流业将会成为中国经济发展的重要产业和新的经济增长点，它与科技进步之间显示出越来越密切的关系。综观物流业的发展轨迹，它是伴随科学技术和人类社会的进步而不断发展、不断完善。科技进步一方面主要是以物质资本为载体，降低物流成本，促进物流效率的增长，另一方面主要是以人力资本为载体，增进区域物流劳动要素的产出，推动区域物流的发展。现代物流技术除包括各种操作方法外，还包括各种管理技术与方法。因此，在此我们将物流科技进步分为物流硬技术进步与物流软技术进步，物流硬技术包括物流信息技术、物流装备技术、物流交通运输技术，物流软技术包括物流人力资本、物流管理技术与方法、政府政策。本书主要从物流需求、物流管理、物流作业环境、区域物流的发展路径与发展模式几个角度来着重分析科技进步对区域物流发展的影响作用。

5.2.1　科技进步对物流需求的影响

1. 物流需求的定义与内涵

物流需求是指一定时期内社会经济活动对生产、流通、消费领域的原材料、成品和半成品、商品以及废旧物品、废旧材料等的配置作用而产生的对物在空间、时间和费用方面的要求，涉及运输、库存、包装、装卸搬运、流通加工以及与之相关的信息需求等物流活动的诸多方面。

从物流的发展规律来看，现代物流服务的需求包括量和质两个方面，即从物流规模和物流服务质量综合反映物流的总体需求。物流规模是物流活动中运输、储存、包装、装卸搬运和流通加工等物流作业量的总和。物流服务质量是物流服务效果的集中反映，可以用物流时间、物流费用、物流效率来衡量，其突出表现在减少物流时间、降低物流成本、提高物流效率等方面。科技进步能够使物流需求量增加或使潜在的物流需求得到释放，本书将从科技进步对物流需求的直接和间接作用两个方面进行阐述。

2. 科技进步对物流需求的直接作用

当前我国处于重工业化时期，较高的经济发展速度和以重工业化为主要特征的产业结构对物流表现出旺盛的需求，而科技进步所带来的对物流需求的直接影响作用主要源自于各种物流硬技术的应用。

（1）物流信息技术

在信息化快速发展的今天，信息技术已经成为现代物流业发展的灵魂。如果市场没有物流信息沟通平台和信息交换机制作为支持，物流信息就会在一定范围、一定程度、一定个体之间重复，从而出现"信息孤岛"状况，真正符合市场的物流信息无法有效地传达到供需双方。物流信息技术的应用，在基础应用层面有 Internet 技术、条码技术（BS）、射频技术；在环境体系层面有全球定位系统（GPS）、地理信息系统（GIS）；在作业管理层面有物料需求计划（MRP）、制造资源计划（MRP II）、企业资源计划（ERP）；在销售时点管理层面有自动订货系统（EOS）、电子数据交换（EDI）等。这些现代通信技术和信息技术的快速发展与应用，加快了订货需求的传输速度、生产进度、装运进度以及海关报关速度，使物流作业周期大为缩短，提高了物流作业的准确性，大大刺激了全球范围的物流需求。

（2）物流交通运输技术

自 20 世纪 80 年代以来，新的科技革命使全球范围内物流蓬勃发展，经济规模迅速扩大，促进了铁路、公路、水路、航空和管道等多种运输方式的巨大变革，形成了立体交错、协调发展的现代化综合运输体系。科学技术的进步在很大程度上都反映在运输设备、运输工具的改进上。目前，世界上油轮最大载重量已达到 563000 吨，集装箱船最大载重量为 8500TEU，在铁路货运中出现了可装载 716000 吨矿石的列车，目前正在研制的最大货机可载 300

吨，一次可装载 30 个 40ft（1ft = 0.3048m）标准箱，比现在的货机运输能力（包括载重量和载箱量）高出 50% ~ 100%。随着科学技术的发展，各种特种车辆、船舶、专用车辆、现代化装卸机构和检测保修设备应运而生，使运输方式逐渐增多，运输规模从小到大，运输工具从落后到先进，运输效率从低到高，充分满足了社会各阶层对运输质量的需求。此外，集装箱运输的发展实现了装卸、运送的全盘机械化，使运输能力增大，运输数量增多，这不仅提高了装卸效率，加快了运输工具周转，还减少了货损货差；同时，集装箱的使用大大地推动了多式联运的发展，其快速、安全、低成本很快吸引了诸多客户的物流需求。

（3）物流装备技术

物流装备是指与物流诸要素活动有关的硬件设施和工具，主要包括仓储、包装与装卸搬运等活动过程中涉及的装备。科技的进步使物流装备逐步走向多样化和专业化。为满足不同行业，不同规模的客户对不同功能的要求，物流装备的形式越来越多，专业化程度日益提高。世界著名叉车企业永恒力公司就拥有 580 多种不同车型，以满足客户的各种实际需要。此外，自动立体库、分拣设备、货架等也都有按行业、用途、规模等不同标准细分的多种形式产品。许多厂商还可根据用户特殊情况为其量身定做各种物流装备。物流装备的专业化和多样化提高了货物单位时间内储存、包装、装卸搬运和流通加工等物流活动的作业量，同时通过满足不同用户的各种实际需求而改善了物流服务质量。

3. 科技进步对物流需求的间接作用

科技进步对物流需求的间接作用主要表现在，一方面，科技进步刺激了社会物资需求的变化而间接拉动了物流需求；另一方面，科技进步带来了物流服务水平的提高，这也间接刺激并产生了物流需求。

科技进步对于社会物资需求的影响主要有：①技术进步使产品成本下降，市场扩大，需求随之发生变化。以汽车制造业为例，20 世纪 80 年代初，中国还处于计划经济时代，汽车工业技术还非常落后，轿车是奢侈品的代言词，私人购买轿车要先经过政府审批，当时全国的汽车产量是 22 万辆，轿车年产量只有 4000 辆，严重供不应求。改革开放以来，随着汽车工业技术的不断发展，我国在发动机、变速箱和车身设计等汽车关键技术领域取得了巨大进展，轿车逐步从奢侈品成为了一种代步工具，2009 年，中国汽车的销量为 1300 万辆，已经占全球总销量的 22%，预计 2020 年，中国的汽车保有量将会达到 2 亿辆左右。②随着计算机互联网络的物理分布范围的不断扩大，计算机网络的跨时域性和跨区域性，使得物资需求的辐射范围也发生改变，呈现跨国性趋势。③随着科技的进步和人们生活水平的提高，消费者对产品多样化和个性化的要求越来越高，由此导致产品生命周期日渐缩短，更新换代速度加快，尤其在电子商务环境下所热销的一些产品，如食品、美容护肤、母婴玩具、服装配饰、家居用品等都属于快速消费品，各种新品和升级换代产品不断推向市场诱使消费者频繁购买。科技进步带来了整个社会物资需求的增加，随着更多产品在生产过程、流通过程和消费过程中的流通，物流需求也孕育而生。

此外，物流服务水平对物流需求也存在刺激或抑制作用。20 世纪 50 年代以前，企业物流功能分散，物流技术落后，物流服务内容单一、水平低下，这造成企业对于物流服务的需求很零散，社会对于物流的需求量也不大。随着科学技术的进步和经济的不断发展，物流服务逐步走向专业化、综合化和网络化。物流装备等先进物流技术的发展为物流服务水平的提高提供了基础，而信息技术、网络技术以及自动立体仓库等先进物流技术的发展为物流服务水平的提高提供了更广阔的空间。各种现代物流先进技术的应用以及随之产生的先进物流服务理念使得物流服务系统成为除了包括仓储、运输、包装、加工、配货和城际配送等基本物流功能外，还包括为客户提供个性化物流需求服务（如运输代理、报关服务）以及物流策划服务等增值服务在内的现代物流综合服务系统（见表 5－1）。物流企业利用其规模化优势和专业化服务优势，可以通过降低库存、提高商品周转率等服务，为企业节约大量成本；同时，物流服务开始更加关注于与客户的交流与互动，在专业化服务实施的过程中不断解决实际问题、满足新的物流需求，通过物流服务创新去激发和满足客户的物流需求。例如，以 EXCEL、Tibet、Briten 等为代表的以提供仓储服务为主的物流公司，主要提供公用和共享的仓储服务，它们通过与承运商的关系提供配送服务，并且擅长为食品、杂货的零售和消费提供增值服务；以 Accenture、GEInformationservices、IBM 等为代表的信息和系统集成服务为主的物流公司，它们原来是主要致力于开发系统的集成商，现在开始从事管理信息系统的外包服务业务，以及提供有关的电子商务、物流和供应链管理的工作；以 Armw、Avent、Technde 等为代表的物流公司是零部件分销商和提供增值服务为主的电子分销商，自 20 世纪 90 年代以来，它们开始逐渐进入物流增值服务领域，服务内容涉及 EDI、货物跟踪、信息系统集成、库存管理等，如表 5-1 所示。

表 5-1　　　　　　　　　　　现代物流服务功能分类

物流服务提供商类型	服务功能类型
资产型服务	仓储、运输、包装、加工、配货和配送服务
	物流金融
	物流信息服务、咨询和物流策划、培训服务
	供应链管理咨询和供应链管理软件开发
	物流金融服务
非资产型服务	货物运输代理服务
	无船承运人服务
	报关服务
	电子商务服务
第三方物流	物流外包服务
第四方物流	整个供应链管理服务

5.2.2　科技进步对物流作业环境的影响

剖析每一次科技革命，无不对物流活动或区域物流产生巨大影响，其中最显著的作用表现在对其作业环境的改善，包括对物流各类运输工具、搬卸搬运设施及信息技术的优化，这主要表现在以下几个方面：

1. 运输方式的进步强化了区域物流地位

"运输作为社会生产力的有机组成部分，是通过实现社会产品的流转表现出来的，即把生产和消费所处的不同空间联结起来，完成实物从生产地到消费地的移动。"由于运输活动通过物品在价值链中的来回移动，发挥了时间资源、财务资源和环境资源效用，所以提高了物品的价值，这就是说，运输环节在社会再生产进程中占据着重要地位。

回顾科技革命史，从蒸汽机到发电机再到电子计算机，从轮船、火车到

汽车、飞机再到宇宙飞行器，运输方式的进步一步步强化了物流在国民经济中的地位。它加快了运输的速度，提升了运输的质量，拓宽了运输的范围，缩短了运输的时间，使我国的物流业由传统的运输方式转化为现代新型的物流业运营模式成为可能。

在物流活动过程中发生的主要费用包括：运输费、包装费、保管费、装卸搬运费等。据国外机构的统计，一件产品从进入市场直到运至消费者手中所产生的费用比例为：运输费占44%，包装费占26%，保管费占16%，装卸搬运费占8%，其他占6%。可见，运输费用是所有费用中所占比重最大的一部分，而在交通运输欠发达的地区，这种现象更加明显。所以，如何能有效的降低运输费用，提高区域物流经济利润，是大家长期以来探索的问题，人们认为物流交通运输技术的进步将会直接对物流经济效益产生促进作用。先进的交通运输技术可以改善运输方式和运输时间，使得运输合理化，同时也使运输方式多样化。从而提高区域物流的生产水平及效率，推动区域物流的快速发展。

以铁路运输为例，铁路运输是我国最主要的运输方式之一，国家对铁路的发展也给予了高度重视。自1997年开始，我国铁路先后进行了六次提速，尤其是具有里程碑意义的第六次大面积提速。第六次提速后，全国铁路营业里程7.7万千米，比第一次提速前的1996年增加了1.2万千米，增长18.7%。短短12年时间里，我国铁路面貌发生了历史性变化，达到了世界铁路既有线提速最高目标值，标志着中国铁路既有线提速跻身世界铁路先进行列。而带来这一切巨大变化的源头就是我国交通运输技术的进步，包括牵引动力、客货车车辆、动车组和大功率机车、线路基础、通信信号和铁路信息化等技术方面的大幅度提升。技术进步使得铁路货运量大幅上升，2006年货运发送量完成28.83亿吨、比2000年增长61.4%，货运周转量2.2万亿吨·千米、增长59.4%，运输经营效益明显提高（如图5-1所示）。

2. 信息技术的飞速发展推动了物流业的崛起

现代物流的发展以信息技术的广泛应用为主要特征。随着全球经济的不断发展，互联网的应用和计算机、通信技术的普及，区域物流的活动范围也随之扩大到不同的地区或国家，通畅的信息交流就是物流活动顺利进行的前提，可以说，没有信息就没有现代物流，它是现代区域物流的重要标志，贯

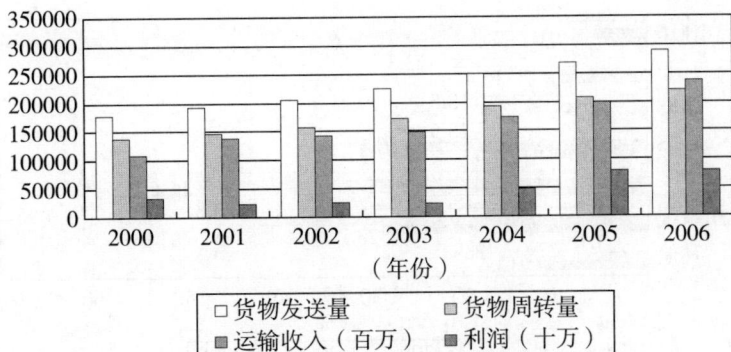

图5-1 铁路主要运输指标统计图

穿于物流活动的各个部分。我们将运用于区域物流的信息技术称为物流信息技术，例如：条码技术、电子数据交换技术等。由多种信息技术集成的物流信息系统，对在运输、仓储、装卸、搬运、包装、流通加工等各个环节的作业中产生的大量信息进行及时有效的收集、处理和分析，是实现"缩短在途时间、实现零库存、及时供货与保持供应链的连续与稳定"等现代物流管理目标的重要保证。这些物流信息技术的使用可以使人们更及时准确的掌握物流动态，较低物流成本，提高物流效率，从而为用户提供一体化的综合性服务。

我国区域物流信息化投资额与物流总产出正相关，引进物流信息技术的力度也不断攀升。以制造企业物流活动为例，根据《中国现代物流发展报告(2008)》的调研数据，如图5-2所示，2007年制造企业所采用的物流信息技术主要集中于条码技术和EDI系统，所占比例分别为58.7%和43.8%，与2006年相比，2007年制造企业所采用的物流技术总体上呈现出不同程度的增长。其中，条码技术、GPS与GIS等物流信息技术增长幅度较大，分别增长了10.3%和7.9%。物流信息技术对区域物流的促进作用主要表现在以下三个方面：

（1）加强了对产品信息的采集及跟踪与控制

信息化是现代物流的基础，依靠物流信息技术可以实现对产品的全程监控与可视化管理，完成产品在流通和生产过程中所产生的全部或部分信息的采集、分类、传递、汇总、识别、跟踪和查询等一系列处理活动。随着物流的发展，其涉及的领域也越来越多，产品的种类、数量增多，从而造成了大

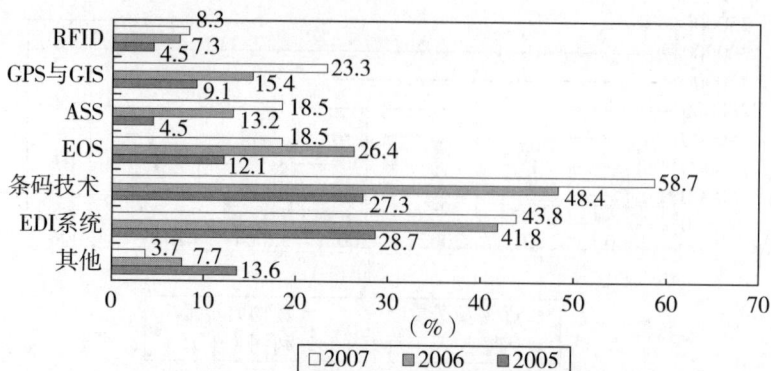

图 5-2 制造企业采用物流信息技术示意图

量的产品信息。如何快速地采集和识别信息，物流信息技术就给予了很大的帮助。条码、视觉识别、射频识别等技术的推广与应用都能快速、准确地读取动态货物或载体的信息并进行多次利用，从而可以明显地提高物流效率。而 Internet 技术、数据库技术、电子数据交换技术的出现也为产品信息的分类、传递、汇总和存储提供了可能。由于这些信息采集技术、传播技术还有处理技术的广泛的应用，使得物流信息不再局限于某一个物流环节上，在整个物流供应链上，所有的企业、所有的管理者，都能够很透明地看到这些信息，同时根据这些进行必要的管理、协调和组织工作。信息技术也对物品运输过程的跟踪与控制起到了很大的作用。利用信息技术（例如 RFID、GPS 技术跟踪等）实行过程控制，使货主与车主都能及时了解物品及车辆的位置与状态，从而保证整个物流过程的顺利完成，提高服务质量。

（2）加快了物流增值服务的产生，提高竞争力

物流业的竞争趋于全球化，越来越多的国外物流企业进入中国，对中国的区域物流的发展造成了不小的压力。要提高我国物流竞争力，就需要利用更加完善的增值服务来吸引顾客。而如今大部分的增值服务，例如运用电子交换技术、ERP 技术、GPS 技术、计算机辅助设计技术等进行订货管理、运输车辆路径选择管理、库存管理、配送中心选择分析、物流成本管理及物流方案设计等，都是信息技术在物流企业中的具体运用形式。因此物流信息技术的发展加快了高层次的物流增值服务的产生，从而提高我国区域物流的竞争力。

3. 科学技术进步促进了物流作业的自动化

现代物流的各项功能依赖于各种物流技术与装备才能得以实现。传统的区域物流是劳动密集型产业，需要大量的人力资本，而物流装备技术的进步产生了越来越多的自动化或半自动化的机械，代替了大量的手工劳动。这些先进的技术广泛参与到各项物流活动，促进了现代物流业的发展。物流作业自动化是提高物流效率的重要手段和途径，而物流自动化设备技术的应用正是促进物流作业自动化的基础，该技术的集成与应用主要表现在配送中心。随着每天需要拣选的物品品种、批次、数量的增多，传统的人工拣选无疑会使得拣选时间长、错误率高、效率极低。因此许多大型的配送中心都引进了物流自动化拣选设备，如拣选货架（盘）上配有可视的分拣提示设备，这个分拣货架与物流管理信息系统相连，动态地提示被分拣的物品和数量，指导着工作人员的拣选操作，提高了货物拣选的准确性和速度。

物流作业自动化的主要表现除了之前在物流信息化中所提到的物流信息的采集、处理与通信的自动化以及物流管理及决策的自动化之外，其最为直观的表现就是商品实物流动操作环节的自动化。目前已形成以信息技术为核心，以运输技术、配送技术、装卸搬运技术、自动化仓储技术、库存控制技术、包装技术等专业技术为支撑的现代化物流装备技术格局。从人工分拣到自动化分拣系统，从人工搬运到叉车运输再到 AGV 系统技术应用，从手工记账到 EDI 和 EOS 技术的运用，这些无不显示了现代科学技术对物流自动化的巨大推动作用。

以仓储技术为例，仓库从单纯的保管货物发展到如今成为促进各物流环节平衡运转的物流集散中心，其功能也日益多样化。面对竞争激烈的物流市场和地价的不断攀升，仓库的利用率、进出货速度和货物周转速度等都成为人们日益关注的问题，这影响着物流企业资金流动和满足客户服务的能力，而先进的仓储装备技术正在不断地解决这些问题。托盘、货架从单一形态发展为多种形态，使其具有更强的组合能力、安装简易、节省空间等特点。而自动化立体仓库也是物流仓储设施发展的一大趋势，它节省了库存占地面积，单位面积存储量可达 7.5 吨/平方米，是普通仓库的 5～10 倍，提高了空间利用率，且作业效率高。

5.2.3 科技进步对区域物流的发展路径与发展模式影响

1. 低碳经济背景下的区域物流发展路径

自 20 世纪中叶以来，科学技术的进步使社会生产力发展到前所未有的水平，在人们享受着科技进步给生活所带来的各种便利与财富以及全球经济迅猛发展所带来的纷纷硕果的同时，不得不面对由于科技进步所带来的负面影响——能源紧张、资源破坏和环境污染日趋恶化等一系列问题。发展低碳经济成为了 21 世纪人类面临的最大挑战，也对区域物流的发展提出了新的要求。

所谓低碳，意指较低（更低）的温室气体（二氧化碳为主）排放。随着世界工业经济的发展、人口的剧增、人类欲望的无限上升和生产生活方式的无节制，世界气候面临越来越严重的问题，二氧化碳排放量越来越大，地球臭氧层正遭受前所未有的危机，全球灾难性气候变化屡屡出现，已经严重危害到人类的生存环境和健康安全，即使人类曾经引以为豪的高速增长或膨胀的 GDP 也因为环境污染、气候变化而大打折扣。因此，低碳理念是人类社会面临因工业化过程中大量温室气体排放导致的全球变暖而提出的发展理念，其主要内容为低碳经济，其实质是能源高效率利用、清洁能源开发、追求绿色 GDP 的问题，其核心是能源技术和节能减排技术创新、产业结构和制度创新以及人类生存发展观念的根本性转变。区域物流作为社会物资流动的重要环节，在物资流通的过程中，不免会伴随着资源和能量的消耗以及不合理的物流方式所产生的各种废弃物。因此，区域物流在推动国民经济发展的同时，也存在着高效节能、绿色环保等可持续发展问题。

科技进步对区域物流所带来的负面影响主要可以从以下几个方面进行阐述：①交通运输所带来的负面影响。运输是物流活动中最主要、最基本的活动。随着科技进步对于铁路、公路、水路、航空和管道等多种运输方式不断推动，交通用能在总能耗的比例也越来越大。以公路运输为例，我国公路事业发展迅猛，目前已有 3.5 万千米高速公路，预计到 2020 年高速公路总里程要达到 8.5 万千米，这将消耗 500 万~800 万亩土地。同时建设 1 千米高速公路需要消耗 1000 吨钢铁、9000 吨水泥和 1000 吨沥青，这对于能源的消耗可想而之。除此之外，在物流运输过程中，不合理的货运网点及配送中心布局所导致的货物迂回运输也增加了车辆的燃油消耗，加剧了废气污染和噪声污染，加剧了城市交通的阻塞。并且，物流运输的货物也有可能对生态环境造成损害，如运输原油的海轮发生泄漏事故，造成海洋污染。②物流包装所带来的负面影响。包装可以保持商品品质、美化产品和提高商品的价值，但同时过度包装、不合理包装等问题也油然而生。当今大部分商品的包装方式和包装材料，不仅造成资源的极大浪费，而且对自然环境也造成严重破坏，如塑料袋、一次性包装等造成的"白色污染"，不可降解的包装材料成为城市垃圾的重要组成部分。③流通加工所带来的负面影响。流通加工是商品从生产领域向消费领域流通过程中，为促进销售、维护产品质量和提高物流效率，对物品进行的包装、分割、计量、分类、分拣、刷标志、贴标签、组装等非生产性加工作业，其目的是使商品更加适合消费者需求。分散流通加工所产生的边角料是难以集中和有效再利用的，会造成废弃物污染；加工过程中产生的废气、废水对环境和人体都会构成威胁。此外，流通加工中心的选址不合理，也会造成物流费用增加和有效资源的浪费，还会因为增加了运输量而产生新的能源消耗和污染。

面对科技进步对区域物流所带来的负面影响，大力发展逆向物流、绿色物流是当今低碳经济理念下区域物流发展路径的必然选择，因此，本书将着重对这两方面进行介绍：

（1）绿色物流

绿色物流是指在物流过程中抑制物流对环境造成危害的同时，实现对物流环境的净化，使物流资源得到最充分利用。它包括物流作业环节和物流管理全过程的绿色化。从物流作业环节来看，包括绿色运输、绿色包装、绿色流通加工等。从物流管理过程来看，主要是从环境保护和节约资源的目标出发，改进物流体系，既要考虑正向物流环节的绿色化，又要考虑供应链上的逆向物流体系的绿色化。绿色物流的最终目标是可持续性发展，实现该目标的准则是经济利益、社会利益和环境利益的统一。

绿色物流强调物流的共生性和资源节约性，通过物流技术进步，减少或消除物流对环境的负面影响。物流与经济发展、消费生活、环境之间，在不同的时期存在着不同的依赖关系，如图5-3所示：在经济高速发展的工业时代，物流与经济发展的关系最为密切；到了20世纪中后期，物流逐渐从产业物流向消费物流双向发展，物流涉及的领域得到扩大；而今，乃至未来，除了经济发展、消费生活的角度推动物流的深化，还必须从环保的角度促进物流管理的全方位发展。

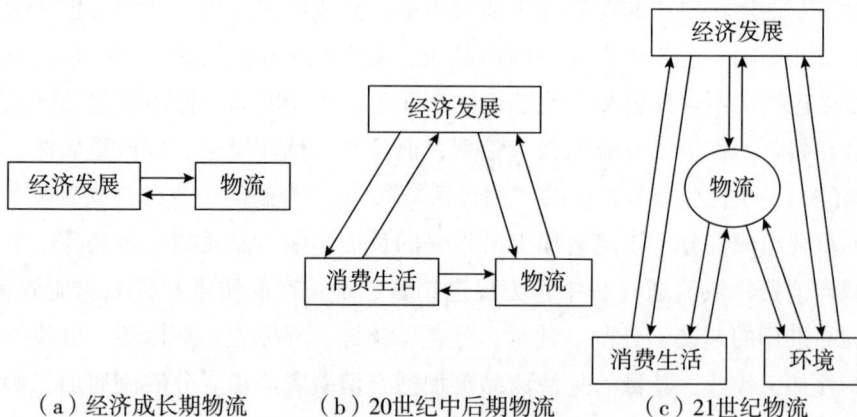

（a）经济成长期物流　　（b）20世纪中后期物流　　（c）21世纪物流

图 5 - 3　物流与环境关系

2009 年年底，中国在联合国气候变化峰会和哥本哈根气候变化大会上相续作出节能减排承诺，到 2020 年单位国内生产总值二氧化碳排放比 2005 年下降40% ～50%，并作为约束性指标纳入国民经济和社会发展中长期规划。为此，我国将大力发展绿色物流，推广高效节能技术，对物流系统目标、物流设施设备和物流组织活动进行改进与调整，实现物流系统的整体优化和对环境的最低损害。绿色物流是实现可持续发展的一个重要环节，它与清洁生产和合理消费共同组成了节约资源、保护环境的绿色循环经济系统，"清洁生产——绿色流通——合理消费"已成为可持续发展的一个基本原则。这一原则应用于现代区域物流管理之中，具体内容主要包括：①绿色运输。即使用"绿色"交通工具，如以天然气、酒精与汽油混合作为燃料的汽车以及电动运输车辆，采用排量小的货车，采用近距离配送和夜间配送的方式，以减少交通堵塞、节省燃料和降低排放对；货运网点、配送中点的设置进行合理规划和布局，通过缩短路线和降低空载率实现节能减排的目标；通过开展共同配送来提高物流效率；绿色运输还应当预防运输过程中的泄漏问题，以免对局部地区造成严重环境危害。②绿色包装。即对包装容器循环利用，发挥废旧包装的环保作用；在保证产品包装安全的前提下，尽量简化包装；认真选择包装材料，采用可降解的包装材料；产品流通过程中尽量采用重复使用的单元包装，如集装箱运输。③绿色流通加工。即进行合理的加工流程设计，选择专业化流通加工中心，变分散加工为规模化的集中加工；对包装材料进行裁剪，减少浪费，对加工中的边角料，可以作为企业内部逆向物流的一部分加以集中处理。④废弃物的回收和处理。废弃物的回收和处理是指将经济活动中失去原有使用价值的物品，根据实际需要进行收集、分类、加工、包装、搬运、储存，并分送到专门处理场所进行处理。具体分为五个环节：回收旧产品、旧产品运输、检查与处置、回收产品的修理或复原、再循环产品的销售。

（2）逆向物流

我国于2001年颁布了《中华人民共和国国家标准物流术语》，对逆向物流作了简单的界定，将逆向物流分为回收物流和废弃物物流两个部分，并分别定义如下：回收物流（returned logistics）：不合格物品的返修、退货以及周转使用的包装容器从需方返回到供方所形成的物品实体流动。废弃物物流（waste material logistics）：将经济活动中失去原有使用价值的物品，根据实际需要进行收集、分类、加工、包装、搬运、储存等，并分送到专门处理场所时所形成的物品实体流动。

以汽车制造业为例，在汽车生产直到消费的过程中，汽车制造业逆向物流主要分为生产过程逆向物流、流通过程逆向物流和消费过程逆向物流。①生产过程逆向物流主要属于企业内部返回品逆向物流，即汽车在生产制造过程中会产生许多废弃物，主要包括边角料和废弃包装物等。②流通过程逆向物流主要包括供应商将原材料、零部件运往制造商以及汽车出厂后汽车整车运输至各分销商时产生的废弃物，最典型的是运输过程中产生的包装废弃物，如木箱、台架、绑带等，这些有的可以直接回收利用，有的要进入物资大循环再生利用。③消费过程中主要的逆向物流包括汽车产品退货、故障维修、缺陷产品召回和废旧汽车回收处理。

在过去，人们对区域物流的关注只是停留在正向物流方面，对于逆向物流有了解的趋之若鹜。但面对环境污染日趋严重、资源日趋短缺的局面，人类社会在对其经济发展过程进行反思的基础上，认识到不改变长期沿用的大量消耗资源和能源来推动经济增长的传统模式，单靠一些补救的环境保护措施，是不能从根本上解决环境问题的，必须从问题的源头加以控制。据2010年环境保护部、国家统计局、农业部联合发布的《第一次全国污染源普查公报》显示全国工业固体废物产生总量38.52亿吨，综合利用量18.04亿吨，

处置量 4.41 亿吨；主要污染物排放总量：化学需氧量 3028.96 万吨，氨氮 172.91 万吨，石油类 78.21 万吨，重金属（镉、铬、砷、汞、铅）0.09 万吨，总磷 42.32 万吨，总氮 472.89 万吨；二氧化硫 2320.00 万吨，烟尘 1166.64 万吨，氮氧化物 1797.70 万吨。目前我国尚有大量的电子废物急需处理，以实现回收利用。全球金属统计局（World Bureau of Metal Statistics, WBMS）资料显示 2007 年 1～12 月全球铜市供给量较需求量短缺 16.1 万吨，铅短缺 18.1 万吨。因此，随着人们环保意识的日渐增强，为了改善企业的环境行为，提高企业在公众中的形象，许多企业开始采取逆向物流战略，加强企业对其废弃物以及回收产品的管理，以提高资源的利用率，减少产品对环境的污染及对资源的消耗。例如，上海大众、重庆长安等我国知名汽车制造企业都已成功实施售后服务条码系统项目以加强其逆向物流管理；2007 年 3 月，广州本田汽车有限公司对部分奥德赛、飞度、雅阁汽车实施召回，其中包括近 42 万辆雅阁汽车，成为迄今我国规模最大的汽车召回事件。

面对资源紧缺、环境保护的双重压力，各国政府纷纷推行可持续发展战略，制定废弃物处理法规及产品回收处理政策，促使企业以循环使用资源的理念替代过去"一次使用资源"的观念。美国于 1966 年制定《国家交通与机动车安全法》，明确规定了汽车制造商召回缺陷汽车的义务，开创了全球缺陷产品召回制度的先河。德国是欧洲最早实施废弃产品回收立法的国家，1991 年德国政府颁布的《包装废弃物处理法》以立法的方式明确命令产品生产及销售者负责回收包装废弃物；随后 1993 年又通过了新的垃圾管理条例，按照新的法规要求，电子产业、汽车制造业等必须承担自己产品使用废弃后的回收、再利用责任。2000 年 9 月，欧盟颁布了报废汽车（ELV）指令，该指令建立了报废汽车管理中的生产者责任，提出了更高的回收利用要求并号召逐渐减少某些重金属的使用，根据指令要求，到 2015 年所有废弃车辆中的 90% 必须被回收、再利用；法律还规定了汽车不可回收材料含量的目标，规定在 2015 年使车辆垃圾掩埋部分降低到 5%。2003 年 2 月欧盟又颁布了《废弃电子电器设备指令》和《电子电器设备中限制使用某些有害物质指令》，规定从 2005 年 8 月 13 日起，生产者负责回收处理废旧电子电器设备。日本于 2001 年 4 月开始实施《推进建立循环型社会基本法》《有效利用资源促进法》《家用电器再利用法》，实现资源的循环再利用。我国于 2003 年出台并开始实施《电子垃圾回收利用法草案》，明确规定制造商有义务对废旧产品回收再处理，其他相关法规和条例也陆续出台；2004 年 3 月 15 日，我国正式颁布了《缺陷汽车产品召回管理规定》，加强对缺陷汽车产品召回事项的管理；2006 年，国家发展和改革委员会、科学技术部、国家环境保护总局联合制定发布了《汽车产品回收利用技术政策》公告，该政策要求自 2010 年起所有国产及进口汽车的可回收利用率达到 85% 左右，其中材料的再利用率不低于 80，力争在 2017 年左右使我国生产、销售的汽车整车产品的可回收利用率与国际先进水平同步。这一系列环保法规的出台有效推动了企业对其所制造产品的整个生命周期负责，进一步推动了逆向物流的产生与发展。

2. 电子商务环境下的区域物流发展模式

区域物流作为高新技术改造与整合传统产业而形成的新兴产业，正在全球范围迅速蔓延，尤其是在以电子商务为代表的全新的商业运作模式影响下，物流业也被提升到前所未有的高度，由传统物流向电子物流模式发展。

（1）电子商务的概念

电子商务是随着科学技术的发展，主要是以电子技术、通信技术及网络信息技术的不断进步而产生的一种新型交易方式。在该交易方式下，人们利用计算机技术、网络技术和远程通信技术等信息化手段，实现整个商务买卖过程中的电子化、数字化和网络化。人们不再是面对面、看着实实在在的货物，靠纸质单据或现金进行交易，而是通过网络，通过网上琳琅满目的商品信息、完善的物流配送系统和方便安全的资金结算系统进行交易。"电子商务"、"网上购物"似乎已成为一种时尚的代名词，不同国籍、地域的顾客足不出户，只要轻点鼠标就可买到自己所需要的商品。据 2011 年 1 月 19 日，中国互联网络信息中心（CNNIC）发布了《第 27 次中国互联网络发展状况统计报告》显示，截至 2010 年 12 月底，我国网民规模达到 4.57 亿，网络购物用户年增长 48.6%，电子商务类应用成为我国互联网经济发展最快、最迅速的主力军。据中国电子商务研究中心监测数据显示，截至 2010 年 12 月，我国行业电子商务服务企业达 9200 家，2012 年，我国行业电子商务网站数量增加到 13500 家（见图 5-4）。

按照经济活动的类别，电子商务可以分为三大类：①企业间的电子商务

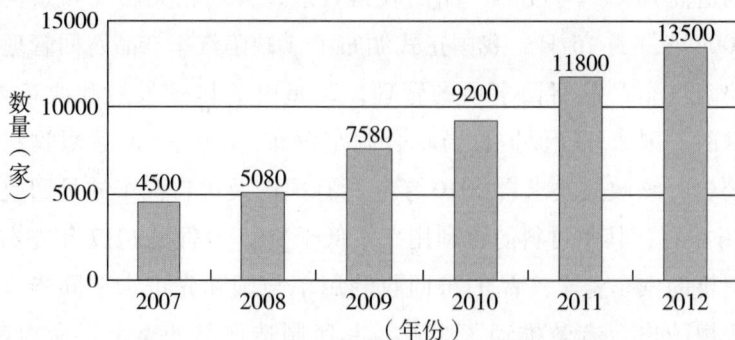

图 5 - 4　2007—2012 年中国电子商务企业规模

（Business to Business，B2B），即企业与企业之间，通过网络进行产品或者服务的经营活动。例如神州数码公司通过 e - bridge 网站为代理商提供 IT 产品，企业通过阿里巴巴网站向其他企业销售或者采购商品都属于 B2B 类电子商务。②企业与消费者之间的电子商务（Business to Customer，B2C），即企业通过网络为消费者提供产品或服务的经营活动。例如，卓越网为个人消费者提供图书、光盘等产品。③消费者与消费者之间的电子商务活动（Customer to Customer，C2C），即个人消费者通过网络平台为其他消费者提供产品或服务的经营方式。例如，许多消费者通过易趣网或淘宝的"跳蚤市场"进行二手商品交易。

电子商务因为其开放性、全球性、低成本、高效率的特点，吸引了各级政府部门、企业界和消费者以不同的形式介入到电子商务活动之中，它不但改变了企业本身的生产、经营、管理活动，也推动了区域物流向电子物流方向的发展。

（2）电子物流

对于电子物流目前尚无统一的定义，普遍认为，电子物流即电子商务物流，或者说是支持电子商务的物流和物流的电子化。它是物流服务活动的电子化、网络化和自动化，是信息流、资金流、物流服务三者的统一。电子物流所实现的是物流组织方式、交易方式、管理方式、服务方式的电子化、集成化，它通过互联网加强了企业内部、企业与供应商、企业与消费者、企业与政府部门的相互联系与沟通、相互协调与合作。

电子物流模式在功能与作业流程上与传统物流并无区别，但是由于电子物流技术和管理理念上的先进性，使物流增值服务功能发挥得更好，呈现出以下特点：

第一，消费者分布更为广泛。作为电子商务最大信息载体的因特网的物理分布范围正在迅速扩展，因此，电子商务的客户在地理分布上也是分散的，这对物流系统的建设就提出了更高的要求。

第二，物流对象品种更加多样化。电子商务所销售的商品多种多样，不仅包括企业间大批量的货物贸易，也包括个人消费者所购买的图书音像、文体用品、食品、美容护肤、母婴玩具、服装配饰、手机数码、电脑、家电、家居卫浴、汽车用品等商品，商品种类的多样化增加了物流组织的难度。

第三，物流时效性要求更强。在电子商务环境下，由于网络信息具有即时性、传播速度快的特点，企业与顾客之间的距离感被逐渐弱化，买卖双方达成交易和付款能够通过网络很快完成。因此，电子物流必须具有良好的时效性，保证货物能够快速地送达购买者手中。

第四，物流成本更高。电子物流中流通的产品多具有多品种、小批量、多批次、短周期的特点，尤其是在 B2C 电子商务模式之下，这样很难形成物流的规模效应，因此物流成本较高。

第五，库存控制难度加大。传统上的库存控制模型和策略是根据历史数据、实时数据进行分析，依照一定的预测模型得到未来的需求，从而进行库存控制。但在电子商务中，交易是随时随地发生的，经营者很难准确预测某种商品的销售量。因此电子物流的库存控制会比店铺销售更加复杂。

电子物流与传统物流在服务、管理与技术上的主要区别如表 5－2 所示。

表 5－2　　　　　　　　　电子物流与传统物流的区别

	传统物流	电子物流
服务	物流基础设施落后，服务能力较低 物流企业以提供单项或多项物流服务为主 有限地区、部门的物流工程服务 以推动型供应链为主	物流基础设施先进，服务能力强 物流企业以提供综合服务为主 可实现跨部门、跨地区的物流工程服务 以拉动型供应链为主

	传统物流	电子物流
管理	各物流要素相对独立，条块分割管理体系 单项物流管理 商流与物流合一，以第一、第二方物流为主 物流服务交易以市场契约、企业契约为主 物权决定控制权	物流要素集成，产业协调联动管理体制 综合物流管理，供应链全面控制 以第三方物流、第四方物流为主 物流服务交易以物流联盟为主 物流知识决定控制权
技术	物理功能技术以半机械、半手工作业为主 无外部网络信息整合及 EDI 联系 技术分散 有限的信息技术	物流功能技术机械化、自动化程度高 实时网络信息整合系统，广泛使用 EDI 大量采用综合物流技术 应用 GPS、RF、GIS 等先进信息技术

电子物流的发展模式主要有以下两种：一种是定位在电子物流信息市场以 Internet 为媒体建立的新型信息系统。它将企业或货主的物流信息及运输公司可调运的车辆信息上网确认后，双方签订运输合同。即货主将要运输货物的种类、数量及目的地等发布到网上，运输公司将其现有车辆的位置及可承载运输任务的车辆信息通过 Internet 提供给货主，依据这些信息，双方签订运输合同。其主要功能有：信息查询、发布、竞标、货物保险、物流跟踪等。例如，美国国家运输交易市场 www. Net. net，就是一个电子化的运输市场，它利用 Internet 技术，为货主、第三方物流公司、运输商提供一个可委托交易的网络平台。另一种是定位在为专业物流企业提供供应链管理的电子物流系统，它的特点是利用电子化的手段完成物流全过程的协调、控制和管理，实现从网络前端到最终客户端的所有中间过程服务。该模式下，全面应用了客户关系管理、商业智能、GIS、GPS 等先进信息技术手段，以及配送优化调度、动态监控、智能交通和仓储优化等物流管理技术，从而为企业建立敏捷供应链系统提高了强大的技术支持。目前国际上许多著名的专业物流企业都不同程度地应用了这类电子物流系统，如美国联邦快递（FedEx），通过电子物流，FedEx 根据客户规模的大小提供不同个性化解决方案，加强了市场的伸缩性。

3. 横向一体化下区域物流发展模式

20世纪40~60年代，我国大部分企业都是采用"纵向一体化"的经营模式，且效果较好，这一时期的管理思想是"大而全、小而全"，企业将所有的经营过程及资源都紧紧地握在自己手中。而随着全球经济的开放与发展，到了20世纪90年代，传统的管理思想的弊端逐渐显现出来，不仅会增加企业的投资负担和容易丧失市场机会，而且由于所涉及的业务活动过多，无形之中增加了竞争对手数量，同时也使企业无法专注于核心业务，丧失市场竞争力。由此看来，"大而全、小而全"的管理思想已经不适应现在的市场竞争环境，"纵向一体化"的经营模式急需改变，"横向一体化"的经营方式就在这样的背景之下被引入我国，而供应链管理思想就是"横向一体化"管理思想中最典型的代表。供应链管理思想的推广可以降低企业物流成本、缩短物流时间、提高物流效率、加快资金的周转，并能使企业专注于自己的核心业务，增强市场竞争力。据统计，企业供应链的低效运作会直接导致25%的资金浪费。如果利润率是3%~4%，若供应链的浪费减少5%，就会使企业的利润增加一倍。美国著名供应链专家克里斯夫（M. Christopher）也曾提出："21世纪的竞争不再是企业与企业之间的竞争，而是供应链与供应链之间的竞争，市场上只有供应链而没有企业。"在这一思想的指引下，我国物流企业引进了许多先进的物流管理与生产方式，为区域物流的发展做出了根本性的改变。

（1）供应链一体化发展模式

中国《物流术语》国家标准对供应链是这样定义的："供应链，即生产与流通过程中涉及将产品或服务提供给最终用户活动的上游与下游企业，所形成的网链结构。供应链管理，即利用计算机网络技术全面规划供应链中的商流、物流、信息流、资金流等，并进行计划、组织、协调与控制。"由此可见，供应链是围绕核心企业，通过对信息流、物流、资金流的控制，从采购原材料开始，制成中间产品以及最终产品，最后由销售网络把产品送到消费者手中的将供应商、制造商、分销商、零售商、直到最终用户连成一个整体的功能网络结构模式。

在现代社会中没有哪一家企业能够自给自足，每一个企业都会作为供应商和顾客的角色参与经济活动，成为供应链中的一个节点。如果供应链中的

某个企业以物流作为发展战略要素，该企业会主动成为供应链的核心企业或领导企业，在一定范围内将供应链中相关客户、供应商和企业联结起来，将各项物流功能整合进实物配送、制造支持、购买获取，在服务水平、效率、成本与效益方面做出恰当的物流功能定位，实现供应链一体化运营管理，建立企业物流系统，这一过程可以称为"供应链一体化发展模式"。供应链一体化发展模式是随着经济的全球化，以及跨国集团的兴起，企业产品生产的"纵向一体化"运作模式逐渐被"横向一体化"所代替这些大环境下所产生，具体可分为三个层次：后向一体化，即生产制造企业向后控制供应商，使供应和生产一体化，实现供产结合；横向一体化，即指兼并或控制竞争对手的同类产品的企业；前向一体化，指企业向前控制分销系统，如批发商、代理商、零售商，实现产销结合。供应链一体化发展模式图如图 5-5 所示。

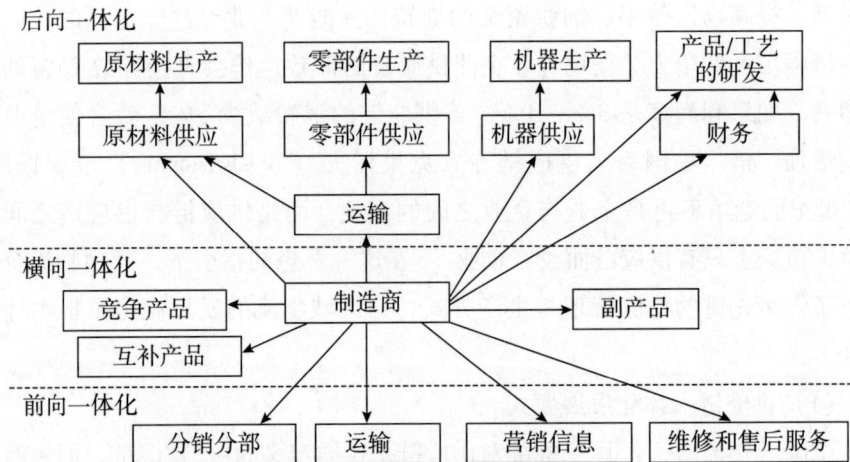

图 5-5　供应链一体化发展模式

不同产品的物流过程不但在空间上是矛盾的，而且在时间上也是矛盾的，要解决这些矛盾和差异，必须依靠掌握大量物流需求和物流供应能力信息的信息中心，因此，物流信息技术的发展为实现"供应链一体化"提供了可能。在"供应链一体化"发展模式下，区域物流的整合性逐步展现，物流业通过打破运输独立于生产环节以外的传统界限，以供应链概念为指导，对企业供销实行计划和控制，连接社会经济活动中各个部分，并借助于信息技术等先进物流技术，统一物流、资金流、信息流，实现系统的整合与优化。如图 5-5 所示，供应链一体化发展模式通常是围绕一个核心企业（不管这个企业是生产企业还是商贸企业）的一种或多种产品，形成上游与下游企业的战略联盟与合作而获得规模经济效益和物流效率。以物流运输为例，它把传统运输方式下相互独立的海、陆、空的各个运输手段按照科学、合理的流程组织起来，不同的企业可以用同样的装运方式进行不同类型商品的联合运输，从而使客户获得最佳的运输路线、最短的运输时间、最高的运输效率、最安全的运输保障和最低的运输成本。这些上游与下游企业涉及供应商、生产商与分销商，在这些企业之间，商流、物流、信息流、资金流形成一体化运作，这样就构成了供应链的一体化运作。

供应链一体化的发展模式是对企业纵向一体化运作模式的扬弃，它对区域物流的市场竞争格局有着重大影响，我们从三个方面分析：①对竞争主体的影响。在传统的物流活动中，因为物流活动仍然停留在物业内部的某一个环节或者部门内的时候，而这种相互竞争的主体是在工商企业之间展开的。随着物流信息技术、物流装备技术、物流交通运输技术等物流硬技术的发展和新的物流组织形式的出现，物流的竞争主体开始转到物流企业之间，特别是第三方物流企业之间、第四方物流企业之间。而随着供应链一体化发展模式的出现，企业之间的竞争正逐步被供应链之间的竞争所代替。②对竞争范围的影响。从竞争的范围上来看，过去传统的物流活动往往是表现在仓储环节上、运输环节上或者包装环节上这样一些单独的环节上，工商企业往往非常关注这些单一环节的管理水平和管理效率的提高。但是随着物流管理技术和思想的发展，在供应链管理思想形成以后，这种竞争不再停留在单一的环节上，而是通过现代信息和通信技术，整个供应链所有参与者可以共享信息，使得整个物流活动从生产者到最终消费者的过程变成了一个透明的管道，所有的参与者都能够根据充分的信息来进行合理的分工和市场定位，把整个物流过程（供应链的过程）的管理效率和管理水平的提高就成为竞争的主要焦点。所以，在信息技术发展以后，物流竞争已经从环节的竞争转到物流供应链的整个过程的竞争。③对竞争手段方面的影响。在运输技术、仓储技术、包装技术还比较落后时期，物流竞争主要表现在物流设施上的竞争。比如在20世纪80年代早期，很多国际上的物流活动都是在自动化仓库、多式联运这样一些物流技术的提高上来提高自身的效率，这就是在信息技术不发达的情况下，物流的很多技术手段是停留在设施能力的提高和设施水平的提高上。而现在，运输技术、仓储技术发展到一个稳定的高度，但随着信息技术的发

展，特别是供应链形成以后，更重要的不是单一物流企业设施水平的提高，而是通过信息技术可以把整个供应链的资源整合到一起，来提高整体的运作效率。也就是说，信息处理的能力以及信息管理的能力决定了整个供应链对市场的反应能力，决定了对顾客提供高效率高水平服务的能力。

（2）核心物流能力发展模式

核心物流能力发展模式，就是指物流企业依靠核心物流能力，开拓增值服务，发展第三方、第四方物流系统。所谓第三方物流，是指执行某个企业全部或者部分物流职能的外部物流服务提供商，以其规模化和专业化的优势降低物流成本并提升物流效率。第四方物流是一个供应链的集成商，是供需双方即第三方物流的领导力量，它帮助企业降低成本和有效整合资源，并依靠优秀的第三方物流供应商、技术供应商、管理咨询以及其他增值服务商，为客户提供独特和广泛的供应链解决方案。

随着现代物流逐步进入"供应链管理阶段"，区域物流所要解决的不是单个企业的问题，而是涉及从原材料提供，经过制造商、流通经营者直至最终用户、消费者的一个作为供应链整体的系统。这一强调协调与合作的新型管理理念，既增加了物流活动的复杂性又对物流活动提出了零库存、准时制、快速反应等更高的要求，这就要求供应链上的企业要充分共享信息，并将更多的精力集中于本企业的核心部分，这样非核心的物流业务就需要外包给专业化的物流企业来完成，这就要求第三方及第四方物流企业要更多地参与到物流运作之中。

核心物流能力发展模式，一方面迎合了个性需求企业间专业合作不断变化的要求，另一方面实现了物流资源的整合，提高了物流服务质量，加强了对供应链的全面控制和协调，促进供应链达到整体最佳效果。根据国家发改委和南开大学现代物流研究中心于 2010 年 1～4 月对我国工商企业物流业务外包的总体情况的调查，近年来我国开展物流外包业务的工商企业比例逐年上升，2009 年达到 61.2%，比 2008 年增加了 3.56 个百分点，比 2006 年增加了 24.2 个百分点，且自 2006 年以来年均增长率达 12.8%，如图 5-6 所示。2009 年工商企业物流外包比例主要集中于 50%～80% 和 80% 以上，比例分别为 29.8% 和 41.1%；外包比例在 50% 以下的为 29.1%，较 2008 年下降了 3.9 个百分点，如表 5-3 所示。物流外包比例增加，表明第三方物流在供应链中的作用日趋重要。

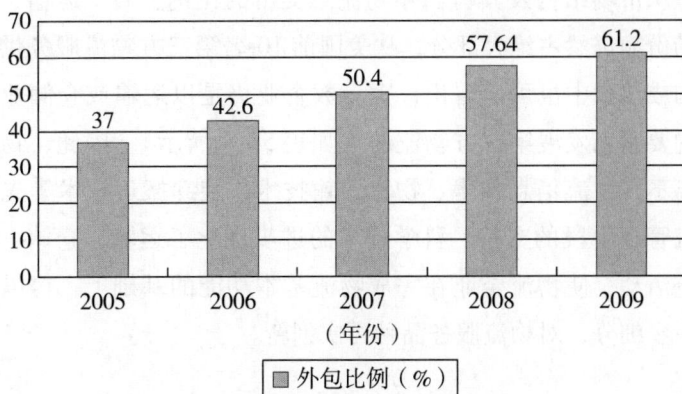

图 5 - 6 工商企业采用物流业务外包的比例

表 5 - 3　　　　　　　企业外包物流业务量占企业总物流量的比例　　　　　　（单位:%）

类　别	比　例			
	2006 年	2007 年	2008 年	2009 年
10% 及以下	13.3	11	9.9	9.1
11% ~ 30%	15.8	17.1	12.3	10.8
31% ~ 50%	9.7	7.3	10.8	9.2
51% ~ 80%	19.7	20.5	21.7	29.8
80% 以上	41.5	44.1	45.3	41.1
均　值	57.86	59.91	62.14	62.66

资料来源:南开大学现代物流研究中心,中国现代物流发展报告（2010）,北京:中国物资出版社,2010。

　　核心物流能力发展模式,是以合同服务为特征的第三方物流和以知识为特征的专业化物流组织方式如第四方物流为主导的区域物流发展模式,在该模式下,物流服务的根本目的是为了满足顾客的个性化需求,并且更加注重与客户的互动,在实施专业物流服务的过程中不断解决新问题、满足新需求,在服务流程、服务网络、服务组织等多方面去改变或者改进原有服务,通过增值服务去激发和满足客户的物流需求。增值服务的起点就是各种物流服务的基本功能,特别是运输、仓储、信息集成、存货管理、订单处理、物流采购等核心功能最能成为增值服务延伸的起点。全球发达国家的第三方物流增

长很快，但从市场结构及其占当年物流总支出的比例上看，运输、仓储等传统物流市场份额仍然占绝大部分，从美国前 10 名第三方物流服务供应商的核心竞争力构成要素中也可以看出，大多数企业仍是以运输或仓储业务作为核心竞争力的要素来发展第三方物流的（如表 5 - 4 所示）。因此，物流增值服务的展开离不开物流信息技术、物流运输技术、装卸搬运技术等先进物流技术以及物流管理手段的支持。科学技术的进步优化了运输、仓储、信息集成等基础物流活动，使物流企业在完成物流基本功能的基础上，得以对顾客需求进行进一步细分，对物流服务品种再次创新。

表 5 - 4　　　美国前 10 名第三方物流服务供应商核心竞争力构成要素

名次	企业名称	营业净收入（亿美元）	核心竞争力构成要素
1	Danzas/AEI	36.24	海、空、陆运输；海关经纪
2	Ryder	17.28	专向合同运输；供应链管理
3	Exel Americas	15.5	仓储、货运；物流方案设计；货代
4	Penske Logistics	10.6	专项合同运输；配送中心管理
5	Schneider Dedicated	10.35	专向合同运输
6	North Americas	8.45	运输、仓储、信息系统
7	UPS Logistics	8.15	全球供应链设计和管理
8	T&B	7.66	运输、仓储
9	EGL	7.2	客户定制化的运输服务
10	APL	7.14	一体化供应链解决方案设计

资料来源：中国物流年鉴 2002，北京：中国物资出版社，2002。

5.3　科技进步对江西省区域物流发展的影响

5.3.1　江西省区域物流发展现状

自 20 世纪 90 年代以来，全球产业结构正在逐步向服务业倾斜，服务业凭借其在国民经济中的特殊作用与贡献，逐步成为支撑全球经济发展的支柱，也是全球各行各业中经济增长最快的一个产业。据国际统计数据表明：全球服务业总体规模占 GDP 的 68%，超过 28 万亿美元，发达国家服务业占 GDP 的比重达到 71%，部分地区甚至可达到 90% 以上，发展中国家这一比重也接近 52%，不发达国家为 41%。可见，大力发展服务业是各国发展其经济的重要手段。而在服务业中，现代区域物流在其中又占据了主导地位。世界区域物流正以 20%～30% 的速度不断增长，利润超过 50%。区域物流虽然属于第三产业，但它也贯穿于第一、第二产业之中，尤其是对于工业的发展。可以说，区域物流是现代经济发展的基础与动脉，可以用它来衡量一个国家或地区经济发展水平。

区域物流发展的前沿处于一些发达国家，例如：美国、西欧、日本和韩国等国家。在美国，区域物流规模是高技术产业的两倍，高达 9000 亿美元，占美国 GDP 的 10% 以上。在中国，区域物流起步较慢，但它作为一个新兴产业也正在迅速崛起，成为我国新的经济增长点。2008 年我国遭遇次贷危机，在这样的冲击之下，我国区域物流仍然能够止跌企稳、加快回升，有力地支撑了国民经济的平稳较快的发展。2009 年，我国社会物流总额为 96.65 万亿元，同比增长 7.4%，与 GDP 的比率为 18.1%，同比持平。其中，运输费用 3.36 万亿元，同比增长 7%，占社会物流总费用的比重为 55.3%，同比下降 0.1%；保管费用 2 万亿元，同比增长 7.5%，占社会物流总费用的比重为 32.8%，同比提高 0.1%；管理费用 0.72 万亿元，同比增长 7.4%，占社会物流总费用的比重为 11.9%，同比持平。据国家发改委公布了《2010 年上半年交通运输情况》中数据显示，2010 年上半年，全社会货运量 150.03 亿吨，同比增长 15.5%，增幅同比提高 13%。公路货运量 114.54 亿吨，增长 15.5%，提高 11.8%。水运货运量 17.48 亿吨，增长 16.7%，提高 14.9%。总体来看，2010 年上半年，货运量全面超过金融危机前水平，客运保持较快增长。

从地理位置上来看，江西位于长江中下游南岸，东邻浙江、福建，南连广东，西接湖南，北毗湖北、安徽，与武汉、南京、上海、深圳、港澳等中心城市相邻近。也就是说，江西处在长江三角洲、珠江三角洲、闽东南三角区这三个最具活力、最富饶的核心区的辐射交叉点上，是上海、浙江、江苏、广东、福建等四省一市的共同腹地。这样的区域优势为江西省区域物流的发展提供有利条件，近年来，江西区域物流也确实是朝着所期望的方向不断前进。

从物流需求来看，江西省第一、第二、第三产业的快速发展促进了对物流服务的需求。2008 年，江西省各种运输方式的货运总量为 43011 万吨，比 2007 年增长 7.4%。各种运输方式的货运量和增长率分别为：铁路 - 5389 万吨、与 2007 年相比下降 3.8%、与 2006 年相比增长 12.2%；公路 -32949 万吨、与 2007 年相比增长 9.7%；水运 -4671 万吨、比 2007 年增长 6%。2008—2009 年我国受到了次贷危机的影响，但整体来说江西省区域物流发展平稳。2009 年，江西省社会物流总额达 20133 亿元，比 2008 年增长 9.6%，但低于同期全省 GDP 的增长速度 13.1%，这说明江西省区域物流还有比较大的发展空间。全省社会物流总费用为 1478 亿元，同比增长 5.6%。社会物流总费用与 GDP 的比率为 19.5%，比 2008 年提高 0.8 个百分点。全省区域物流增加值为 502 亿元，现价同比增长 5.18%；区域物流增加值占第三产业增加值的 19.3%；区域物流增加值占全省 GDP 的 6.6%，与 2008 年相比增长 0.4%。全省物流相关行业的固定资产投资增长较快，达到 453 亿元，同比增长接近 40%。交通运输业在江西省区域物流中所占比例超过 60%，2009 年经济增长稳步上升，南昌铁路局 2009 年上半年货运量增长超过 9%，但 6 月下降了 3.2%，主要是由于天气原因造成铁路停运而导致的。九江港货物吞吐量同比增长高达 40% 以上，主要是煤炭和钢材吞吐量增长较大，分别达到 105.5%、107.5%，均为 2008 年同期的两倍多。其中，南昌铁路局上半年完成货运量 4488 万吨，同比增长 9.2%。九江港务公司上半年完成货物吞吐量 432 万吨。中铁集装箱南昌分公司（江西省境内运量）上半年完成 34082TEU，同比增长 6.3%。江西远洋内支线上半年完成 16640TEU，同比增长 16%。九江港务公司上半年完成 54775TEU。

基础设施是区域物流发展的物质基础，近年来，江西省不断加大物流基础设施的建设，例如，交通基础设施中由公路、铁路、水运、民航组成的物流运输基础设施体系已趋于完备。同时，物流信息平台的建设、互联网的运用都在区域物流中逐步展开，物流信息化发展速度明显加快。此外，物流企业的数量也在逐渐增多，部分企业已经成功的从单一的运输、仓储企业转变为现代化物流企业。

从总体来看，江西省区域物流的发展还处于起步阶段，虽然其地理位置为发展区域物流带来了比较大的优势，而且近年来物流需求、基础设施的建设都取得了较大的进步。但江西省区域物流的发展还存在许多弊端，例如物流人才的缺乏、物流技术的落后，我们需要对此有个清晰的认识。

5.3.2 江西省科技进步发展现状

2008 年，江西省科技活动人员总计 72679 人，与 2007 年相比增长 0.04%，其中科学家、工程师人数为 48004 人。企事业单位中，交通运输、仓储和邮政业专业技术人员为 14171 人，批发与零售业专业技术人员为 5138 人。研究与试验发展（R&D）经费支出总计 726387 万元，占 GDP 总量的 1.12%。而全中国 2008 年 R&D 经费支出与 GDP 的比例为 1.47%，江西省低于全国平均水平。为了更好的了解江西省科技进步的发展水平，我们将 2008—2009 年江西科技进步状况与全国 31 个省、市、自治区的情况做一个比较，如图 5 - 7、图 5 - 8、图 5 - 9 所示。

图 5 - 7 中显示的是 2009 年与 2008 年全国各地区综合科技进步水平指数的排序。全国综合科技进步水平指数为 56.99%，略高于 2008 年的 54.40%。而 2008 和 2009 年江西省的该项指标分别为 36.58% 和 37.68%，远低于全国平均水平，在全国 31 个省、市、自治区中排在第 27 位，2009 年与排在第一位的上海的 78.8% 相差甚远。可见，江西省科技进步的综合水平比较低。

从科技活动投入来看，2009 年江西省科技活动投入指数为 38.25%，仍低于全国平均水平的 55.13%，排名从 2008 年的 20 位上升至第 19 位。说明江西省科技投入有所提高，但与发达地区相比还有一定的距离。

从图 5 - 9 中看出，2009 年江西省科技活动产出指数为 20.15%，低于全国水平的 56.47%，排位从 2008 年的 28 位上升至 2009 年的 27 位，变化不大。与图 5 - 8 相比，科技产出与科技投入的排名不相符合，说明科技的投入没有很好的转化为产出，效率较低。

根据以上三个图的显示，2008—2009 年江西省科技进步的投入与产出都有所进步，但与发达地区相比，江西省总体科技水平还比较落后，这也间接反映出，江西省物流技术投入与产出的不足。而区域物流又是一个与科技进步紧密相连的产业。这说明，目前江西省在快速发展区域物流时并没有充分利用物流科技，人们的物流科技意识还不强。

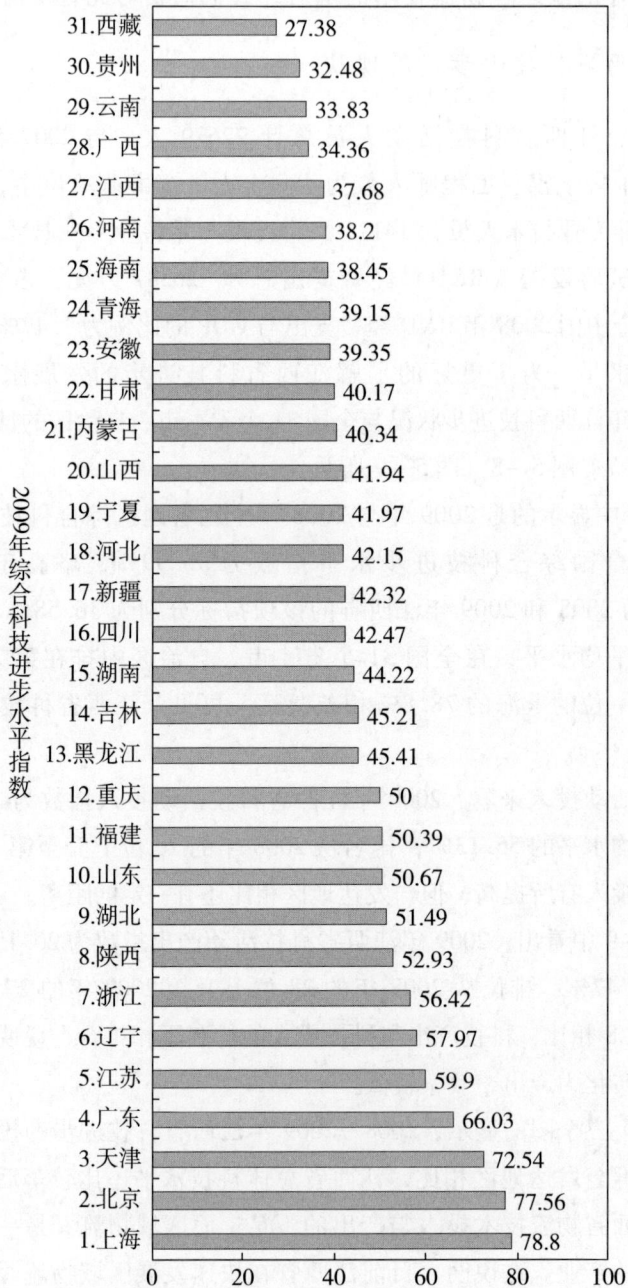

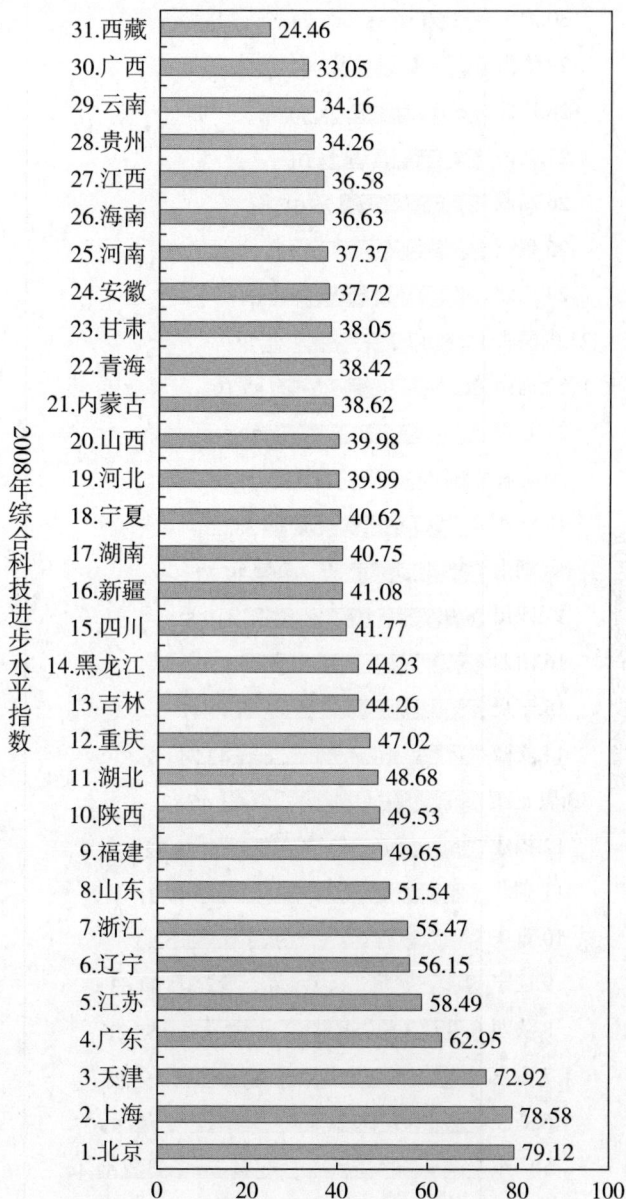

图 5-7 各地区综合科技进步水平指数排序图

资料来源：中国科技部 2009 年全国及各地区科技进步统计监测结果。

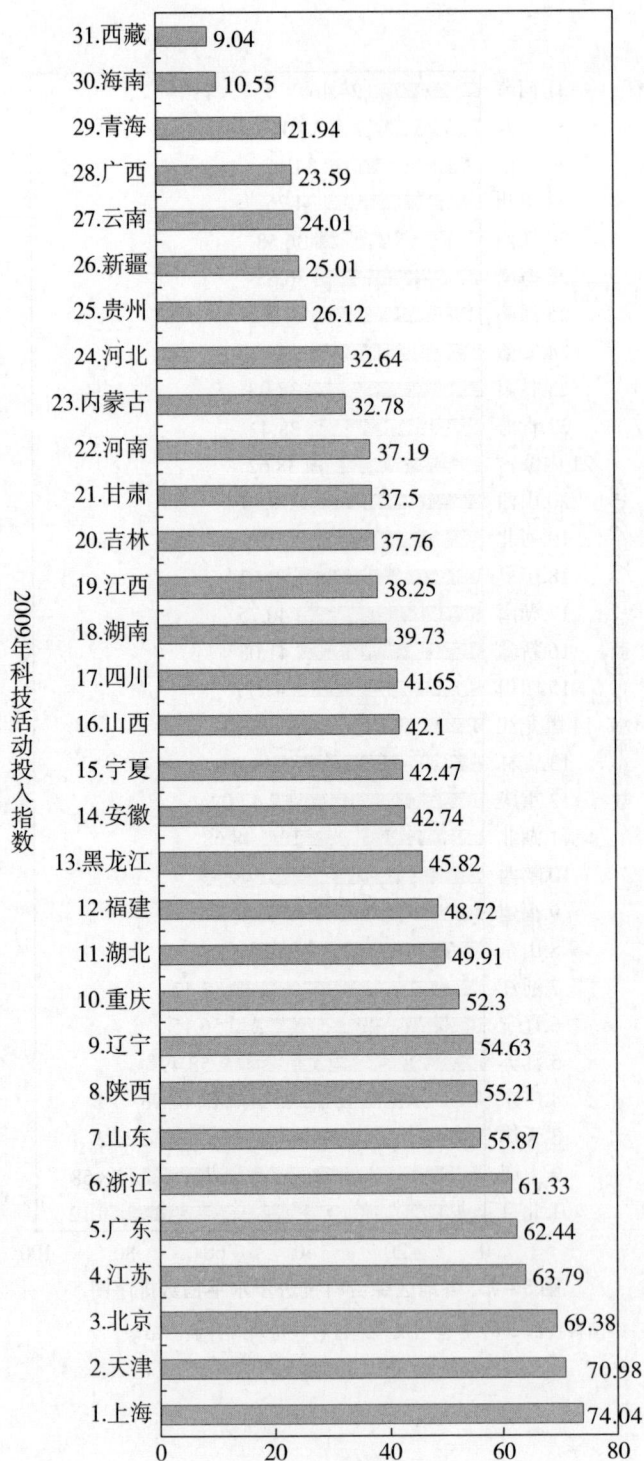

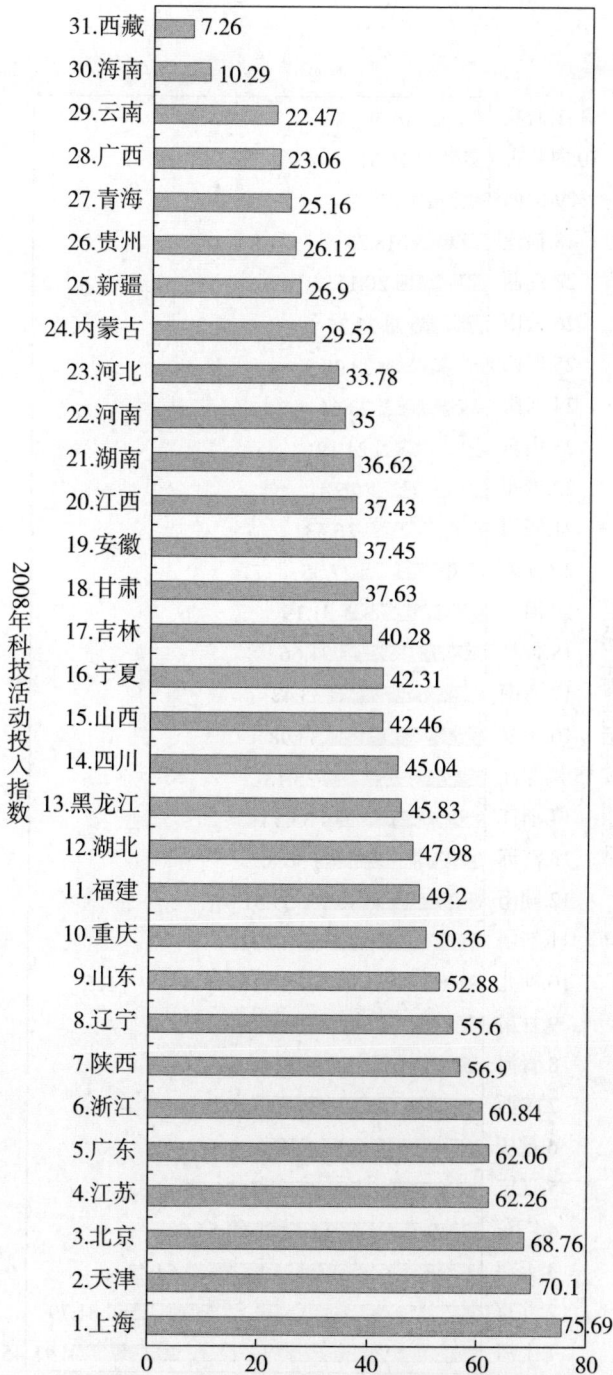

图 5-8　各地区科技活动投入指数排序图

资料来源：中国科技部 2009 年全国及各地区科技进步统计监测结果。

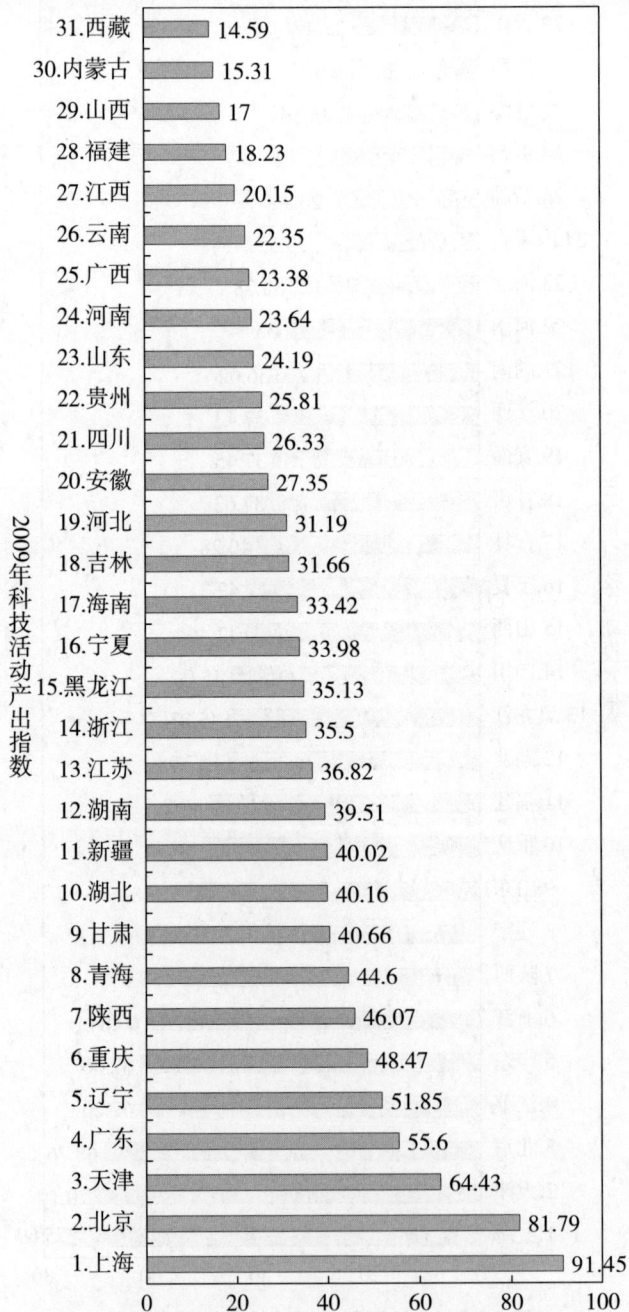

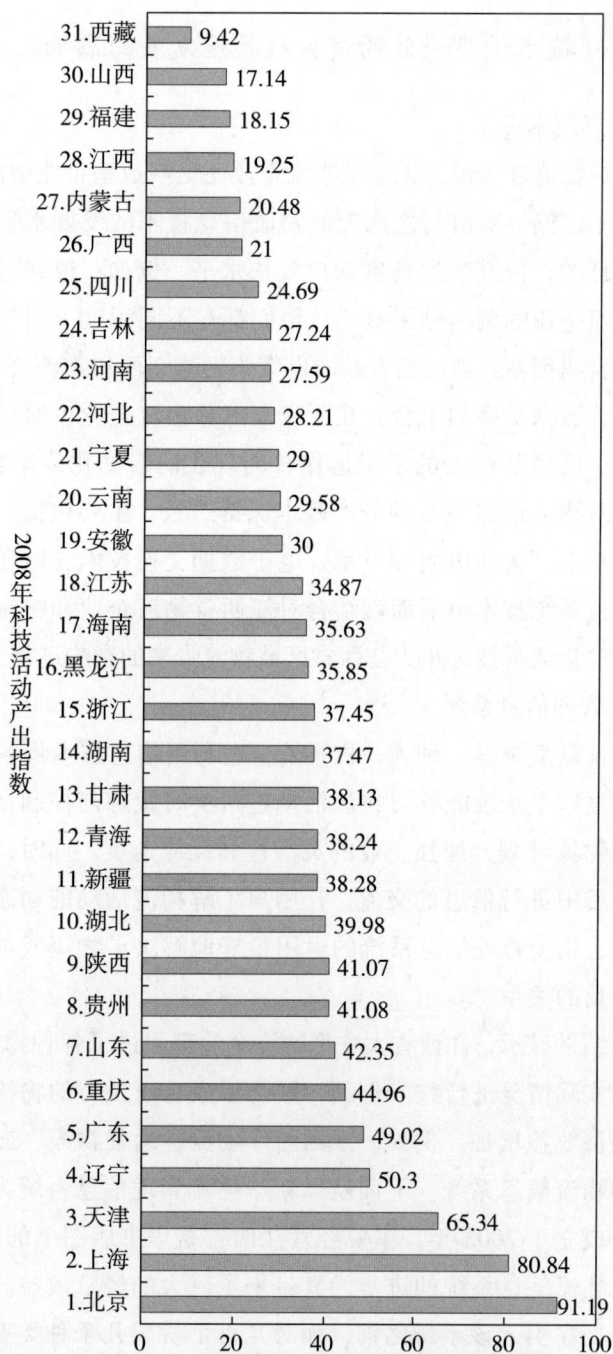

图5-9　各地区科技活动产出指数排序图

资料来源：中国科技部2009年全国及各地区科技进步统计监测结果。

5.3.3 物流硬技术进步对江西省区域物流发展的影响

1. 物流信息技术进步

江西省区域物流起步慢，无论是物流企业还是制造型企业中的物流活动，其发展程度还不成熟，所以与之匹配的物流信息技术的发展水平与发达地区相比还是比较低的，但其发展速度保持较快水平。例如：根据对江西省多家不同类型的物流企业的调研结果显示，他们都在不同程度上引进了各种信息技术，并进行自我创新。而江西省政府也带头创建江西省物流公共信息平台，为人们提供物流数据交换的平台。江西省大部分物流企业也通过引进适当的物流信息技术，已经从过去的手工运作转向现在的自动化或半自动化运作。目前，各学者对物流信息技术的分类基本保持一致，主要包括：物流管理信息系统、条码技术、无线电射频技术、电子数据交换技术、地理信息系统技术以及全球定位系统技术。下面就结合对江西省物流企业和物流部门的调研情况分别对这些物流科技进步为江西省区域物流带来的影响进行分析。

（1）物流管理信息系统

物流管理信息系统是一种人—机系统，它利用信息技术将各种物流活动集成起来。通过这个系统能够对物流活动进行实时跟踪与控制，可以从全局的角度来考虑物流计划，加强企业的灵活性和反应速度。同时，企业可以与用户在这个系统中进行信息的交流，让用户了解物流活动的动态，提高其满意度。可以说，物流管理信息系统的运用很好地解决了物流成本与客户服务之间的效益背反的关系。

根据调研结果显示，江西省大中型物流企业都引进了各种物流管理系统，并根据自身的实际情况进行技术创新，最终形成自己独特的物流管理信息系统，使企业经济效益增加。例如，江西新华物流、远程物流、交远物流都拥有自己开发的物流信息系统。下面就以新华物流管理信息系统为例。江西省新华物流中心成立于2003年，主要经营江西省新华书店图书的配送与仓储。在这7年中，物流信息系统的进步为其带来了巨大的经营效益。①电子标签储位管理系统。在引入该系统之前，面对几百个货架几千种类型的书籍，20名工作人员只能依靠记忆来搜寻货架与书籍的位置，工作压力大，拣选的时间长，出错率大，常常只能找到客户需求种类的10%。而现在每种书都贴有三仓式电子标签，只需扫描条码就可以立刻找到需求书的具体位置，以及需求数量。在书籍种类与数量日益增加的情况下，工作人员反而降至 10 人，工作内容更加简单，出错率几乎为零。②退货系统 NVS。在物流中心成立初期，由于还没引入完整的图书退货系统，导致工作效率低，大部分工作由人工完成，大量书籍积压在物流中心。据统计，最紧张的时期退货书籍总额达到了 5000 万，100 名工人耗时 2 个月才将这些图书进行分类并退回给出版商。如今，完善的退货系统的运用，使得退货中心最高可以畅通地处理 8000 万价值的书籍。若是处理与原来相同的业务量 5000 万价值的退货书时，同样的时间内只需要 20 个人。减少的 80% 的人工成本就是物流信息系统为新华物流带来的经济效益，此外，还有不断增加的客户满意度。③分拣机作业系统。该系统主要用在图书的分拣过程中，它可以同时分拣 100 家基层店的图书，通过这个系统与自动分拣机的完美结合，每小时可以处理 3000~4000 册图书，这是原来工作效率的几十倍。可以看出，新华物流三种主要物流信息系统对提高物流效率和物流处理能力、降低物流成本和时间都起到了促进作用。④电子订货系统。运用该技术后，下游的门店不需要像以前一样，从江西省的各个地方汇集到南昌市进行订货，而是可以在任何时候任何地点通过互联网进行订货，订货信息立刻传输到物流中心生产订单等文件，24 小时之内货物将运送到目的地，距离较远的地区，例如赣州 2 天之内也可到达，整个订货时间和成本大大地减少。

（2）电子数据交换技术

近年来，电子数据交换技术（EDI）在江西省区域物流中逐渐推广，随着 Internet 的普及，基于 Internet 的 EDI 方式逐步盛行。互联网为 EDI 提供了一个覆盖面积广、费用较低的发展平台。这种方式的出现使物流作业中存在的大量信息不再需要通过人工交换的方式进行，信息以 EDI 标准格式通过网络传输给对方，这样双方都能获得及时、准确的信息，有利于生产、运输、仓储之间的协调作用，可以缩短交货周期，降低库存水平，最终使物流成本不断下降的同时提高物流服务水平。目前，该技术主要运用于政府搭建的各类物流信息平台中。下面以江西省电子口岸公共信息平台为例。

随着江西省外贸的迅速增长，只依靠传统的纸质通关、跑现场的方式已经不能满足现代外贸、港航、物流的需求。建设一个口岸公共信息平台是解决这一问题最有效的方式。江西省电子口岸首先是实现电子化，减少前后环节数据重复输入，同时通过流程优化、流程再造，变企业串联作业为并联作业，逐步取消纸面单证，最终实现流程最优、流程最快，从而方便企业，降低成本，提高效率。电子口岸平台的建设使得物流作业相关的电子数据能够在海关、检验检疫、边检、海事、税务、银行等口岸部门进行信息共享与快速交换，使各种纸质单证的流转转换成以电子流在互联网上进行比对、核查和确认。目前，江西省电子口岸平台已和南昌海关实现联网，并在南昌地区开通运行了"关港联网"应用项目，其中包括申报、查询、监管、物流服务等功能，同时接入了"宁波电子口岸数据查询"和"福建电子口岸数据查询"。全省"加工贸易管理"海关与商务厅的跨网互联应用项目已经启动，接下来还将逐步接入检验检疫、外汇、税务、银行等数据，形成企业"一站式"服务基础平台。该信息平台可以连接 200 个口岸相关单位，并接受 200 个船代、货代、物流企业同时进行访问和操作。自江西省电子口岸门户网站开通试运行后，日均访问量达到 900 多人（次）。

在政府与物流企业的大力支持下，江西省电子口岸平台还将进一步完善，例如，准备启动"检港联网系统"的建设，该系统可以实现企业一次录入同时向检验检疫、海关、边检、海事进行船舶申报的功能，实现了一单四报。在成本与工作效率方面，可以让港口平均每箱港口物流成本减少 20 元以上，其中检验检疫查验的集装箱港口物流成本平均每箱减少 200 元以上，这样每年就可以为企业节约作业成本 200 万元以上。在时间上，每一批出口货物可节约 2~4 小时通关时间，每一批进口货物可节约 7~10 小时的通关时间。这无疑为江西省区域物流的发展带来了巨大的推动作用。

（3）条码技术

条码技术是目前普遍运用的数据自动采集技术，由计算机和信息技术发展而来，其功能包括编码、数据识别、数据编码、自动录入和数据处理。条码技术能够对物流中物品进行识别，具有数据采集速度快、信息量大、可靠性高、操作简单等特点，所以被物流信息系统所包含，广泛地运用到现代区域物流中。目前，江西省条码技术主要运用在大中型物流企业的仓储与运输环节，以及物流快递业中，比如顺风快递对该技术的运用就较为成熟。条码技术成功的使物流活动从手工操作转化为数字化、自动化操作，克服了人工操作中速度慢、出错率高、生产效率低等缺点。例如，江西省昌大瑞丰物流公司，其在物流仓储、配送活动中充分使用条码技术。带来了以下影响：

①大幅度提高出货速度。一个打字速度为 90 字／分钟的打字员输入 12 个字符需要 1.6 秒，而同样的工作运用条码只需 0.3 秒。速度的加快使其物流量由过去的每天 500 件发展到现在的每天进出几万件货物。②出错率几乎为零。过去人工操作时，错误率为千分之三，而使用条码技术后，扫描错误率仅为十万分之六，甚至为零。③节约人力。条码的使用使得货物的进出库更加简便与快速，瑞丰的仓库人员得到了节约，可达到 1000～2000 平方米/人，甚至 4000 平方米/人。

（4）射频识别技术

条码技术虽然是现在主要的物品识别技术，为人们的物流管理方式带来了很大的改进，但它也存在一些局限性，比如说，信息是只读的；需要近距离的接触来读取数据；每次只能读取一个数据；信息容量比较小等。所以人们为了能够更高效、快速地完成整个物流过程，就将射频技术引入到物流管理中来。射频识别技术（RFID）是区域物流中的新兴技术，它利用无线电射频信号对物体进行识别。射频识别技术属于非接触式的，所以利用该技术可以实现远距离的数据读取，也可以节约大量人力甚至不需要人员操作，那么在恶劣的环境之下就可以提高工作的安全性。此外，射频技术与条码技术相比，其标签的存储容量可达到 2 的 96 次方以上，且一次可识别多个对象。这样每一个产品都可以拥有唯一的代码，不用像条码一样由于长度的限制只能每一类产品定义一个类码。在区域物流中，射频技术主要运用于商品的出入库、存储、运输跟踪、配送等过程中。例如：南昌保税物流中心在实现进出卡口全自动的过程中，就运用了 RFID 技术。该技术的应用可以快速搜集和核对通过关卡的集装箱的全部信息，使集装箱可以无障碍的快速通关，达到节约物流时间和人工成本的目的。又如：江西省沃尔玛商场在商品物流活动中也使用了 RFID 技术，并为其带来了很好的成效。据调查显示，RFID 标签的运用使沃尔玛货品脱销现象减少了 16%；在货品补充上，RFID 技术要比条码技术快 3 倍；人工订单减少了 10% 左右；存货数量也大大地降低；在对脱销产品技术补货方面，RFID 技术可以使沃尔玛的运作效率比普通商场的效率高出 63%。该技术的运用不仅可以实现库存的可视化，同时也可以使整个供应链的库存降低，从而降低物流成本。由此看来，RFID 技术是值得在整个江西省区域物流中进行推广与普及的。

（5）地理信息系统技术与全球卫星定位系统技术

物流，简单来说就是物的流动，这也说明了地理空间是物流作业中考虑的重要因素。比如说，运输过程中就需要花费大量的人力、物力，且常常会因为一些不确定性因素而致使货物的损坏，运输的时间越长损失就越严重，那么如何才能减少甚至消除这一部分的损失；还有一些设施选址、空间查询等问题的解决，这时我们就需要借助先进的物流信息技术，而地理信息系统（GIS）与全球卫星定位系统（GPS）技术就是解决这类问题的典型代表。

与传统的用表格或文字来处理数据信息不同的是，GIS 是一个能够获取、存储、管理、查询、模拟和分析地理信息的计算机系统，它最常用于配送作业过程中，例如：从一个配送中心对多家用户进行配送时，运用 GIS 可选择一条配送时间最短、路线最短、货损率最小、物流成本最低的路线。与 GIS 经常联系在一起运用的是 GPS，GPS 又被称为全球卫星定位系统，它利用卫星及无线技术，能够 24 小时为全球范围内的指定目标进行全方位的定位，并且信息精确，定位速度快。通过 GPS，可以选择货物运输的最佳路线，用最低的成本提供较高的服务水平；此外，该项技术还常被用于对在途货物、车辆的实时监控，方便在途司机与信息中心进行密切的信息交流，保证运输过程的高效和货物的安全性。例如：昌大瑞丰在物流运输中使用了 GPS 技术，能对货物进行实时监控，货物完整率达到 99%，并方便客户查询信息。目前，已经开发出将 GIS 与 GPS 结合起来的技术，主要用于对车辆进行定位、追踪、报警、通信等远程管理。由于该项技术的专业化程度较高，且需要一定的资金支持，所以在江西省内还不普及，据调查，90% 以上的物流企业都没有使用该项技术，一般采用全球眼技术或通信设备来替代。但各企业负责人对 GIS 和 GPS 技术都有比较深刻的认识，认为该技术会为节约物流时间和成本、提高物流安全性带来帮助，并表示将在以后的发展中逐步引进这一技术。这也说明随着江西省区域物流的不断发展，该项技术将会是物流管理中不可或缺的一部分。

2. 物流装备技术进步

据对多家江西省物流企业调研结果显示，江西省 90% 以上的物流企业主要从事物流配送和仓储活动。而这两类物流活动的发展与物流装备的进步是紧密相连的，尤其是仓储与装卸搬运。可以说，物流装备技术对江西省物流发展有较明显的影响。由被调研的物流企业负责人以及江西省区域物流的发展现状表明，目前，物流装备技术中对江西省区域物流影响最大的应该是运输装备与仓储装备技术，主要包括：交通运输工具、叉车、托盘、货架、自动化立体仓库，下面就对这几类物流技术对物流活动的影响进行分析。其中，叉车、托盘、货架也是物流作业中最基本的作业装备，不仅仅是限于仓储活动，三者之间的关系是密不可分的。

（1）运输装备技术

交通运输工具是物流活动中不可缺少的一部分，从过去的汽车、火车、船舶运输，到如今的飞机和管道运输，无一不对江西省区域物流的发展作出贡献。运输工具的进步可以增加物流运输能力、减少运输时间、降低货损率，使以前一些需要多次运输或无法运输的大件货物，如今都能顺利实现物流活动。在众多运输工具中，管道运输由于其运输物品的局限性所以较为特殊，但该运输工具的运用为江西省成品油和天然气物流运输带来了颇多好处，下面就以九昌樟成品油管道为例。几年来，江西省成品油需求量与日俱增，主要运输工具是油罐车，随着车辆装备技术的提高，油罐车的装载量已由原来的 10 吨增长至目前的 30 吨。物流运输能力大大增加，但由于陆路运输成本较高，事故发生率较高，且易受天气影响。所以，中国石化江西分公司投资建设了九昌樟成品油管道，并在南昌成立管道物流中心，从而进一步提高了成品油物流运输能力及降低了物流成本。该管道于 2008 年正式投入使用，全长 236 千米，年实际运输产量为 180 万吨成品油，即日平均运输量可达 5000 吨，与以前相比，若按最大设计装载量为 30 吨的油罐车来计算，相同的量需要 170 辆油罐车同时运输一天才能完成。从成本上来比较，陆路运输合计费用为 100 元/吨，而管道运输只需 20～30 元/吨，物流成本的缩减显而易见。目前，成品油管道还在不断扩建之中，计划延伸到赣州、萍乡、上饶，并连通广东、浙江、湖南，这将为江西省物流业的发展带来勃勃生机。

（2）仓储装备技术

叉车是一种能把水平运输和垂直升降有效结合起来的装卸机械。不仅能够进行装卸、堆垛和拆垛作业，还能进行短距离的搬运活动，是目前在仓储活动中广泛运用的一种机械设备。叉车的种类也有很多种，例如：最常见的分类有内燃叉车、电动叉车、仓储叉车。物流企业一般根据自己的仓库、货架和托盘情况来选择相应水平的叉车。叉车作业一般只需要一个驾驶员的操作就能完成货物的装卸、搬运及堆垛等作业，它的出现节省了大量的人力，劳动强度降低，作业效率也提高了几倍；且装卸搬运等过程的时间大大减少，经济效益十分显著。此外，运用叉车可增加货物的堆垛高度，达到 4～5 米，这样在同样的仓库或车厢中空间利用率可提高 30%～50%，且作业安全。最后，叉车与其他大型机械设备相比具有投资小、好存放等优点。所以，该项技术得以快速发展，需求量每年保持 30% 的增长速度。目前，江西省 90% 的物流企业都使用了叉车，但拥有的数量还不多，有待加强。

托盘与叉车密不可分，如果没有托盘将零散的货物进行堆积，叉车也不能高效、迅速地将货物进行装卸搬运。托盘具有保护物品、减少损耗、便于装卸与运输、提高劳动效率、合理堆码储存、节省包装材料、简化包装工序、推动包装标准化等优点。托盘可分为木质托盘、金属托盘、塑料托盘、复合材料托盘，其制作材料也随着技术的发展越来越趋向于环保、节约材料、轻便，这也是推进了江西省区域物流朝着绿色物流的方向发展。

随着物流量的不断增多，存储空间有限的情况下，人们就开始寻找增加仓库利用率的方式，货架技术的发展正是为了实现这一目的。货架，顾名思义就是储存货物的架子。货架可以充分利用仓库空间，提高库容利用率，扩大仓库储存能力；可以保证货物互不挤压，有效地减少货物的损失，提高货物的存储质量；也可以方便货物的存取与盘点。此外，在竞争激烈的物流市场上，人们不再仅仅追求存放货物的数量，同时，还要求货架的结构和功能能促进仓库实现机械化和自动化的要求，加快货物出入库的速度。所以随着货架的不断发展，就出现了自动化立体仓库。它可以节省库存占地面积，单位面积存储量可达 7.5 吨／平方米，是普通仓库的 5～10 倍，提高了空间利用率，且作业效率高。但由于自动化立体仓库具有投资大、对存储的货品有一定的限制等缺点，所以在江西省这个区域物流不发达的地区还不是很普及，但自动化立体仓库是物流仓储发展的一种趋势，它的思想对江西省各物流企业具有促进作用，大家也正朝着这个方向不断努力。下面以江铃发动机自动化立体仓库为例。

江铃汽车股份有限公司（以下简称江铃）在国内率先引进了日本先进技术制造的五十铃汽车，成为中国主要的轻型卡车制造商，也是江西省第一家上市公司。1995 年与美国福特公司成为战略合作伙伴，江铃充分利用与福特公司的合作关系，不断学习国际上前沿的管理理念与管理方法，引进先进的产品技术与制造工艺，在逐渐规范的管理运作体制中迅速成长。可以说，江铃是江西省汽车制造业中的龙头企业，不仅是其汽车制造技术较为先进，还因为其物流管理运作模式与物流技术的规范化与国际化。由于江铃是江西省中较早与外商合作的企业，利用这样一个优势江铃在 20 世纪 90 年代就逐渐引进国外先进的物流技术，再与自身实际情况相结合，形成了目前逐渐完善的物流管理模式，与过去相比，其物流发展有了质的飞跃。

发动机可以说是汽车的关键部分，2002 年江铃汽车整车销售规模达到 4 万辆，随后的几年里需求量也不断攀升，对发动机的需求也随之上升，但同时也出现了问题，发动机仓库的状况成为了江铃汽车发展的瓶颈。当时，江铃发动机仓库的状况是：①原仓库总面积为 6800 平方米，货物以地面平铺的方式存放，占用库房总面积的 74%，即 5000 平方米。日益增加的发动机数量超过了仓库库容，而建造仓库时又没有考虑到发展的备用面积，致使大量物料占用通道和借用临时存放场地。②原仓库物流路线不合理，浪费资源。库房之间物流路线长，但物流频率也高，这使得大量的人力、物力耗费在这不合理的路线上，且内部转运不会产生任何增值。③手工操作，作业效率低。首先，物料入库时都是依据计划表进行验货，而计划表采用的是书面形式，验收单据也是人工填写，这就使得货物入库时要花费大量时间，作业效率低；其次，按当时的职责划分，收获验货属于采购部门的职责，这就使得双方之间需要花费一定的时间来进行协调，降低了工作效率。最后，全部账目都是由工作人员手工完成，而发动机零部件品种很多，工作量大，效率低，也容易出现错误。综上所述，原发动机仓库面积利用率低，大部分操作采取手工操作，致使作业效率低下，错误率较高。并且大量货架损坏，其利用率不足 50%。

由于土地面积有限以及外购和租赁仓库的费用都比较高，在这样的一种背景下，江铃决定利用物流装备技术和信息技术对发动机仓库进行改进，建立发动机自动化立体仓库来优化业务流程，提高作业效率。2003 年 6 月，江铃投资 1000 万元建立了一座钢架结构的发动机自动化立体仓库，占地面积 4000 平方米，小于原仓库面积；与发动机厂装配直接相邻，以减少物流路线。为了提高装卸和搬运效率，实现仓储作业机械化，立体库区和发动机整机区都采用了平托盘形式，箱式托盘用于小件区，这不仅提高了物流效率，也降低了物流成本。其中，立体库区布置了 2 个巷道×4 排×52 列×11 层。堆垛机采用双循环，运行速度为 50 ~ 180 米/分钟，入库处理能力可达 62 托盘/小时，出库处理能力可达 62 托盘/小时，共计高达 124 托盘/小时。

自动化立体仓库中还配有相应的装卸搬运的物流装备，例如：平衡重式柴油叉车、电瓶式叉车、辊子输送机械系统等。这些机械设备可以减少人员的使用、降低出错率、提高工作效率。此外还有 LED 显示屏，可以显示作业订单号、拣选零件的货号及数量。据统计，使用立体仓库后，仓库员工减少 7人，节约 25.5 万元；物料年仓储损失减少约 4 万元。

当然，自动化立体仓库的使用离不开信息系统的支持。在引进自动化立体仓库的同时，江铃与该仓库的系统集成商共同开发了一套物流仓储管理系统。该系统地运用加强了仓库的处理能力，大幅度地提高了仓储管理与工作效率；减少搜索货位信息的时间，据测算可减少 4/5 左右的时间；减少出错率，错误率可降低到 1% 以下；降低了货物入库、拣货、出库的时间，如表 5 – 5 所示。该立体仓库还运用了条码等信息技术。

表 5 – 5　　　　　　　　　　新旧仓库的出入库时间

时间＼库名	旧库	新库
出库时间（分钟）	6	4
入库时间（分钟）	10	6

3. 物流交通运输技术进步

2009 年我国遭遇的次贷危机对于区域物流的发展来说是一次难得的机遇，为了拉动内需各地区都大幅度提高了对交通基础设施的投入，交通的便利可以提高物流的运输效率以及减少运输时间，促进区域物流的发展。2009 年，江西省交通基础设施建设投资完成 235.5 亿元，首次突破 200 亿元，同比增长 30.4%。江西境内的国家高速公路网项目已经全面启动，高速公路在建里程首次突破 1600 千米。江西省政府将 2012 年通车里程目标由 3500 千米调整为突破 4000 千米的要求，全年续建和新开工高速公路项目由 2007 年的 4 个、2008 年的 6 个提高到 2009 年一年内建设 15 条高速公路。其中，建成瑞金至赣州高速公路，全省高速公路通车里程达 2433 千米，续建鹰潭至瑞金等 7 个项目，在建里程由 2008 年的 800 多千米迅速增长到 2009 年突破 1600 千米。

农村公路建设继续保持快速增长，连续 6 年突破 1 万千米。全年完成通村油路（水泥路）11500 千米，农村公路硬化跨越 8 万千米台阶。累计建成农村客运站 632 个，候车亭 8875 个，行政村通达率达到 99%，通畅率达到 94%，农村路、站、运建设协调发展。另外，水上重大项目赣江石虎塘航电枢纽工程进展顺利，续建吉安港石溪头货运码头、新干港河西货运码头、赣江东河（南昌—瓢山）四级航道整治工程。可见，江西省在金融危机这个逆势下，交通基础设施的发展劲头强势。如表 5 - 6 所示，是江西省几种主要运输方式的线路里程的增长情况，各种运输方式的线路里程数一直保持增长状态，其中公路里程增长最大，其次是铁路和水路运输。这也说明了，江西省物流运输主要依靠的是公路与铁路运输。

表 5 - 6　　　　　　　　江西省主要运输方式的线路里程增长情况

项　　目	2000 年（千米）	2007 年（千米）	2008 年		
			数量（个）	与 2000 年相比增长率（%）	与 2007 年相比增长率（%）
铁路营业里程	2197	2458	2549	16	3.7
公路通车里程	60292	130691	133847	122	2.4
内河通航里程	5537	5716	5716	3.2	不变
合　　计	68026	138865	142112	109	2.3

此外，除了运用技术进步使得各种运输路线里程不断扩张之外，线路质量也在不断提高。以铁路运输为例。我国铁路先后经历了六次提速，1997—2007 年，这十年中平均每两年就提速一次，从最高时速 140 千米，到现在的时速 160 千米及以上提速线路延展里程达 1.4 万千米、时速 200 千米线路达到 6000 多千米、部分区段时速达 250 千米，这标志着中国铁路既有线提速跻身世界铁路先进行列。

无论是运输线路的延伸，还是运输速度的加快，物流交通运输技术的进步使得原来一些物流到不了的地方、或者是需要比较长时间才能到的地方，现在都能够畅通无阻，且物流时间不断缩短，运输能力持续上升（随着运输技术改善了物流运输环境，使江西省货物运输能力持续增加），也意味着物流成本与服务水平在不断加强。江西省区域物流的发展将会随着交通运输技术

的进步而越来越好。

1. RFID 技术在供应链中的应用及风险分析

当今社会正处于一个信息高度爆炸的时代，伴随着日益深化的全球经济一体化进程，供应链管理范围也已经延伸至全球，由此带来供应链的操作周期加长和合作环境的不确定性，使得供应链管理风险大大增加，因此，信息在供应链中的传递流畅性和准确性也就显得尤为重要了。而随着物联网概念的提出，RFID 作为数据采集的关键技术之一，已越来越引起学者的关注和研究。RFID（Radio Frequency Identification，射频识别技术）是一种非接触式的自动识别技术，主要通过射频信号自动识别目标对象，获取相关数据，识别过程不需要人工干预，并且可以工作于各种恶劣的环境，可识别高速运动物体及同时识别多个标签，操作快捷方便。RFID 凭借其自动数据采集、高度的数据集成、支持可读可写工作模式等技术优势，使得它与条码技术相比具有非常明显的优势。因此，RFID 技术可以减少供应链各节点信息传递和数据采集程序，其广泛应用对供应链管理将具有革命性的影响。笔者主要从 RFID 技术在供应链中各节点的具体应用进行分析，指出 RFID 技术在供应链管理应用中存在的风险及相应的解决方案。

2. RFID 技术在供应链中的应用

如图 5 - 10 所示，从供应链的结构模型可以看出，供应链是一个网络结构，由围绕核心企业的供应商、供应商的供应商和用户、用户的用户组成。本文假设供应链上有供应商、制造商、销售商以及最终客户四个节点，并针对 RFID 技术在各个节点的应用展开讨论。

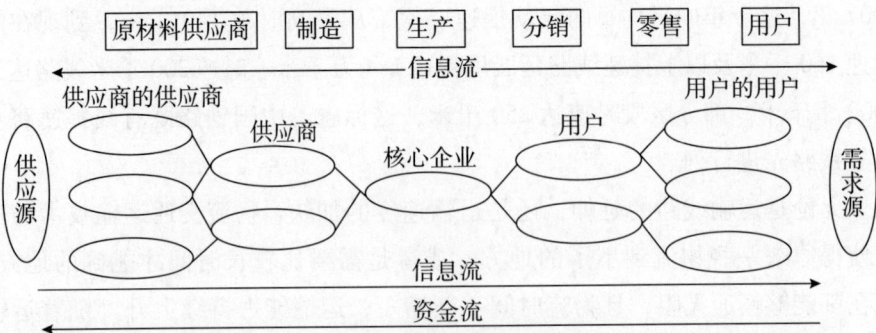

图 5 - 10　供应链的网链结构模型

（1）加强供应商管理，促进原材料的快速周转

在原材料供应环节，RFID 技术给原材料供应商和制造商提供了一个共享信息的平台。传统环境下，在原材料入库检测时，制造商主要是由仓库检测人员手持条码扫描仪，贴近原材料包装箱，扫描条码来获取相关物品信息，然后将数据传输到后台的仓库信息管理系统进行管理。由于条码扫描需要靠近包装箱或物品，以致造成工作量大且易出错。相对应地，采用 RFID 技术以后，带有 RFID 电子标签的原材料包装箱进入射频天线工作区时，电子标签将被激活，标签上的相关数据（如供应商、原材料名称、类型、数量等）都将被自动识别，可以实时地获取供应商及原材料的各种信息。因此，RFID 技术简化了原材料的卸货、检验及等待工序，加快了原材料的周转速度，提高了企业的自动化水平，同时也可以对供应商进行实时控制及考核。

（2）优化了采购管理，实现 JIT（Just in time，准时制）生产

在制造环节，制造型企业采用 RFID 技术可以优化采购管理并实现 JIT 生产，并应用于从生产命令下达至产品完成的整个生产过程。因为 RFID 技术可以实现自动化流水线操作，实现对原材料、零部件、半成品和成品的识别与跟踪，进行物料动态管理，并可以收集生产过程中大量实时数据，随时根据现场实际变动情况调整整个车间的生产工序节拍，由此减少了人工处理的出错率，从而提高了工人的工作效率和企业整体经济效益。特别是在采用 JIT 生产时，原材料、零部件及半成品必须准时送达生产工位。另外，采用 RFID 技术后，生产车间可预先设置物料预警点，企业调度员可以利用便携式数据终端（Portable data terminal，PDT）调用后台数据资料，并读取生产区库存物品的 RFID 标签信息，决定是否补货，从而实现了流水线均衡生产，加强了对产品质量的控制与追踪。

（3）提高销售商品的管理水平，提升商品的销售业绩

在商品销售环节，销售商应用 RFID 技术可以进行高效率的商品出入库、存储和销售信息管理，并可以用于商品防盗、货物有效监控等。现场管理人员只需将货物中来自于不同企业的商品信息扫入 RFID 处理终端，并上传至后台信息系统数据库，就可以实时地监控商品的销售流动情况，及时更新商品的库存信息，并根据不同商品的销售数据，可以统计分析畅销或滞销商品，并对大量的数据进行数据挖掘，制订相应的销售策略。另外，RFID 电子标签可以有效监控商品的时效性，即当商品超过了保质期，电子标签及时地发出

警报，并及时地提醒销售人员更新库存，以提高商品的库存周转率。

（4）方便客户，维护消费者利益

在客户环节，消费者在超市购物时，挑选好商品后进行结算，此时只需将贴有 RFID 标签的商品通过 RFID 识读器过道，那么原来费时费力的结算就变得简单了，商品清点及统计也就自动完成了，这时消费者可以自由选择现金、信用卡付款，也可以使用带有 RFID 标签的结算卡进行结算。因此，在结算过程中，商家节省了人力资源，而消费者也不用为排队而苦恼，极大地提高了顾客满意度。另外，RFID 标签也可以防止商品的"假冒伪劣"现象。RFID 标签就像公民的身份证，从商品下线时，就赋予了商品的身份，并一直跟踪商品的流动。因此，无论商品在哪个流动环节出了质量问题，制造商都无法推卸责任，由此切实维护了消费者切身利益。

3. RFID 在供应链中应用的风险

虽然 RFID 技术是一项新的先进技术，有很多的优势，越来越受到企业的青睐。如自动采集数据、高速移动读取，使用寿命长等，但使用成本高、标准不统一、技术存在缺陷、隐私安全等诸多原因仍然阻碍其普及应用。现将其具体情况分析如下：

（1）RFID 应用的成本风险。据市场行情调查，目前一个 RFID 标签的价格大概在 2～5 元人民币。而且，企业采用 RFID 技术后，同时必须安装 RFID 和电子产品编码识读装置读写器，其成本也不容忽视。同时，RFID 技术必须与企业的 ERP（企业资源计划）、WMS（仓库管理系统）、CRM（客户关系管理）和 MIS（管理信息系统）等现有系统进行有效集成，否则很难充分实现 RFID 技术所带来的利益。相比于 RFID 标签和读写器，系统集成成本和员工必要的培训成本可能会更高。

（2）RFID 在技术上存在缺陷。据统计，我国目前从事 RFID 产品生产与开发的企业中，国外产品代理或外企分支机构和系统集成与应用系统开发企业占到近 90%，但是真正从事 RFID 的核心技术开发，并且拥有自主知识产权的国内企业不到 10%。另外，从事 RFID 生产的制造商技术还不成熟，RFID 技术与中间件的接口差错率较高等。

（3）标准不统一的风险。目前，RFID 技术还未形成完全统一的全球化标准，市场为多种标准并存的局面。随着全球物流行业 RFID 技术的大规模应用，物流业界专家广泛认同必须统一 RFID 标准。而 RFID 标签的数据内容编码标准是 RFID 标准争夺的核心，并在全球范围内形成了五大 RFID 标准组织，分别代表了国际上不同团体或国家利益。在经济全球化背景下，各主要标准将会趋于统一，但目前使用 RFID 技术仍存在着风险，因为一旦全球性 RFID 标准确定后，企业可能会因为 RFID 标准不兼容而导致原有信息系统功能降低或淘汰。

（4）隐私安全的风险。如果携带任何带有内嵌的电子标签的物体，大多数用户都会产生因为标签的独特性而暴露个人身份的隐私威胁。例如：在追踪用户和物体时，携带电子标签的用户可能被监视而暴露其所在位置，或者带有标签的物体位置；由于商品的电子标签里面标明了制造商、产品名称、规格等数据，顾客购买商品时就容易由此暴露顾客的购物习惯；由于 RFID 系统读取速度快，能够对供应链中所有商品进行快速扫描并跟踪其流动，因此经常被用来窃取商业机密。因此，客户是否愿意接受也是必须要面临的一个问题。

4. 风险规避的有效措施

为了消除各种不利因素，使参与供应链的各方都能达到利益最大化，可以从以下方面着手进行规避风险，鼓励应用 RFID 技术。

（1）降低成本带来的风险。首先，政府应该鼓励各行各业大力使用 RFID 标签。随着 RFID 标签使用量的增加，从而可以大大地降低分摊成本，使其成为廉价品。其次，价值低的单件商品，使用 RFID 标签与条码技术相结合，即托盘、包装箱或者集装箱上使用 RFID 标签，以实现大批量商品的方便快速出入库及库存管理，单件商品使用条码以满足销售的需求，以此降低使用成本。另外，供应链各成员之间应该坚持利益共享、成本分摊的原则。如果不解决好供应链成员利益共享、成本分摊的问题，就难以实现 RFID 技术的大规模应用，而应用规模不够，企业都不愿意使用 RFID 技术，RFID 成本降低也就无从谈起。

（2）加强核心技术开发，自主生产。在 RFID 的技术开发、系统设计工艺、实验测试和项目实施等方面加快步伐。RFID 涉及多学科、并且具有高度综合性和高度专业性，国家应该进行大力扶持，加大投资，组成相关技术人员进行技术攻关，并通过院校培养、社会培训和企业内部培训等途径去培养

RFID 技术方面的综合人才，以促进 RFID 技术健康快速地发展。

（3）统一 RFID 技术的使用标准。目前，不同的国家政府、行业协会、相关职能部门和企业都在积极地参与 RFID 国际标准的制定，力争通过沟通协调的方式来达到统一制订标准的目的。我国在制定 RFID 技术的使用标准方面已处于领先地位，并于 2005 年年底成立了 RFID 电子标签标准工作组，以此推进 RFID 的行业标准制定工作，积极参与制定有利于中国市场发展的国际标准。

（4）解决个人隐私侵犯问题，可以采用"自毁"或"休眠"模式、使用签名作为标签的标识符、对标签标识符进行加密等手段来防止个人隐私被侵犯；同时针对 RFID 应用的安全性进行专门立法，促进和监督企业、相关单位及个人遵守商业道德和相关法律，使得他们不敢利用 RFID 技术去侵犯消费者个人隐私，为 RFID 技术的市场推广起到一定的促进作用。

5. 结论

作为一种新生技术——射频识别技术 RFID，是供应链管理支撑技术的一种，其将在供应链管理过程中扮演越来越重要的角色。虽然 RFID 技术存在着一定的风险，但 RFID 技术正逐步发展成为一个独立的跨学科的专业领域，必将引起政府、企业和个人的关注，成本也将随着 RFID 技术大量应用而下降，技术也将越来越趋于完善。RFID 技术所能应用和发挥效应方面主要包括节省人工成本、提高作业精确性、加快处理速度、有效跟踪物流态、有效地实现信息传递和信息共享，这也是供应链管理所追求的。

5.3.4 物流软技术进步对江西省区域物流发展的影响

1. 物流人力资本

回顾江西省物流教育的发展历程，可发现近年来其发展势头良好，尤其是在政府采取了一系列物流振新计划之后。江西物流教育真正的发展时间较晚，2003 年江西财经大学才开始在全国招收物流管理本科。2009 年江西已有 6 所学校招收物流本科，每年共招生人数为 400 多人，有 45 所学校招收物流专科，每年招生人数 900 人左右，且这些数量还在不断上升。

江西省区域物流的发展还处于初级阶段，急需要通过引进、消化、吸收、再创新的手段来推动江西省区域物流经济的增长，那么拥有高素质的人力资本就是关键。例如：江西省新华物流共有员工 200 余人，其中专业的高素质人才从过去没有到目前的 10% 左右，且这一比例还在不断上升，这些人才的学历都在本科以上，受过专业的教育。他们在企业引进的信息系统基础上进行再次创新，设计出具有企业特点的物流信息系统——出版物商流、物流自动化管理系统，并荣获江西省科技进步三等奖。目前，这一系统广泛的运用于新华图书供应链中。并且，由于引进了专业人才，新华物流的系统可由自己进行维护，维护费用维持在每年 20 万，这与请其他公司进行维护相比要节约不少费用。

2. 物流管理思想与技术

（1）物流管理思想与技术进步对江铃物流组织结构的影响

在物流的发展过程中，江西省物流企业组织结构也随着物流管理思想的发展而发生了明显的变化，传统的组织结构是以职能专业部门划分的，这时还没有出现独立的物流管理功能，人们的全局观念还不强，物流活动被分散在各职能部门之中，由于部门与部门之间缺乏合作性，信息常被扭曲，物流活动的重复运作，致使物流资源严重浪费。如图 5 - 11 所示，财务、制造、市场营销部门中都存在大量的物流活动。

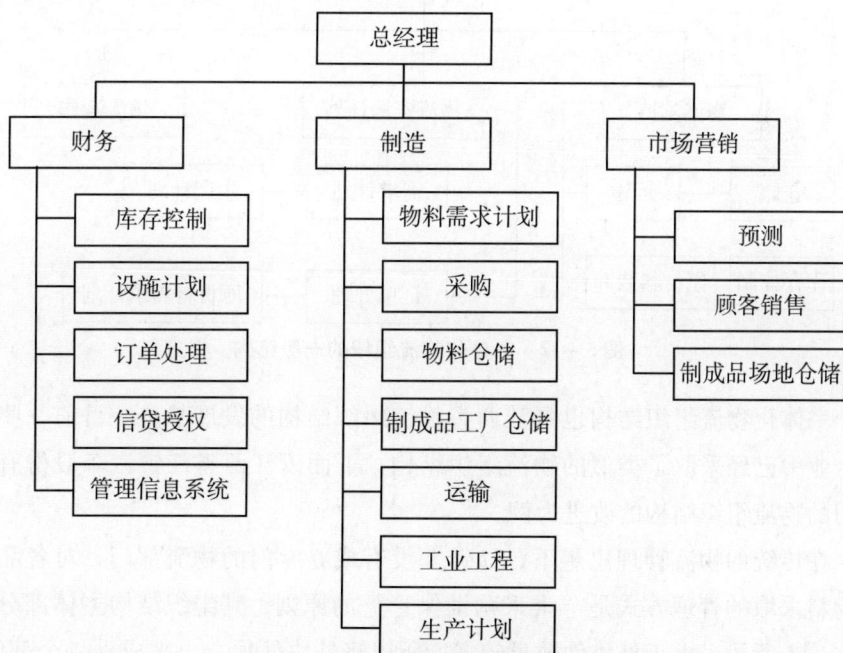

图 5 - 11 传统物流组织的一般结构

随着人们对区域物流的重视以及物流需求量的不断扩大，各企业为了节约成本，更好、更快地服务用户，物流配送和物料管理等功能逐渐被独立出来，形成了物流功能独立的组织结构。这一时期虽然把部分物流功能统一起来，但整个企业的全部过程中仍然存在物流资源的浪费。供应链管理思想的引进正好为物流组织结构的发展指引了方向。人们在供应链管理技术的引导下，试图在一个高层领导下，统一所有的物流功能和运作，以全局的视角来协调各环节物流活动的运作，尽量去除一切浪费（如各部门之间重复的物流活动等）和减少不产生经济效益的活动（如过长的装卸搬运活动等），从而使企业降低物流成本。所形成的组织结构我们称为一体化物流组织结构。如图 5 - 12 所示。

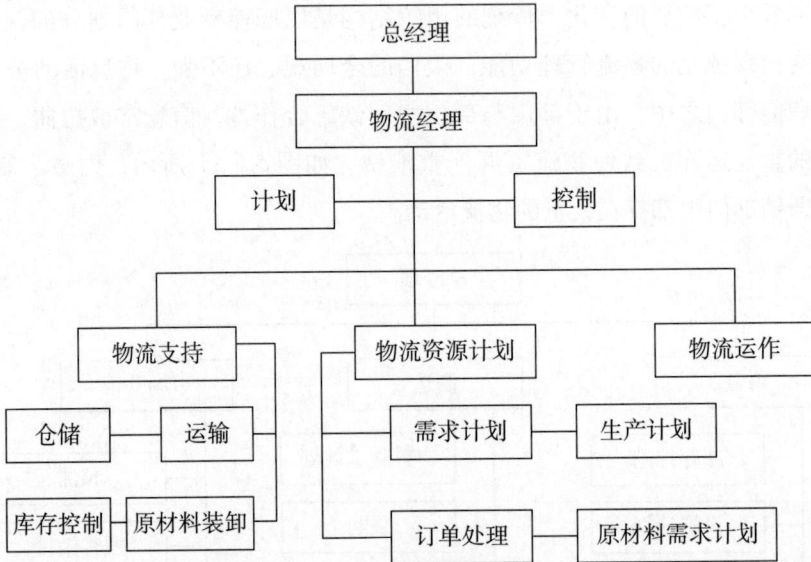

图 5 - 12 一体化物流组织的一般结构

一体化物流组织结构也是江西省物流组织结构的发展趋势。目前一些大型企业中已经采取了类似的物流组织结构，下面以江西省江铃汽车股份有限公司的物流组织结构的改进为例。

在传统的物流管理思想下，江铃并没有成立专门的物流部门，对各品种的物料采取的管理方式是"谁采购谁保管"的原则，其组织结构主体部分如图 5 - 13 所示，由于外协件数量较多，所以将外协件独立出来成立一个部门，供应部门中管理的物料包括原材料、易耗品、辅助材料等。该组织结构具有以下弊端：①生产和销售部门中都有自己的仓库，这导致部门之间各自为政，都有采购计划和仓库，物流管理出现散乱、重复的局面。②各部门之间缺乏及时、有效的信息沟通，尤其是采购与生产环节相脱节，采购人员可能为了降低采购价格等原因而大量进货，此时各部门的采购与仓库保管又是"一家"，再加上上级对于物流的监管力度不够，最终导致库存大量增加。江铃作为江西省汽车业的龙头企业，为了保证其市场竞争力就需要不断的对产品进行优化，一些零部件就需要切换。这就直接导致大量淘汰的零部件堆积在仓库中，不仅浪费了企业的资金，也占用了大量的仓库空间。③生产部门与仓库之间是采取领料制度，生产部门需要配备领料员，这就存在这样一个问题，领料工作一般都在固定的时间段内完成，那么在空余时间内就不能充分利用领料员的劳动力，造成劳动力的浪费。④传统的物流管理思想下，对于物料的跟踪和监控重视不够，从而不能准确地把握物流时间与物料质量。综合以上物流状况，江铃认为对其旧的物流管理体系的改革迫在眉睫。1995年江铃与美国福特公司建立了战略合作伙伴关系，在这样一个好的机遇下，江铃不断吸取国外企业先进的物流管理思想与技术，其中最主要的是供应链管理技术，在这一思想的引导下使其物流管理体系有了巨大的变化。

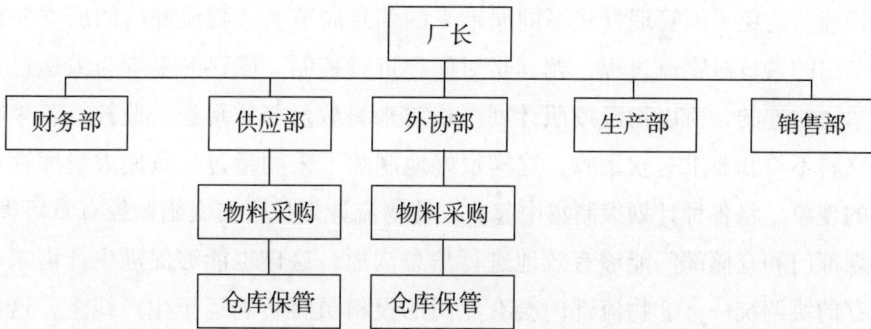

图 5-13 江铃传统的物流组织结构

1996年，江铃改变了以往物料分散管理的思想，将物料的采购与管理都进行了全面整合，实行"物资集中采购"策略，并将各种原材料、零配件、五金、整车仓库进行合并，成立了仓储部进行统一管理。2002年在原仓储部的基础上成立了江铃物流部。该改革措施首先在核心企业江铃汽车股份有限公司试点，然后逐步普及。十多年后的今天我们可以看到，物流管理思想的

进步对江铃物流体制改革的促进作用是明显的。其基于供应链管理思想下的物流组织结构主体部分如图 5 – 14 所示。

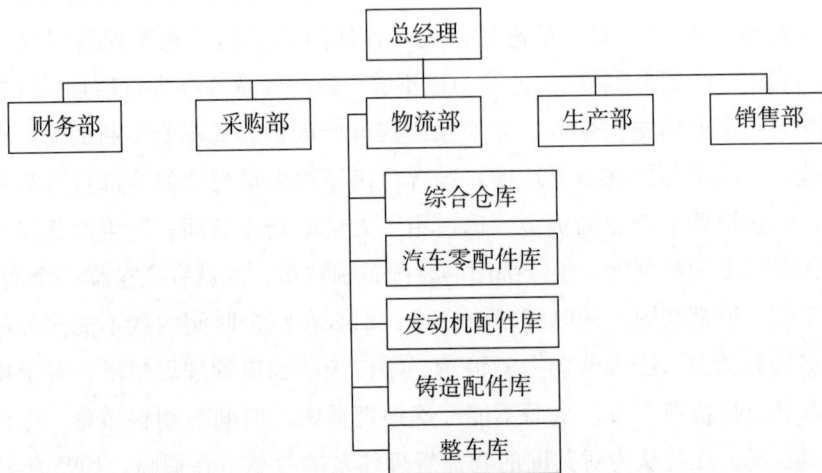

图 5 – 14 江铃现代物流组织结构图

江铃新的物流组织结构模式实现了如下突破：①所有物料的采购都归采购部门管理，而所有仓库都整合在一起分为五大类，归物流部统一调配，统一管理。避免了因管理方式不同而带来的信息脱节。②物流部门的成立使得有专门的人员对物流过程，尤其是对库存进行控制。库存的多少与采购过程是紧密相连的，所以物流按照计划严格对来料数量与质量进行监控，若采购的物料不符和要求有权拒收，这样很好地制约了采购量过大致使大量库存存在的现象。将各种计划编制集中起来，使物流计划执行与实施监控有章可循。计划部门和仓储部门能够有效地进行信息沟通，这样也能够促进生产需求与库存的协调统一。③物流部门会有专门的投料员将货物运至生产线上，这样就不需要领料员，投料员在投料结束的其他时间里又可以充当仓库里的整理工，假设以前领料员和整理工共需要 4 人时，那么按现在物流模式只需 3 人甚至 2 人即可。④加强了对物料的科学跟踪，主要是利用物流信息技术对集装箱调运信息进行实时、准确的搜集。并建立动态信息反馈，对在途、港口存货等信息进行搜集，了解企业的未来生产能力，保证正常运作。

（2）供应链管理思想促进江西省物流资源的合理利用

物流资源不仅包括企业物流资源，还包括社会公共物流资源。物流资源的合理利用是指对有限的资源进行整合与利用，尽量减少不必要的浪费。在过去，无论企业是否有运作物流的能力，企业都是独自承担物流活动的全部过程，包括从采购一直到运送至市场的过程。"大而全"的经营思想与方式使企业的物流资源过于分散，有限的物流资源不能得到充分利用，而且部分物流资源的投入又是比较大的，例如运输与仓储设备，所以，企业经常会出现投入了大量的物流资源而不见相应的经济效益的增长，而且致使整个社会的物流资源浪费严重。同时，企业的核心业务又没有得到足够的资源支持。在这样的背景之下，供应链管理思想的引进促进了物流资源的有效利用。第三方物流、精益物流技术、延迟化技术、零库存技术等都是在供应链管理思想下提出的，它们为江西省物流资源的有效利用与整合作出了贡献。

首先，江西省企业主要以中小型为主，企业实力不足以兼顾各个方面，供应链管理思想让企业重新对自身实力与物流地位进行定位，越来越多的企业将物流活动逐步进行外包，第三方物流孕育而生。目前，第三方物流企业已成为江西省区域物流发展中的主要力量，其业务主要集中在运输、仓储、货运代理等方面。在对江西省物流企业进行调查的结果显示：全年业务总收入在 2 亿元以上的物流企业有 6 家，1 亿 ~ 2 亿元的有 5 家，5000 万 ~ 1 亿元的有 5 家，排名前 20 名的物流企业平均主营业务收入为 1.51 亿元，其中江西京九物流公司是一家专业的物流公司，是一家以铁路运输为主的物流企业，2008 年其全年区域物流务总收入达到 3.75 亿元排名第一，并被评为全国物流百强企业，排在其之后的包括江西莲乡物流有限责任公司、江西邮政速递物流公司、江西安泰物流有限公司等。按照《物流企业分类与评估指标》（GB/T19680—2005）对物流企业进行评审工作，截至 2009 年 12 月，全省共评审 4A 级物流企业 3 家，3A 级物流企业 2 家，2A 级物流企业 2 家。这说明江西省第三方物流企业发展良好，有利于整合全社会的物流资源，对有限的物流资源进行有效的利用，以更低的物流成本来为企业提供更好的服务；而企业将自身不擅长的物流部分外包出去，不仅可以节省资金和大量的时间，而且为整个社会的可持续性发展节约资源，同时企业也可将自身的力量集中在发展核心业务上。

其次，库存是物流中最大的浪费，人们对库存的错误认识和库存管理方法的落后都会导致过量的库存存在，最终浪费资源（包括物料资源、仓储资源、资金资源、废弃物流资源等）。供应链管理思想让人们认清了库存的真正

作用并提高对库存的管理方法。其衍生出来的延迟物流、零库存、联合库存管理、VMI 等库存管理技术都是以通过上下游之间的信息共享以及运用先进的计算机技术来减少库存量，节约双方物流成本以及物流时间，以实现共赢为目标。这些方法被广泛的运用在江西省物流活动中。例如，江铃汽车股份有限公司在汽车制造流程中，为了节约库存成本，在信息系统的支持下，对于一些大型零部件（例如：发动机、变速箱等）的供应采取直接运送至生产线上的方式，基本实现零库存。

当然，基于供应链思想下，还有其他许多的物流管理技术能够使社会与企业的物流资源得到合理的利用与整合，但由于部分先进的物流管理技术耗资较高，还不适应江西省物流目前的发展现状，所以不予赘述。

3. 政府政策

（1）区域物流政策

近年来，江西省在国家制定的区域物流支持政策之下，也相继出台了一些地方性政策，支持其区域物流发展。

2003 年 9 月，江西省出台了《江西省人民政府办公厅关于加快我省现代物流发展若干意见的通知》，提出了发展现代物流的指导思想和总体目标。即"坚持以市场为导向，以企业为主体，以信息技术为支撑，以降低物流成本和提供综合服务质量为中心，充分发挥交通、流通、信息、口岸优势，加快建立省、市、县、城镇、企业等多层次的具有社会化、专业化、现代化、规模化的现代物流服务体系，加快构建物畅其流、快捷准时、经济合理、用户满意的社会化、专业化现代物流服务网络体系和现代的物流基础设施和物流公共信息平台，大力引进和培育发展具有国内和国际竞争力的现代物流企业"。

2005 年江西省政府下发了《关于促进我省现代区域物流发展的意见》（以下简称《意见》），指出江西应大力发展现代区域物流，合理构建现代物流服务体系，营造一个良好的物流发展环境，转变观念，树立现代物流意识，培育成熟的物流市场，优化企业物流管理，逐步完善现代区域物流指导工作协调机制。在这一《意见》的指导下，2005 年全省区域物流发展势态良好，全社会货运量从 2001 年的 2.4 亿吨增加到 2005 年的 3.4 亿吨，年均增长8.3%；货物周转量从 653.6 亿吨千米增加到 878 亿吨千米，年均增长 6.8%；注册物流企业已有 700 多家；在南昌市白水湖工业园区建设的南昌保税物流中心工程正式启动，该中心的建设对江西省现代区域物流发展和成熟具有里程碑的意义；为促进重点物流企业的发展，江西省政府也作出了一定的政策倾斜，对申请技术改造项目、培训专业人员、保障电力、运输和招商引资等方面给予重点支持，2005年有八家物流企业享受了这一政策。

2005年8月，为了加强综合组织协调，江西省现代物流工作联席会议制度建立。同年年底，在我国"十一五"规划纲要的指导下，江西省确定了13项物流重点建设项目（见表5-7）。

表5-7　　　　　　江西省"十一五"拟建重大建设项目　　　　（单位：亿元）

序号	项目名称	总投资	建设地点	内容
1	江西物资储运物流中心	0.90	南昌市	经营面积6000m²，仓库面积20000m²，基础设施10000m²
2	鹰潭物流中心	1.50	鹰潭市	经营面积1000m²，仓库面积30000m²，基础设施15000m²
3	江西省供销综合仓储中心	2.00	南昌市昌东工业园	建设仓库群，铁路专线，综合办公楼，商务展示厅
4	宜春市物流园区	10.00	宜春城区	占地2000亩，建成集商品批发、货物集散、中转、仓储、配送、商务会展及信息服务于一体的综合性国际型物流园区
5	樟树医药物流园区	3.00	樟树市	以樟树福城医药园为基础，建设集货物集散、中转、仓储、配送、流通加工、商品展示、物流信息服务于一体的医药园区
6	江西昌顺物流园区	1.27	广昌	一个物流中心、五个配送中心
7	丰城五金加工物流中心	1.20	丰城市	占地600亩，其中200亩批发市场、400亩工业园区
8	九江国际工贸物流港	2.30	浔阳区石化工业园	建筑面积15万平方米，新建加工区、工业会展区、物流区
9	景德镇市物流中心	20.00	景德镇市	货运中心区、管理服务区等八个功能区

续 表

序号	项目名称	总投资	建设地点	内容
10	昌北物流中心	0.60	昌北经济开发区	停车场、仓库、办公楼及相关设施
11	南昌先施物流中心	3.50	南昌市	大型仓、散仓、大型停车场
12	进贤县兴建华东物流中心	5.01	进贤县	占地1375亩，建筑面积85.4万平方米，主要建设交易中心、仓储中心
13	南昌市金润物流中心	4.00	南昌市西湖区	新建大型物流市场

2008年3月编制了《江西省现代区域物流"十一五"发展专项规划》，2009年为响应国家对区域物流的振兴计划，提出了《关于促进制造业与区域物流联动发展的意见》，以及出台了《江西省区域物流调整和振兴规划》（以下简称《规划》），规划期为2009—2011年，《规划》中详细地提出了未来三年的物流发展方向，并将物流目标分配到具体单位，为恢复和加快区域物流发展做好了充分的准备。同年根据省发改委和协会共同发布的全省物流运行情况通报来看，江西省区域物流在2008年的四季度虽然受到金融危机的冲击较大，但全年社会物流总额总体呈现较快增长，同比增长26.63%。2009年，江西省社会物流总额达20133亿元，比上年增长9.6%。可见，在物流市场产生波动的时候，是政府的政策给了物流企业与市场信心。同时，在江西省下达的各项政策中，都强调了要加快物流科技进步的步伐，尤其是物流信息技术，从而促进江西省区域物流的快速发展。

综上所述，在国家和江西省出台的一系列区域物流政策下，一方面出台的《规划》《意见》等表明政府对区域物流的重视在不断提高，刺激物流各项投资的投资，加大了政府政策的倾斜程度，明确了江西省区域物流的发展方向；具体的《条例》《规定》等法律法规的制定将《规划》付诸于实践，并强制性地维护了物流市场的秩序与公平性。另一方面政府出台区域物流政策的力度加强，无疑会增加物流企业与市场的信心，同时也提高了江西民众对区域物流的认识与重视程度，这对于江西省区域物流的发展都具有推动作用。如表 5 - 8 所示，在区域物流政策的支持下，江西省进出口额与日俱增，虽然 2009 年受金融危机影响，进出口总额有所下降，但降幅不大，与 2007 年相比，增幅还是达到了 33.6%。

表 5 - 8　　　　　　　江西省 2001—2009 年进出口总额　　　　（单位：亿美元）

年　份	2001	2002	2003	2004	2005	2006	2007	2008	2009
进出口总额	15.31	16.95	25.28	35.32	40.59	61.94	94.79	137.49	126.65

（2）科技政策

在国家与江西省出台的一系列区域物流政策中，可以发现对区域物流的科学技术的重视程度越来越高，尤其是信息技术与物流装备技术的发展，加快物流科技进步已经成为推动区域物流发展的重要手段之一。所以说，除了区域物流政策之外，政府制定的科技政策也通过推动物流科技的进步，从而可以促进江西省区域物流的发展。近年来，江西省科技政策主要包括以下几点。

2000 年为了深入贯彻《中共中央、国务院关于加强技术创新，发展高科技，实现产业化的的决定》，加快实施科教兴赣战略，全面推进江西省技术创新和高新技术产业化，尽快提高江西省国民经济的整体素质和综合竞争力，江西省人民政府、中共江西省委结合江西实际提出了具体实施意见，并对省属独立科研院所管理体制改革。同年，江西省第九届人民代表大会常务委员会第十七次会议通过《江西省促进科技成果转化条例》，提高了科技成果转化的效率与质量。

2006 年，为贯彻《中共中央、国务院关于实施科技规划纲要增强自主创新能力的决定》和《国务院关于实施〈国家中长期科学和技术发展规划纲要（2006—2020 年）〉的若干配套政策》，江西省人民政府组织实施《江西省中长期科学和技术发展规划纲要（2006—2020 年）》，从加大科技投入、落实税收激励政策、强化金融支持、政府采购支持、促进引进消化吸收再创新、创造和保护知识产权、加快人才队伍建设、重视教育与科普加强科技创新基地与平台建设、加强统筹协调等十个方面着手，营造良好的自主创新环境，提高全省自主创新能力，建设创新型江西。

2009 年，江西省人民政府出台了关于科技创新"六个一"工程的实施意见，即主攻 10 个优势高新技术产业、培育 100 个创新型企业、实施 100 项重大高新技术成果产业化项目、建设 10 个国家级研发平台、办好 10 个国家级高新技术产业特色基地、组建 100 个优势科技创新团队，实施时间为 2009—2012 年。2010 年颁布《江西省科学技术奖励办法实施细则》，也对科技奖励范围和评审标准进行了规范。

区域物流是现代社会的新兴产业，其相关技术往往都是与高新技术紧密相连的，例如物流信息技术。所以，物流技术的发展空间还很大，需要人们不断的进行创造与发明。而江西省出台的这些科技政策，就起到了提高江西省物流科技创新积极性的作用，让物流企业、科研机构、各大高校都能够在政策的支持下进行物流技术的创新。同时，税收、财政政策的支持也让物流企业主动地引进先进物流技术以改变技术落后的现状，并通过引进、吸收、再创新的过程，提高整个江西省区域物流科技水平，从而促进区域物流的发展水平。

6 基于物流科技进步促进区域物流发展的对策分析

自主创新是民族进步的灵魂，自主创新的核心内容是科学技术创新。近年来，我们党把科技创新作为经济社会发展的首要推动力量，把增强科技创新能力作为调整经济结构、转变经济发展方式、提高国家竞争力的中心环节，亿万中国人民亲历了科技发展带来的巨大变化，享受着科技进步创造的丰厚财富，感受到建立在科技自立自强基础上的国家实力和民族尊严。

科学技术是第一生产力，是推动人类文明进步的革命力量。科学技术的发展及其对人类的贡献是通过技术创新而实现的，技术创新既能将科学发现和技术发明商品化，又能通过技术创新的扩散使其产业化，从而推动社会进步。对科技创新作用的研究可以溯源到 20 世纪初的美国，美籍奥地利经济学家熊彼特首次明确地提出了"创新是现代经济增长的核心力量"。科技的进步和创新是近代以来资本主义国家得以兴盛发展的重要原因，以蒸汽机为标志的第一次科技革命、以电力为标志的第二次科技革命、以生物技术和信息技术为标志的第三次科技革命促使生产力飞速发展。在经济发达国家，其经济发展的诸因素中科技进步所占的比重已经达到50%～70%，科技进步和创新已成为经济发展的决定因素。在知识经济占主导地位的今天，在世界新科技革命的推动下，科学知识的重要性日益突出，国民经济的增长和人类生活改善越来越有赖于知识的积累和创新，科技竞争成为国际综合国力竞争的焦点，以发达国家为中心的科技创新活动势头不减、方兴未艾，要知道当今时代谁在科技创新方面占据优势，谁就能够在发展上掌握主动权。世界各国纷纷把推动科技进步和创新作为国家战略，建立了国家创新体系，大幅度提高科技投入，加快科技成果向现实生产力转化，以利于为经济社会发展提供持久动力，从而在国际竞争中争取主动权，科技创新作为国家创新体系的核心被提到了前所未有的高度。一个国家只有拥有强大的自主创新能力，才能在激烈的国际竞争中把握先机、赢得主动，特别是在关系国民经济命脉和国家安全的关键领域，真正的核心技术是买不来的，必须依靠自主创新。中国要想实现现代化、中华民族要想实现伟大复兴，就必须增强我们自己的科技创新能力，为此党中央提出"深入实施科教兴国战略和人才强国战略，把增强自主创新能力作为科学技术发展的战略基点和调整产业结构、改变增长方式的中心环节"。面对世界科技发展大趋势，面对日趋激烈的国际竞争，我们既要顺应世界科技发展的潮流、遵循科技规律，又要紧密结合国情和国家战略需求，把科学技术置于优先发展的地位，真抓实干，奋起直追，把握先机，赢得发展的主动权。

我们党和国家历来高度重视科学技术的发展，自改革开放以来，采取了一系列加快我国科学技术事业发展的举措，经过广大科技人员的顽强拼搏，取得了一批重大科技成就。回顾新中国成立以来我国社会经济的发展历程，我国自主创新政策发展经历了三个阶段：第一阶段为计划经济时代的"封闭型自主创新"政策阶段，是以国家为主体，行政力量操控从研发到转化的创新活动全过程；第二阶段是改革开放至 2001 年的"引进消化型创新"政策阶段，创新主体从国家逐步转移到企业，企业创新主体地位日渐突出；第三阶段是 2001 年至现在的开放状态下的"全面型自主创新"的政策阶段。我国已经拥有了一批在工业、农业领域具有重要作用的自主知识产权，促进了一批高新技术产业群迅速崛起，造就了一批拥有自主知识产权的优秀企业，全社会科技水平普遍提高，科技的进步和创新显著增强了我国的综合国力和国际竞争力，为推动经济社会发展和改善人民生活提供了有力支撑。

然而，我们也必须看到，我国正处于社会主义初级阶段，科技整体水平同世界先进水平相比仍有较大差距，社会研发投入占 GDP 总量的比重、对外技术的依存度、国家的专利总量和论文总量以及广义的科技进步贡献率和国外相比差距都是不小的。我国高新技术产业在整个经济中所占的比例还不高，关键技术缺乏，产品附加值低，不少高技术含量和高附加值产品主要依赖进口。

6.1 明确物流科技进步与自主创新的主体

国外物流理论的研究始于 20 世纪 30 年代。伴随经济迅速发展，商品流通的规模不断扩大，物流的影响力和作用力日益增大，学术界对于物流理论的研究逐渐深入，形成许多新的理论及学说，国内外的现代物流业在发展中出现了诸多创新。这些理论和实践对中国现代物流服务业的理论研究和实践发展产生了深刻影响。在我国，要以物流科技促进区域物流的发展，首先就要大力推进物流科技的进步，与其他技术一样，创新是物流科技可持续性发展的重要力量。科技创新是通过市场竞争而产生的，而企业是市场竞争中的主体，所以，必须明确企业是科技创新的主要承担者。一方面，企业是科技成果的最终用户，同时也是最了解市场实际需求的群体，他们能较好地将科技创新与市场相结合，加大科技成果产业化的比例。另一方面，企业是科技创新的直接受益者，创新为他们带来的经济收益会使得他们更加积极主动地加大对科技创新的投入，形成"创新—受益—再创新—再受益"的良性循环。那么，从我国区域物流发展的现状来看，政府和科研机构在物流科技创新中还是起到主导作用，物流企业的创新力度还远远不够。所以，我们必须明确物流科技进步与创新的主体，尽快向以物流企业为主体，高校和科研机构为辅，政府作为主要的引导和支持力量的方向转变。这一转变需要通过加强对企业的宣传培训，尤其是中高层，培养创新主体意识；以及转变政府物流科技投资方式，从直接投资转为间接支持；加强物流教育等方式来进行帮助。

6.2 物流科技投资政策

我国在相当长一段时期，对于区域物流重视程度不够，并且物流基础设施的投资及相关配套政策也不到位，这也就导致了我国物流业发展长期滞后于国民经济发展。另外，受传统经济的运行机制影响，我国物流基础设施建设的融资政策模式比较单一。主要的方式如政府直接投资、政府与社会资金共同投资、政府管制下的社会自由投资等。而经济发达国家经过多年运营，已经形成一整套较为完善且经过实践检验的物流基础设施投资管理机制，虽然不能直接照搬他们的做法，但通过对他们的经验进行对比分析，将给我们提供更多有益的思路和探索途径。

6.2.1 建立我国新型物流基础设施投资机制

依据我国加入世贸组织的外部环境及经济持续增长的内部形势，我国物

流基础设施投融资政策的转变必须符合内外部的现实条件和要求。调整后的政策应建立起政府投资主体和其他投资主体并存的综合投资体制，同时应健全相应的投资决策及风险约束机制。但在各种投资中，国家投资仍是交通运输建设投资的主渠道，其他投融资方式则起着加大投资力度、加强管理及增加收益的作用，以配合交通运输进一步发展的需要。

伴随着我国经济社会不断发展，现代物流业的发展方兴未艾。尽快建成布局合理、功能完善、衔接配套的物流基础设施体系是发展现代物流业的重要前提。一般而言，物流基础设施不仅包括 5 大运输方式中的重大设施，尤其是铁路、公路、航空港、万吨级以上泊位、油气管道等，还包括公共配送中心、区域性物流园区（中心）、公共物流信息平台等。由于物流基础设施投资金额大，建设困难因素多，投资机制问题往往影响着一个国家及地区物流业发展的顺利与否。引导社会资金投入物流基础设施建设，坚持以政府主导、市场运作，实现投资主体的多元化。设立物流业发展的专项基金，主要将其用于重大物流设施的建设，扶持重点物流企业发展，引导物流资源整合、传统物流改造提升、人才引进和培养。引导社会资金的投入，拓宽融资的渠道。争取全国现代物流发展引导资金，通过财政贴息、扶持担保等手段，积极引导民间资本、信贷资金、境外资金投入重大物流设施、信息服务系统及重点物流企业建设。

6.2.2 强化重点物流项目的建设

根据我国目前的情况，投入巨额的资金来建设物流基础设施及发展区域物流，完全依靠国家财政拨款或全部靠企业自己集资都不太现实。较可行的方法是：政府与企业采取联合投资，共同兴办区域物流。因此，在发展区域物流的过程中，国家可提出鼓励各行为主体共同投资兴办区域物流的经济政策。借鉴发达国家的经验，一些大型物流建设项目的投资可采取集资入股形式，由中央和地方、国家和企业共同承担；一些小型物流设施建设和部分物流设施的技术改造项目的投资，可按照谁投资谁受益的原则由企业或企业集团独立承担，也可以合作的方式共同承担。

物流项目建设原则是统一规划、明确功能、互相协调、政府推动、企业运作。据我国现实情况，经省批准的重点物流项目，在用地上国土部门将优先支持并享受工业用地价格；对进入物流项目的企业实施优惠政策；定期组织物流企业和银行对接，积极引导商业银行为物流项目提供贷款，鼓励担保机构为物流企业提供信贷担保、延期还款等优惠政策。目前，物流业已经争取到国家投资，今后应谋划一批高新技术产业等重大项目。这些都有利于增大物流项目的吸引力，从而提高物流项目的自我发展能力。

6.2.3 实施优惠的投资政策及先进的融资政策

投资建设物流基础设施耗费的资金数额巨大，资金回报率却非常低，投资回收期一般比较长。因此，该行业对投资者而言吸引力较小。因而，在适度提高政府投资比例之外，还应在实践中制定和实施优惠且平等的投资政策，以此来鼓励、吸引民间资本、私人资本和境外资本的投资。例如：可对参与新型物流基础设施建设的投资者，在项目建设期对其免征土地使用税；适当放宽贷款条件的限制；在项目投产、运行的一定时期里，按一定比率减征该企业的营业税；对于投资建设高新技术园区内的物流基础设施的企业，其进口设备和原材料时可免缴部分税；在国家政策允许范围内，允许非公有制经济组织参与部分公路、港口、物流园区、仓储设施等各环节的建设项目投资等举措。

我国资本市场尚处于起步阶段，发展空间巨大。兴建物流基础设施所需巨额资金可从资本市场取得。目前国际上较成熟的资本运营方式有很多，如国外常用 BOT（Build－Operate－Transfer）开发模式来解决大规模的基础设施建设问题。BOT 模式是指政府特许投资者在一定时期拥有及经营某些基础设施项目，偿还债务并可收取一定的资金回报收益，特许期满，项目将无偿转移给政府。政府保持着对公共物品的终极所有权，并最终获得正常运行的资本设施的经营权。我国也已开始运用这种"建设—经营—移交"方式。目前，中铁工程总公司投资兴建的德商高速公路菏泽至曹县段已经开工建设，这是山东省高速公路领域第一个以 BOT 模式运作的基础设施建设项目。又如 ABS（Asset－Backed Securitization，即以资产为支持的证券化）方式，该方式以项目所属资产为基础，以该项目资产所能带来的预期收益为保证，通过在资本市场发行证券以募集资金。ABS 方式当属近十几年来世界金融领域最重大的创新之一，依国际经验和我国实践，物流基础设施很适合此种融资方式，但我国目前还需建立并完善相关方面制度予以规范。

物流基础设施投资资本的来源应从单渠道转变为多渠道，使其既可来自

国家投资又可来自资本市场。将多种有效的新的融资方式应用于物流基础设施建设，才能在短期内集聚更多资本，为我国现代物流产业的发展创造更好的基础设施条件。

6.3 为物流科技进步营造良好的环境

6.3.1 提高全民物流科技意识

物流是与各行各业都紧密相连的产业，所以要促进我国经济发展，大力发展区域物流是必经之路。我国区域物流还处于一个起步阶段，虽然人们对"物流"这一词都不陌生，但对于要利用科学技术来武装区域物流的意识还是比较薄弱的，邓小平曾经说过"科学技术是第一生产力"，所以要发展中国区域物流，首先政府就要致力于提高人们的物流科技意识，强化"科教兴国"战略，要从依靠大量资金投资促进区域物流发展转变为依靠科技进步和提高劳动者的素质的轨道上来，人们的思想转变了，才能积极主动地提高对物流科技的需求，物流与科技互相渗透，从而有效地促进区域物流发展。要提高全民物流科技意识，教育是关键。可以通过以下几种途径：①各大高校除了在物流相关专业开设物流课程，还可以以全院选修课的形式开设物流的一些基本课程，让更多的学生了解物流。②物流企业和有物流活动的相关企业在招收员工时，可通过进行岗前的物流科技教育培训，提高物流劳动者的科技意识。而对于企业管理层来说，可通过进修的方式来学习更多、更先进的物流管理思想与方法，并在全企业内进行普及。③对于公众主要通过社区和信息网络的科教宣传。

6.3.2 创造良好的政策环境

物流业是将运输业、仓储业、货代业和信息业等加以融合的复合型服务产业，是国民经济重要组成，涉及领域广，吸纳就业人数多，能较大地促进生产、拉动企业和居民消费，其对促进产业结构调整、转变经济发展方式及增强国民经济竞争力发挥着不可替代的作用。在发达国家市场经济条件下，政府对现代物流业一般采用类同于一般的市场管理模式，通过完善其法律法规，鼓励企业在物流服务市场中展开公平竞争。政府的作用主要在于为物流业的发展营造宽松的环境和推行自由的政策。但针对中国当前情况，市场经济体系还不够完善，企业运作方式还未完全摆脱计划经济思维，政企不分、行业垄断和地方保护主义依然存在。并且，受东方文化背景影响以及计划经济的惯性作用，仍过多依赖政府，期望从政府获得相关优惠政策。因而，在当前中国市场化取向的改革逐步深化、市场机制已对资源配置发挥基础作用的现实条件下，如何恰当处理好政府与市场的关系，特别是政府规制与市场竞争之间关系，使政府对于现代物流业的发展发挥重大作用便成为一项重要课题。

从发达国家和地区的经验可知，现代物流业的发展离不开政府的大力支持及适当干预，不仅需要有力的政策引导，还需要有资源的支持。中国是一个处于转型期的国家，新的市场体系还未建立完全，而在物流市场的供给方面，企业还面临诸如基础设施瓶颈、市场分割等困难。且现代物流业与那具有明显产业界面的产业不同，其需由多个行业在不同侧面同时参与，涉及关系极为复杂，并且尚处于产业发展的幼稚期。因此，政府强有力的干预和调节对于中国现代物流业的发展就变得尤为重要，政府要加大对物流业的扶持力度，通过建立重点物流项目库，对重点项目建设在中央投资配套和贷款贴息等方面给予优先扶持。根据国家有关规定，结合当地实际情况，合理确定物流企业营业税计征基数。政府还应完善对物流市场的管理，打破企业物流准入管理中政出多门、条块分割的局面，加强对价格战、超载等不正当竞争的监管。且使行业协会在物流企业行业自律、经验和信息交流等方面的作用得以充分发挥，并通过制定企业服务水平标准体系，为企业物流创造较好的市场环境。

科技的进步离不开科技投入的增加，尤其是对于物流硬技术来说，科技投入的作用更加明显。要加大科技投入，政府应该起着重要的引导和促进作用。"九五"以来，我国政府也相继出台了一系列扶持技术创新、加快科技成果转化的优惠和激励政策，但从科技投入整体水平来看，物流科技投入还有待加强。我国整个区域物流的发展处于起步阶段，大部分物流企业刚刚从传统的运输、包装企业转变为现代物流企业，对于引进先进物流技术还处于观望状态。这时，就需要政府起到一个拉动作用，为物流科技投入与区域物流发展创造一个积极的环境。

1. 增加政府物流科技投入

由于科技具有"公共品"的特性，所以科技的开发有一定的风险性，在许多领域常常会出现市场失灵，所以政府应该加强对物流科技的投入。而且加强政府投资的方向应该是：重点支持具有基础性和公共性的物流科技活动，把对物流企业的直接支持转化为间接支持，把直接出资转化为通过对物流环境与基础设施建设的间接支持，尤其是对物流交通运输基础设施的支持，主要起到引导物流企业科技创新的作用。目前，对我国来说，最主要手段是：政府通过加大对物流公共基础设施、基础教育等和物流科技进步密切相关的基础领域的投入来支持区域物流的发展。例如：由政府出资建设覆盖全省的信息网络、铁路、公路等基础设施，这些基础设施的建设对各项物流活动的发展都起到了重要作用，而且也不是任何一家物流企业能单独完成的，所以政府有必要加大对这一部分的投资。

2. 鼓励物流企业增加科技投入

我国政府应当努力实施《国家中长期科学和技术发展规划纲要（2006—2020年)》的若干配套政策，运用适当的政策手段，引导和鼓励物流企业增加其科技研究经费及经费的使用效率，尤其是对射频、GIS、GPS、自动化立体仓库等高科技的投入，使物流企业成为科技投入的主体，尽快改变物流科技投入不足的局面。可以从以下两方面着手：

（1）资金政策的支持。我国大部分物流企业规模属于中小型，其资金是比较有限的，所以政府有必要通过一系列的资金政策来支持其物流科技的研究，①拓宽融资渠道，多层次地引进海内外资金，使物流企业有更多的资金来源；现代物流企业的发展水平，是一个国家或地区综合经济实力的标志。政府应大力引进投资强度大、创税能力强、技术含量高、环境污染少的大项目，提高招商引资质量，优化投资结构；积极利用国内外的资金、设备、技术和智力，学习借鉴国际现代物流企业先进的经营理念、管理经验和管理模式；鼓励支持跨国公司在我市设立分支机构；采取灵活措施引进国外著名的物流商参与物流园区、基地开发。②通过税收和利率优惠政策减少企业资金压力，例如：加大对企业自主创新投入的所得税前抵扣力度，对符合规定的进口物流技术或设备，免征进口关税和进口环节增值税等。

（2）激励政策的刺激。通过对物流科技活动的奖励来刺激企业或个人努力进行物流科技创新。比如说，可以从国有净资产增值部分中拿出一定比例作为股份，奖励有突出贡献的物流科技人员和经营管理人员。

3. 政府要尽快制定适宜物流经济发展的战略

政府应该根据当地的经济发展模式，构建科学合理现代物流体系，制定相关的土地、服务等优惠政策，引导不同类型的物流企业入驻相应的物流园区，避免重复建设，达到规模经济效益，促进物流企业发挥协同发展优势。可以通过出台优惠的土地政策，整合存量资源，优化区域物流空间布局（物流园区、物流中心、配送中心），鼓励物流企业入驻相关的物流园区，充分发挥政府在区域物流发展中的宏观调控作用。对已被认定的重点物流园区、基地和专业物流中心运营期间的相关市政设施原则上由当地政府负责管理及维护。对已被认定的重点物流园区、基地和专业物流中心用电电价按工业用电的标准收取；水增容费采取先征后返，专项用于项目基础设施的建设。对入驻物流园区、基地并经认定的物流企业，可免交市权所属的行政事业性收费。政府要明确政府的战略投资地位和作用。政府应通过各种支持性政策，引导不同类型的物流企业合理分布、共同发展，优化区域物流结构。对于建设投资规模较大的物流基础设施及配套设施、公共信息平台等公共建设项目，政府可通过投资、补贴等方式参与建设。

4. 建立适应现代化物流发展要求的物流管理体制，营造公平、有序的市场环境

出台统一物流法规，推出大宗货物的招投标管理办法，打破地区及部门封锁，鼓励工商企业剥离其物流资源，以使货源进入市场。相关管理部门要为龙头品牌企业集聚市场资源服务，为优质企业的发展创造条件。

在现有区域物流政策体系基础之上，把阻碍物流畅通的各类不符合市场竞争原则、违反国家法律法规规定的地方保护、区域封锁、行业垄断、市场分割等政策逐步废除，努力建成统一开发、公平竞争、规范有序的现代物流市场体系。对国有交通运输企业，除了通过较大范围的资产重组与结构优化，形成若干全国性、地区性的大公司和大集团，充分使其在交通运输业的骨干作用得以发挥，除提高规模经济效益外，还要通过改组、联合、兼并、股份制、承包、租赁等多种形式，使众多的国有小型交通运输企业都找到适合自身发展的组织形式及管理模式。仓储业则需在现有仓库的改造基础上，通过

仓储社会化、产业化和标准化最终实现仓储业的现代化。

6.3.3　加强知识产权保护

在进行物流科技创新的过程中，如果法律不能合理的保护发明者的知识产权，使其成果在不获得赔偿的情况下被他人随意复制和使用，这就会影响科技进步主体对其技术进行深入研究和投入市场的积极性，从而使该项技术进步不能充分地为物流市场带来经济效益。要做到这一点，就需要政府加强对知识产权制度的建设。

1. 政府要不断地完善知识产权相关法律法规的建设，做到有法可依，有法必依

过去我国知识产权的保护主要集中在著作权、商标权、专利权等范围上，而物流技术多数是高新科技，例如：物流信息技术、RFID 技术等。我国对这些成果的知识产权法律制度还涉及不深，所以需要进一步加强。并且在实施过程中，要依照法律法规严格执行，对执行过程进行监控与反馈，再对已有法规进行修改，循环往复加强对知识产权的保护。

2. 要提高我国物流科研人员的知识产权意识，培养专业人才

可以通过在各大高校中开设知识产权相关课程，提高未来物流科研主要力量的知识产权意识；或通过社会上各种培训机构对物流在职人员进行意识强化；或通过社会上的新闻媒体、专业报纸来对知识产权进行宣传，提高全民的知识产权意识。通过加大宣传力度，让人们在得到物流科研成果的时候，能够及时、主动的向专利申请部门申请专利，从而获得知识产权保护。

6.3.4　加强科技中介机构的建设

物流科技创新的最终目的是要将创新成果转化为实际生产力，为区域物流发展作出贡献。那么要成功的将科技成果向生产力转化，科技中介服务机构在其中起到了很大的作用。而目前，我国科技中介机构还处于探索阶段，提供的服务大部分只起到了牵线搭桥的作用。所以要想依托物流科技进步发展我国区域物流，加强科技中介机构的建设是必经之路。

第一，政府要加强对科技中介机构的支持，尤其要对非营利性的科技成果"孵化器"型的中介进行资金支持。并且要多远化的发展科技中介，逐渐

从非营利性向营利性机构转变。同时政府要对科技中介机构建立有效的管理机制。

第二，充分发挥行业协会的作用，引导科技中介机构进行自我监督和管理。目前，在北京、上海、湖南等省市都成立了科技咨询业协会，并取得了较好的效果。其他省市也可以借鉴他们的发展方式，建立科技中介行业协会，通过协会的各项职能对科技中介机构进行人才培训、信息交流等活动，成为政府和科技中介机构之间的桥梁。

6.4　加大物流人力资本投入

6.4.1　人力资本理论与高等教育

世界银行调查报告显示，目前全世界人力资本、土地资本和货币资本三者比例约 64：20：16，由此可见，人力资本在全球国民财富中所占比例最大。所谓教育经济学（economics of education）就运用经济学理论与方法来研究教育与经济的相互关系及其变化发展规律，并且研究教育领域中资源投入与产出规律的学科，在教育经济学中人力资本也被认为是一个非常重要的概念。可以说，教育是人力资源开发的最主要的渠道和手段。发展高等教育成为世界各国开发人力资源、形成人力资本的战略举措。人力资本理论认为，高等教育是一种人力资本投资，只要这种投资的个人预期收益率高于对其他项目投资的个人预期收益率，个人就有投资高等教育的积极性。如果这种投资的社会预期收益率高于其他长期项目的社会预期收益率，公共机构也有发展高等教育的积极性。

人力资源具有非复制性、效益性和开发性的特点，要充分挖掘人力资本，必须充分利用高等教育的优势，培养人的创造能力与创新意识。当人力资本理论应用于高等教育时，它不仅在计算高等教育的经济价值方面作出贡献，更重要的是，它推出了一种崭新的思想，确立了高等教育在当代经济和社会发展中的重要地位，发挥了高等教育的关键性作用。

成功的教育一般会带来两种效应：一方面，人们在受教育后，获得了知识，提高了技能，从而增加了对新的工作的适应性和在工作中发挥专门人才作用的可能性，这称之为知识效应；另一方面，人们在受教育后，可以改变不正确的价值判断，提高纪律性，加强对工作和社会的责任感，从而促进受教育者参加经济活动并提高做好工作的积极性，这称之为非知识效应。人们在终生学习过程中既表现为循环性，又表现为补充性。循环性意味着人们在一个阶段受到的教育是下一个阶段学习过程的输入，补充性意味着投资于一个阶段形成的有效技能是上一个阶段已经获得技能的补充。

6.4.2 国内外物流人才现状

发达国家物流人才现状：发达国家物流教育研究与物流业的发展同步，已经形成了较为合理的物流教育培训体系。美国麻省理工学院斯隆学院（MIT Sloan School）、密歇根州立大学（Michigan State University）、迈阿密大学（Miami University）、西北大学（Northwestern University）等 50 多所大学都设有物流或者供应链管理专业，教育层次包括本科生、硕士生、博士生等，另外，哈佛大学（Harvard University）、俄亥俄州立大学（Ohio State University）、马里兰大学（University of Maryland）、明尼苏达大学（University of Minnesota）等大学也设置了物流管理、供应链管理、运输与物流、仓储与物流等专业方向。由于物流业实践性强，在美国物流管理委员会的组织和指导下，建立了仓储工程师、配送工程师等美国物流业的职业资格认证制度，所有物流从业人员必须首先接受职业教育，经过考试获得上述资格后才能从事相关的物流工作。截至 2000 年 5 月，欧洲共有 87 所大学开办了物流高等教育，其中 54 所大学有物流管理或供应链管理硕士（约占 2/3）和本科专业（约占 1/3）的培养方案，另有 33 所大学在其他专业培养方案中开设物流管理或供应链管理的课程。国内外高等院校中物流学科一般归属于工程类学院、管理类学院或专门成立的物流学院内。根据美国对高级物流主管的一项调查显示，约有 91% 的物流主管拥有学士学位，51% 拥有硕士研究生以上学位。

我国物流人才现状：物流理念引入中国仅有 20 多年，缺乏完善的国际物流人才培养体系。我国 1993 年开始将物流管理专业列入教育部（原国家教委）新修订的本科专业目录，直到 1998 年，全国共 15 所高校开设过物流管理专业课程。随着物流实践的深入开展，国内开设物流类专业的高等院校迅速增长，其中，开设物流工程硕士（博士）专业学位的院校 60 余所。另有 500 余所中、高等职业院校开设物流管理专业，在校攻读物流学科的学生超过 10 万人。教育部高等学校物流类专业教学指导委员会和教育部中等职业学校物流专业教学指导委员也于 2006 年相继设立并开展工作。

开设物流管理专业的高校多集中在经济相对发达、物流量比较大的地区。我国高校物流教育由物资管理、交通运输管理、商业储运、工商管理等专业演变或交叉而来。北京物资学院是我国开设物流专业最早的高校，该校 1994 年开始招收物流管理专业本科生，2001 年经教育部批准，成为首批恢复物流管理专业并成立物流系。一些高校将物流学作为管理类专业、经济类专业本科生开设的大类专业基础课程，比如北京交通大学国家级精品课程《物流学》，是为管理类专业、经济类专业本科生的专业必修课程。

我国物流人才状况整体不容乐观。①缺乏物流人才，而随着物流人才的行业需求面的不断扩大，高级物流管理人才更是供不应求；②专业水平整体不高，学历普遍偏低，不能满足现代物流企业对人才的需求；③整体培养体系不够完善，培养出的物流人才与企业需求和未来发展差距较大；④与物流人才缺乏的现实形成鲜明对比的另一番景象是，许多大型企业将富余人员安置到物流部门，人员冗杂，难以适应物流现代化要求。这些问题严重制约着我国物流业的发展。现阶段，高校毕业生在物流人才市场上呈现出"中间大两头小"现象，中间大指的是高校物流专业毕业生数量越来越多，他们的理论知识较丰富、但缺乏相关的实践经验；"两头小"，一头是指有实践经验又有理论知识的高端物流人才稀缺；高端的特别是能设计物流解决方案的，能够针对客户具体情况提供定制化服务的人才在院校中很难培养。另一头是指具有一定物流理论知识的一线操作人员缺少，物流是操作性很强的行业，很多高等院校毕业生不愿到一线基层去。

6.4.3 我国物流人力资本投资途径

1. 建立多层次的物流人才培养体系

现代物流是一个多学科交叉的应用型学科，涉及信息、运输、存货、仓储、物料搬运、包装和配送等多方面的知识，所以要求操作人员能有这方面的集成能力。为了使社会对物流人才的多样化需求得到充分满足，应该建立多层次、多渠道的教育培训体系与模式。同时为了提高人力资本的收益率，满足国内外对物流人才的需求，物流人才首先应该具备管理、物流和商业这三项基本技能。而且除了传统和当前急需的运输业务、物流工程技术、配送业务、物流管理、仓储业务等专业知识外，还要加强信息技术、财务分析、供应链管理、全球物流、战略管理与规划等方面能力的培养，最大限度的发挥教育培训机构对人力资本增值的作用。

通过对国内外典型的物流人才教育的分析和比较及对我国物流人才现状的分析，我国在物流人才培养和专业建设上，要基于我国物流发展现状充分吸收发达国家的先进经验，在教学过程中要注重加强学科体系建设、加强师资队伍建设、不断改进教学方法和教学手段、进一步扩大实习实训基地建设、加强高校之间的交流、加强校企合作和产学结合。在物流学历教育教学过程中，应根据不同层次的人才特点和发展方向确定课程设置、制订教学计划，充分考虑不同层次物流人才的基础知识、专业知识、管理知识、操作技能的合理搭配，突出不同层次和不同市场目标的物流人才特色。针对目前物流市场需求最旺盛的专科（高职）层次的物流人才，应加强工学结合，加强实践实训教学，理论课与实践课的比例应为1∶1，理论教学和认识实习、顶岗工作要交叉进行。

2. 加强学历教育

研究生教育主要培养高等院校的教师、科研人员和高层次战略级别物流管理人才。培养的重点是具有扎实的物流理论基础、系统的专业知识、合理的知识结构、较强的研发能力、宽阔的专业视野，能处理不可预知的各种意外情况，掌握物流战略和工作流程、物流网络相关及之间的关系、物流在整个商务领域中的位置与角色，在职责范围内能确定并优化详细的最佳物流战略方案。

大学本科主要培养中、高级物流管理人才。基于各个本科高校自身定位不同，培养类型可以分为研究型人才和应用型人才。本科毕业生在走上工作岗位后，工作范畴包括负责物流网络中的计划编制、协调管理、指导控制等，需要拥有突出的个人自制力及责任感。在广泛的工作领域中掌握专业技能和知识，能胜任多样的、复杂的、非程序化的工作，能够掌握物流战略和工作流程、物流网络相关及之间的关系，拥有在监督管理工作流程及项目的专业知识和技能，在职责范围内确定并优化详细的最佳物流处理方案。在教学过程中逐步推进开放式办学模式，遵循知识、能力、素质协调发展和综合提高的原则，给予学生更大自主权。加强各类实践环节，建立以实验实习教学、课程设计、毕业设计教学为主导，以学科竞赛、技能竞赛、创新设计、科研活动、学术报告、社会实践、顶岗工作等为辅的创新实践教学体系。

专科（高职）层次，主要培养一线的管理人员，掌握较广泛的专业技能和知识，能够处理多样化、复杂、非程序化的工作，能理解物流战略和工作流程、物流网络之间及相关的关系（一般知识），在其职责范围内能提出最优操作方案。工学结合的课程内容设置是培养第一线管理人员的有效的课程体系，基于职业岗位的分析和具体的工作过程，以典型的工作任务或产品为载体，技能实训贯穿于整个学习阶段。在借鉴德国物流教育模式的基础上，我国的物流专科层次的人才培养模式应采取分段教学、模块型课程模式，由基础逐渐向专业、专长，最后到实际应用方面、顶岗工作，而技能训练应贯穿始终，可以通过各种技能训练增加处理操作中出现问题的能力。

物流专业实践教学和职业能力的获得可通过以下环节获取：①多媒体演示和案例分析、文献讨论，引导学生运用所学知识，分析、解决案例中揭示的实际问题，案例讨论后应及时进行总结。②实验（训）室模拟实验（训），进行仿真试验。让学生重点掌握或了解物流实际运用和操作，通过物流作业模拟，提高学生掌握物流基本流程、环节与操作的能力，提升物流应用和分析能力。通过实验室模拟操作和讨论、角色的互换和交流，掌握企业对物流各个岗位的入职需要的技能。③社会实践和参加相关专业技能大赛。例如根据相关的调研题目开展社会调研、参加"全国大学生物流设计大赛"等物流专业型的竞赛。比如2006年首次开展的全国大学生物流设计大赛只选一家企业作为案例，从初赛到复赛再到决赛，为时6个月，全国200多所院校的400多支参赛队最终确定81支参赛队进入决赛。一些高校的带队老师认为：学生们在这三个月的参赛过程中学到的东西比平时三年学到的东西还多。很多专家也认为：这次大赛以物流公司的实际案例作为设计对象，又采用全国竞赛的方式，确实是物流这门实践性很强的学科非常管用的教学途径。④企业见习、顶岗实习，有助于学生职业能力的培养，有助于全面提高学生的实践能力和职业素质；使学生能及时把学习到的科学技术和社会经济发展的最新成果应用到实践中去，逐渐形成基本实践能力与操作能力，以及专业技术的应用等技能，通过各实践环节，对学生专业实践能力及其他的各种综合能力进行训练培养和提高。

3. 注重职业培训

有学者认为从事物流业务培训属于第五方物流，即向物流从业人员提供

现代综合物流的新理念以及实际运作方式的一方，即专门进行物流人才培养的一方。

中国物流与采购联合会对培训需求的调查结果显示，绝大多数参加物流培训的从业人员对培训表现出积极的热情，培训1周以内最适宜，其次是1～2周。急需的物流专业人才培训项目主要为技术培训，其次为上岗培训，最后为资格证书培训，其他需求培训项目很少。

面对当今社会物流发展的新形式、新环境，可以通过定期或不定期的职业培训满足物流管理人员或技术人员提升层次、更新知识的需求。由于企业的生产安排和人员紧缺，企业个性化培训需求日趋强烈，高等院校和培训机构可以在了解市场需求的基础上开发适合企业个性化的培训方案，采用讲授、研讨、交流、座谈、网络教学等多种教学模式相结合的方式进行相关的职业培训，缓解企业生产的难题。职业培训要注重实际可操作性和培训的最终效果，能够在比较短的时间内发挥实际功能和作用，解决具体实践问题。

4. 完善物流职业资格认证

建立并不断完善物流行业从业资格认证制度，建立物流行业的职工终生教育体系，从而既满足我国现代区域物流对专业人才的需求，同时又保证行业升级发展对人员素质提高的要求。政府及行业主管部门针对当前物流资格认证市场的发展要进行规范管理，实现有序发展、健康发展。使得资格认证在我国的物流业发展中发挥积极作用。

近几年在国内颇受关注及认可的几个认证及培训有：①英国皇家物流与运输学会（ILT）推出的国际物流师认证。该认证分为四个等级，即物流人员基础证书、物流部门经理证书、物流运营经理证书、物流战略经理证书。②美国运输与物流学会推出的注册物流师CTL认证。包括五门笔试和一个创造性部分，适合有一定专业基础的中高级管理人员。③国内物流师职业资格认证。④全国注册采购师职业资格认证。⑤中国商业技师协会市场营销专业委员会的资格认证。证书级别分为物流管理员、高级物流管理员、物流经理三个级别。⑥《条码技术与应用》资格证书，于2003年4月开始启动。⑦《中国物流职业经理资格证书》（简称CPLM），是面向社会推出的物流职业资格认证项目（学历证书＋职业资格证书）。⑧《国际货运代理从业人员岗位资格证书》。⑨《报关员资格证书》和《报检员资格证书》等。

5. 多渠道培养国际物流人才

（1）中外合作办学。如中国海洋大学与英国合作的"中英物流管理本科项目"、厦门大学与英国罗伯特—戈登大学合作举办"购买与供应链管理硕士项目"、南开大学与香港理工大学合作开展的物流管理专业硕士、上海海事大学与澳大利亚西澳大学合作举办物流工程与管理硕士学位教育等。

（2）中外联合培训。中国物流与采购联合会与德国国际继续教育与发展协会签署了中德共同开展物流与采购人才培养战略合作协议，于2007年正式启动。三年内每年将派出180名物流、采购与供应链管理专业师资和校长及管理人员、企业管理人员赴德国进修，每期名额为20人。

（3）与国际物流公司联合办学。2005年复旦大学和中欧工商管理学院与DHL签订协议联合办学，主要用于提升DHL员工的专业素质。

选派学生到国际化公司实习。东南大学物流管理工程系从系统工程、系统分析与集成专业选派优秀的博士和硕士研究生到德国 V – LINE 公司实习，获得了较好的效果。

在国际化大背景下，我国应该积极引进发达国家的物流师资，从而建立国际化教育师资队伍，有所选择地整合利用不同国家的师资资源，并注重在实施过程中对本校师资资源的培养与提升，真正形成一个国内外师资资源互动、互补、互相提高的教学体系。此外，国有大型物流企业可以引入发达国家物流人才，用他们先进的管理理念带动整个物流业的发展。也可以与国际物流企业开展合作与交流，实现人员互派来提升国际化物流企业在不同情形下的管理水平。发达国家甄选物流经理人的标准可以更有助于培养专业人才。比如DHL公司对经理人的核心能力包括计划、团队管理、自我激励、沟通能力等10种。

6. 建立并完善网络教学

信息技术的快速发展为解决物流教育与市场需求脱节提供了最为经济的解决方案，现代化教学手段更为物流教学提供了可靠的技术手段，如通信视频技术、网络技术、多媒体技术等。网络多媒体可以将文字、图像、图形、声音、动画、数字电影、视频信息等媒体结合起来，向学生提供一个界面友好、操作简单、内容丰富的交互式学习环境。高等教育院校和教育培训机构可以充分利用信息技术带来的便捷，建立并完善物流网络教学模式，更形象的让学生掌握物流知识与技术。网络技术可以实现教师通过系统课件中的图像、文字、动画、声音等媒体信息传递到教学站，通过站点布置作业、解答问题、专题考核等，基本实现在网络上完成整个教学过程。学生能利用系统进行个别化学习，提问更方便和随意，提高学生在教学过程中的参与意识和学生在教学中的主体地位，教师也可以及时了解教学中的重点和难点，及时补充教学课件，教学互动效果会更加明显。教师可以通过教学课件把交互式教学、启发式教学、案例教学、模拟教学等教学方法融入教学中，并方便更新物流知识，突破传统的教学模式。

实践中很多物流仿真软件可以模拟真实的物流与供应链系统，增强学生感性认识和学习兴趣，使学生对生产物流系统、配送中心等有个感性认识，满足了教学的需要，也节省了大量的时间和开支。在课程设计、实验、毕业设计等实践教学中，学生通过学习使用物流仿真软件，创建"真实"的物流系统，培养了实践的能力，并在不断的建模和优化过程中提高了分析问题、解决问题的能力和创新的精神。

7. 校企合作和产学研结合机制建设

我国政府和各行业主管部分应积极研究学习西方发达国家校企合作和产学结合的经验，对校企合作、产学研结合计划、项目的经费支持等形成操作性强的制度，在我国尽快建设起操作性强、富有生命力的校企合作和产学研结合机制，将学生的学业目标和职业目标有效结合起来，将发展学生兴趣、爱好、能力专长和人格方面的价值作为合作教育的目的。高校要积极调研企业的需求，开展有针对性的教育培训和研究课题，为企业解决实际工作中的难题；政府要鼓励企业建立物流研究机构，企业以自身的优势介入学校的管理与监督，鼓励企业积极参与各高校的物流专业教学计划的制订，为高校提供有丰富实践经验的兼职教师。企业开展物流领域的专家或者物流企业的高级管理人才还可以积极参与撰写培训教材，为我国高等学校开设物流专业提供充足的保障，也可以深入企业普及物流教育，为物流人才的培养展开专题研究。

物流人才的培养作为实践能力的教育耗资比较大，集中表现在实习实训基地的投资成本比较大。深入开展合作办学可以使得高校和企业等社会资源紧密合作，具有一定的优越性：一是降低了全社会的办学成本，提高了教育的投资收益率。二是与高校实训基地相比，在企业工作场所实训、顶岗工作，学生真切感受到企业工作氛围，开阔眼界、了解到本行业的基本情况，有利于学生职业素质养成。三是大学生作为最具有创造力的群体，通过在实训、顶岗工作中发现的实际操作问题并开展研究和革新，为企业持续发展注入了新的动力。四是大学生参与企业生产实践、顶岗工作，通过劳动获得报酬，减轻了学业上的经济负担。高校实践教学的校内基地和校外基地各有其自身的优势，能够相互补充、互相推动、有机结合。通过校企合作、产学研结合对培养物流人才能够起到积极作用，提高了教学效果、培养了"双师型"教师、提高毕业生的就业竞争力、为企业的成长储备了高素质人才，高校培养模式将更贴近市场需求，管理模式和教学方式都将更加切合科技的发展和社会实践需求。

6.5　物流信息化与标准化建设

信息化与标准化是现代物流的两大基本特点。目前，物流信息化有两个明确的发展方向：一是横向整合，形成公共物流信息平台体系；二是纵向整合，形成专业化的整体解决方案。从技术上来看，射频标签（RFID）、面向服务的架构（SOA）和商业智能（BI）等将继续成为关注的技术热点。一批重要的基础标准开始研制和修订，例如《物流术语》《物流成本》，还有关于联运平托盘、RFID 技术与应用的标准等。在这些标准的研制和修订过程中，企业参与度非常高，并成为实施过程的生力军。企业在整合资源的过程中越来越认识到，整合离不开标准。未来，物流信息化、标准化将会得到更好的发展。

6.5.1　加快物流信息化发展步伐

物流信息化是指物流企业运用现代信息技术对物流过程中产生的全部或部分信息进行采集、分类、传递、汇总、识别、跟踪、查询等一系列处理活动，以实现对货物流动过程的控制，从而降低成本、提高效益的管理活动。物流信息化是现代物流的核心环节，也是现代物流发展的必要条件。物流信息化也是区分传统物流与现代物流的主要标志之一。从一定程度上讲，有了物流信息化的进步，才有现代物流企业的发展。当代社会，信息化发展日新月异，只有抓住我国工业化和信息化大发展的机遇，大胆创新，完善供应链

管理、推进现代物流的商业运作新模式，加强市场化交割与统筹结合，建立上游企业和下游企业一体化运作的全过程创价机制，这样才能进一步推动现代物流的发展。

分析近年来现代物流信息化在我国得以迅速发展的原因，主要来自于三个层面的因素。第一是网络信息技术的普及和发展，尤其是互联网技术解决了信息共享、信息传输过程中的标准化问题和成本问题，使得信息更便捷地成为决策、控制的依据和基础。因此解决好信息的采集、传输、加工、共享，就能有效提高决策水平，从而带来效益。而且在这个层面上可以很少涉及流程改造和优化的问题，信息系统的任务就是为决策提供更为准确、及时的信息。第二是企业为了降低运营成本和加快资金的周转速度，把系统论和优化技术用于物流的流程设计和改造并且融入到新的管理制度之中。此时的信息系统作用有二，其一是强化新的管理制度或新的流程，使其得以规范化地执行；其二是在规定的流程中提供优化的操作方案，例如运输路径的优化方案，仓储存取的优化方案设计等。此时信息系统作用主要在于固化管理和优化操作。第三是供应链的形成和供应链管理的作用在不断上升，其中物流管理是其主要组成部分。要解决的问题是提高整个供应链的效率和竞争力水平，而这主要是通过对上下游企业的信息反馈服务来提高供应链的协调性和整体效益，如采购商与供应商的协同、生产企业与销售企业的协同等，物流信息系统不仅可以看做是供应链的血液循环系统同时也是中枢神经系统。供应链的基础是建立利益机制，但是这种机制需要一定的技术方案来保障，在这里信息系统的主要作用就成为实现这种互利机制的手段。例如销售商的库存由供应商的自动补货系统来管理，生产商的生产计划根据销售商的市场预测来制定等。

中国物流信息中心主任戴定一表示：从我国物流领域信息化发展现状来看，物流信息化可能要经过"三步走"的历程。第一层次是基础信息化。采用网络、计算机等 IT 工具，使业务系统与信息系统合二为一，使用机器采集、传输、共享信息，最后提供给人工决策。第二层次是在一些信息化基础比较好的企业或行业，进行流程的整合、改造和决策的优化。第三层次可以称作供应链管理。在单个企业的信息化能力提高以后，企业之间需要进行更多的战略合作和协调，从而形成不同企业间业务协同的链条。在这链条上，不仅处理物流，还可以处理商流、资金流、信息流，并把供应商、分销商、物流商和其他相关伙伴串联起来，形成了一种和谐的供应链关系。而我国的物流企业信息化大多处在第一层面。目前我国物流信息化市场的组成，可以说国外跨国物流占据着相当大的份额。在这一领域，国外跨国企业占统治地位，其信息化系统大都交由国外企业建设，而且正不断地向国内渗透。在国内制造业企业信息化整合中也蕴藏着巨大的物流商机。尽管 ERP 的呼声很高，但向采购和分销部分扩展、延伸的内容越来越被重视，从而引发制造业物流信息化的强大商机。伴随国内商贸业的迅速发展，连锁化的分销扩张明显，通过物流信息化来加强流通渠道的整合与改造，已经成为连锁业的核心竞争力。最后还有物流企业的信息化。我们应该整体关注市场组成和物流需求，虽然这个市场起点低，但发展却很快。另外，一些 IT 厂商提到的物流信息化市场，严格来说太抽象。IT 开发商应该深入到行业中去，了解行业的具体需求，你就会发现，这个市场的容量很大，不断会有新的商机。事实上，已经有一些物流软件供应商按着这一思路运作，并在行业内取得了成功。

那么，怎样提高物流企业的信息化。对于单个物流企业来说，首先应确定好物流业的服务需求，比如说有的需要减少衔接点时间，有的需要信息透明化。确定需求后再设计物流企业的信息系统（这里是指设计信息系统的功能），最后可将信息系统的设计环节外包给第五方物流企业，因为大多数的物流企业是缺乏自行建设信息系统能力的。对于整个物流业，首先是要实行标准化，例如 RFID，现在每个国家根据自身情况设置标准，这是制约物流信息化的一个瓶颈，就像每个国家的铁轨宽度都不同，那火车就没法在国家间来回跑了。其次就是加强"物联网"的建设，例如引入 RFID，使得每一个货物都有自己的"身份"，从而达到物流的可视化、可控化；最后就是加强第五方物流建设，提倡信息系统建设的外包，在降低成本的同时提高信息系统的水平。具体建议有：

第一，充分发挥政府的职能，推动基础信息化的建设，特别是从政府监管要求出发，对于车辆、集装箱、托盘、气瓶以及重要物流单证的信息化、规范化，有条件的尽快使用 RFID。特别是对于食品、药品、烟草、化学危险品等要加大投入，实行全程信息跟踪。

第二，政府在基础信息化建设中形成的基础信息资源应尽快向社会开放。我国已经在第二代身份证上加装了芯片，在全国铁路的所有车厢上也安装了RFID，很快在汽车、集装箱等物流装备上也会加装 RFID。但是如果这些措施

仅满足政府本身管理的需要，不能向社会开放，那么将大大降低这些投资的效益水平，影响整个社会的信息化步伐。因此要采取措施，在不影响国家安全和行政监管的条件下，逐步开发基础信息资源，为社会服务。有些基础信息服务甚至可以通过立法加以确定。

第三，要注意处理好电子商务和电子政务之间的关系问题。如今社会，公共信息平台越来越受到重视，但同时也出现了一些电子政务平台向电子商务扩展的问题。在共同利用基础网络、信息资源等方面，二者的结合是有利的，但是如果处理不好，把两种截然不同的业务模式捆绑在一起就会有问题。电子政务往往是强制性的，不以赢利为目的，用纳税人的钱来投资；而电子商务是以赢利为目的的商业活动，靠市场机制运行，要避免垄断，以便给用户充分的选择权利，所以二者不宜过度地捆绑在一起。

6.5.2　加强物流标准化建设

标准化是对产品、工作、工程、服务等普遍活动制定、发布和实施统一标准的过程。它是使系统保持统一性和一致性，对系统进行管理，提高系统运行效益的有效手段。物流本身是一个涉及面广、内容复杂的大系统，所涉及的要素极其广泛。一项物流活动的完成，需要众多物流要素共同作用才能实现。为了能够使各种物流要素得到有效配合，需要对物流基础设施、机器设备、操作方法等制定统一的标准，并且按照统一的标准组织物流活动。物流标准化就是指以物流为一个大系统，制定系统内部设施、机械装备、专用工具等的技术标准，包装、仓储、装卸、运输等各类作业标准以及作为现代物流突出特征的物流信息标准，并形成全国以及和国际接轨的标准化体系。物流标准根据其定义可分为物流软件标准和物流硬件标准。软件标准主要包括物流用语统一，单位标准化，钱票收据标准化，应用条码标准化，包装尺寸标准化；硬件标准含有托盘标准化，集装箱、叉车标准化，拖车载重量标准化，保管设施标准化，其他物流设备标准化。物流标准化是区域物流生存和发展的基础。提高物流管理各个环节的信息化、标准化水平，可以使物流管理更加省时、省力，使其在国民经济发展中发展巨大作用。

鉴于物流标准化对物流发展的重要作用，世界各国对物流标准化的建设都比较重视，并且非常强调本国物流标准与国际物流标准的衔接。日本是对物流比较重视的国家之一，所以其物流标准化的发展速度也很快。日本政府工业技术院委托日本物业管理协会花了四年时间对物流机械、设备的标准化进行调查研究，目前已提出日本工业标准 JIS 关于物流方面的若干草案，里面主要规定了物流模数体系、集装的基本尺寸、物流用语、物流设施的设备基准、输送用包裹的系列尺寸、包装用语、大型集装箱、塑料制通用箱、平托盘、卡车车箱内壁尺寸等。目前澳大利亚也已实现了对运输工具的标准化，其集装箱的尺寸、集装箱箱中托盘的尺寸、卡车的大小、仓库的货架已经成功配套，托盘和箱子从集装箱到货柜的整个过程都不会分家，从而提高了整个运输的效率。此外，澳大利亚还实现了物流信息系统的标准化。让各方面的信息系统对接，交换数据，共享信息。美国、欧洲目前基本实现了物流工具和设施的统一标准，这有效地降低了系统的运转难度。在物流信息交换技术方面，欧洲各国不但实现了企业内部的标准化，而且也实现了企业之间和欧洲统一市场的标准化，从而使欧洲各国之间的系统交流更便捷、有效。韩国产业资源部在起草的物流发展五年规划中也提出加快推行物流设施的标准化。上述国家和地区卓有成效的物流标准化建设，有力促进了物流的快速发展，从而成为目前世界上物流最为发达的国家和地区。尽管世界各国对物流标准化都比较重视，也非常注重本国物流标准与国际衔接。但从目前情况来看，大多数国家的物流标准化建设还处于初级阶段，物流体系的标准化在全世界还没有做到真正统一，目前主要有欧美标准、日本标准等。

目前，物流标准化滞后已成为制约我国现代物流发展的瓶颈之一。只有加快实现物流标准化，才能有效地实施物流系统的科学管理，加快物流系统建设，促进物流系统与其他系统和国际系统的衔接，有效地降低物流费用，提高物流系统的经济效益和社会效益。

另外特别重要的是，今后物流的信息化和标准化会更紧密地结合在一起。因为要实现通过信息的整合来带动资源、市场的整合，其中一个关键因素就是推进信息的标准化建设，因此在未来的信息化项目中将会越来越多地涉及标准问题。特别是 RFID 技术的应用作为重点开发应用的关键技术，集中了信息化和标准化的许多基本问题，这些问题的解决将有助于加快我国物流信息化、标准化建设的进程。

从现阶段开始，就必须从战略的高度看待物流标准化，对物流标准化问题展开深入研究，充分发挥标准在物流管理中的重要作用，奠定区域物流高速发展的基础，进而推动物流业的发展。从这个思路出发，结合其他国家的

经验，对推进我国物流标准化建设提出以下几点建议。

1. 加强我国物流标准体系的研究工作

标准体系是对标准化工作系统的规划。在物流标准化的基础工作中，研究和编制标准体系是要把系统科学运用到标准化工作中去。标准体系可以为今后的物流标准化建设提供一个总的战略思路。通过明确标准化的发展方向和工作重点，按各类标准间协调配合的需要合理安排工作的先后顺序，有目的，有计划，区分轻重缓急，安排标准的制定和修订工作，从而避免盲目、重复劳动和遗漏。在现阶段，应首先加强对物流标准体系的研究工作。在建立标准体系表时，最重要的是对系统的标准进行明确恰当的层次结构划分，既要站在物流大系统的角度从上而下考虑，又要参照已有标准的分类方法，积极借鉴采用国际标准化组织和一些发达国家的先进物流标准，从下而上进行。标准体系应当是对我国物流系统标准化的总体规划，为物流标准化工作确定一个明确的发展方向和目标。

2. 建立国家级的物流标准化管理机构

加强物流标准化工作，最重要的是组织和协调工作。与一般标准化系统相比，物流系统的标准化涉及面更为广泛。加强物流标准化工作，一个非常重要的内容就是组织和协调系统各个环节，使标准之间达成统一。受计划经济体制的影响，我国的物流标准目前仍处于分散归口的管理模式，由于制定标准的部门之间缺乏沟通和协调，势必影响物流标准的规范和统一。

另外，如何在涉及物流的部门标准、行业标准、国家与地方标准之间进行衔接和协调，如何统筹规划物流标准的制定、发布和实施，保证物流标准的规范和统一，也是目前我国物流标准化建设中亟待解决的一个突出问题。因此，在我国有必要建立一个全国性的物流标准化管理机构，对标准化工作进行统一规划、协调和指导。该机构的具体组建，可经国家标准化行政主管部门审批后，由物流业务主管部门委托物流行业组织实施。

3. 让企业参与物流标准的制定

物流标准的制定，不应由政府管理部门的标准化技术委员会全权负责，而要让企业也参与到标准的制定中来，这样做至少有三方面的好处。①企业参与标准的制定，能够充分结合实际情况，利用企业自身物流运作中所总结的经验教训，为国家标准的制定提供良好的原始资料，使制定出的标准不仅突显先进性，更能体现合理性和可行性。②企业所参与制定的标准，多少反映了企业自身的利益需求，这样企业才有动力去采用和实施标准，从而降低了制定的标准得不到贯彻的风险。我国已经制定的一些重要国家标准之所以在应用推广上遇到较大阻碍，主要原因就在于这些标准在制定时很少考虑企业自身的实际情况，忽略了企业当前利益因素，当然企业就不愿意接受。③参与标准制定的企业往往就是首先推行标准化的企业。推行标准化的企业越多，标准化所产生的效益越明显，对于其他尚未实施标准化的企业而言无疑是很好的示范。市场竞争的压力将迫使越来越多的企业实施标准化。如此构成一个良性循环，采用的企业越多，就有越多的企业愿意采用此标准。产生所谓的"客户规模效应"。这将极大地促进物流业的整体标准化。

4. 普及标准知识，重视对专业人才的培养

目前，我国还有相当多的企业未转变观念，对物流的认识还停留在非常落后的阶段，没有意识到标准化对于今后企业的物流管理将产生的深刻影响。为此，国家应大力普及标准意识，提高全社会特别是企业的标准意识，增强企业利用标准的能力和自觉性，加大对物流标准的宣传推广，让物流从业人员和有关企业知晓、理解并进而执行物流标准。为了普促标准化工作的实施，还可以考虑定期和不定期地组织监普检查，对企业建立物流标准化系统的水平进行考核等。由于物流标准化工作具有专业性强、涉及面广的特点，实施标准化管理、通过质量管理体系认证等工作对人员素质都有较高的要求。而当前我国物流企业面临专业人才缺乏的困扰。在实行物流标准化建设的过程中，必须重视对专业人才的培养。按照国外的经验，可以通过政府鼓励，高等院校设立相关专业和课程，实施正规教育，同时引导企业、行业组织参与并开展多层次的人才培训工作，既重视正规教育，更要加强在职培训，实行"两条腿走路"。

5. 加大对物流标准化建设的资金投入和支持力度

目前，我国对标准化工作的经费投入方面明显不足。鉴于物流标准化建设涉及面广，对象繁多，需要制定大量的标准，国家应加大对物流标准化建设的资金投入，具体可将物流标准化建设资金按照项目预算管理的要求，结合其他标准化建设的资金，由国家财政统筹安排。同时，政府对社会和经济的强制约束力是任何组织都无法替代的。我国目前还处于不成熟的市场经济

时期，政府的支持和推动对物流标准化建设至关重要。对实施标准化管理和取得质量管理体系认证的物流企业，国家有关部门应在登记管理、项目贷款、科技项目立项等方面予以支持。

6.6 物流基础设施的规划与建设

近年来，在国家及地方政府的大力推动和企业的积极参与下，我国现代物流的发展呈现出很好的势头，在企业物流、物流信息化与标准化、物流发展规划、物流基础设施建设等领域均取得了一定成绩，特别是物流基础设施的建设和发展成为热点，各级政府部门和企业倾注了很大的热情。

6.6.1 物流基础设施

目前，国内对物流的基本概念基本有了共识，即现代物流泛指原材料、产成品从起点至终点伴随相关信息有效流动的全过程。现代物流将运输、仓储、装卸、加工、整理、配送与信息等方面有机结合，形成完整的供应链，为用户提供多功能、一体化的综合性服务。从上述思路出发，物流基础设施可以理解为：在供应链的整体服务功能和某些环节上，满足物流组织与管理需要的、具有综合或单一功能的场所或组织的统称，主要包括铁路、公路、水运、空运、码头、港口、机场、流通中心以及网络通信基础等。根据企业基于供应链管理所产生的物流需求在空间分布上具有相对集中或分散组织的特征，从满足这种物流组织需求的角度出发，物流基础设施可以分为两大类。第一类是专门化设施。指因具有上下游业务关系和产品生产过程联系的企业相对集中于特定的区域，或作为一定区域货流较为集中的节点地区，需要提供满足集中物流组织管理要求的专门化设施，包括物流中心、配送中心、物流园区，以便在特定区域实现供应链集中管理的功能。对于按照成本、效率、服务要求可以进行集中提供物流组织服务者，应按照专门化的设施进行建设，从而形成相应的综合物流组织功能。第二类是专业化设施。是处在供应链的不同环节，在不同的空间位置上对供应链具有支持作用，满足供应链管理要求的单个功能，或以单个功能为主，兼具其他辅助功能的专业化设施，该类设施具有按照自身服务对象需要进行布局和功能设置的特点，这些设施包括各种运输方式的运输枢纽、场站、仓储设施等。对仅在供应链的某个环节提供运输、仓储组织服务的，主要是依托这些专业化设施进行功能的提升，满足物流组织的需要。由于目前一定程度上存在对发展现代物流的整体把握不够准确的问题，造成了对物流基础设施本身具有的功能的理解，以及物流基础设施在推进现代物流、经济发展中作用的认识存在局限，在推进物流基础设施发展的手段和方式上也存在偏差，使得在物流园区（基地、枢纽）、物流中心、配送中心的建设和发展上存在较大的盲目性，部分地区在物流设施规划、建设的过程中，甚至还存在一定的违规"圈地"行为，这造成了社会上对物流设施的建设上的争议，使得有关政府部门和企业对物流设施以及现代物流能否健康发展产生了忧虑。

完善的基础设施是现代物流发展不可缺少的物质基础。基础设施先行是发展现代物流的基本策略，也是发达国家发展物流的成功经验。物流基础设施的作用有：

1. 提高物流效率

物流通过不断输送各种物质产品，使生产者不断获得原材料、燃料以保证生产过程的进行。物流能够如此有效的提供给生产者物资就是由于物流基础设施提高了物流效率。以运载设施来说，在运输过程中，装卸机械在货物的搬运转移中节省了人力和时间，大大提高了劳动效率。计算机和通信设备的准确性和快捷性为物流提供完善的信息服务，也大大提高了物流效率。

2. 降低物流成本

仓库拥有保管物资，调节物资供需、运输和配送，以及节约物资的功能。这些功能减少了物资的浪费，对物资的分拣、加工等功能及时发现问题，减少检查的重复。从而降低物流的成本。交通运输环境的不断改善，大大节约了时间成本。计算机及通信设备的发展则节约了空间成本。上述的仓储、运载设施、计算机及通信是构成物流基础设施的三大块。总的来说物流基础设施可以有效降低物流成本。

3. 改善物流条件

在早期没有汽车、火车这些交通工具时，生产条件低下，能够交换的物资本身也不多。因此没有工具可凭借时的货物流通就十分有限。现在，发达的交通设施使得物资可以到处运送。在信息化的现代社会，计算机可以让你方便快捷地获得各种所需要的信息，真正做到足不出户就知天下事。完善的物流基础设施，无疑是物流业发展的重要物质条件。特别是交通枢纽、工业基地、商贸中心、物资集散和口岸地区，从长远发展来看，均需要综合配套的物流基础设施。因此基础设施改善了物流条件。

4. 保证物流质量

物流基础设施中的运输机械保证了物资的顺利进行流动。通信设备保证了物资能够及时准确到达定点处。仓储的保护设施使物资质量得到保证。整个物流过程顺利，货物质量保证，及时准确到达目的地，这些充分表明物流基础设施保证了物流质量。有计划地增加物流设备的投资，提高综合物流运输及仓储能力，提高物流管理的效率。

6.6.2 推进物流基础设施建设的途径

我国区域物流的总体状况是：一小（经营规模小），二少（市场份额能力弱），三散（货源不稳定且结构单一缺乏网络或网络分散，经营秩序不规范）。虽然产生这些问题的原因是多方面的，但是基础设施和装备条件的严重滞后是关键因素之一，只有通过完善基础设施和物流硬件条件才能为现代物流业的发展奠定基础。我国物流业对国民经济和其他产业的贡献不高，主要原因也是受制于基础设施条件，如果基础设施条件有所改善，物流业的贡献率将会有很大的提高。以交通运输条件为例，交通基础建设是物流基础设施的一大核心，近年来，我国把交通投资先行作为国民经济发展的重要战略之一，各地纷纷致力于交通设施建设，交通投资保持着较快的速度，国民经济的"可动性"大大提高，对降低运输成本发挥了积极作用。据有关部门统计，交通基础设施的改善能够使运输成本降低 10% 左右。由此可见，物流基础设施建设有助于我国物流业获得新的利润增长点。

近年来，国民经济的飞速增长使现有的物流基础设施得到充分的利用，不少设施处于超负荷状态，能力远远满足不了需求。可以预料，今后经济发展过程中的主要问题还是物流基础设施规模小、设备老化、反应速度慢、效率低等。因此，大力发展我国的物流业就需更进一步发展和完善物流基础设施。如何尽快形成各种物流、运输、仓储设施的综合开发和资源整合与利用局面，是政府在推进现代物流发展和营造物流发展的基础运作环境时的出发点和归宿。为了使各种物流设施既能够满足物流组织需要，又能按照各自的规律发展，形成社会物流基础设施体系，通过设施集合体的综合发展营造物流发展和物流技术应用的环境，需要建立符合物流设施整体发展要求的思路，并通过合理途径和方式谋求各类设施的共同发展。特别是运输设施的合理发展所营造的多式联运、集装箱运输、运输网络等综合运输环境和运输效率，是物流组织实现高效率、低成本和优质服务的根本，脱离了这一基础，物流发展的环境条件也就丧失了，发展现代物流的目的也就变得含糊不清或会偏离正确的发展方向。因此推进物流基础设施发展的具体途径如下：

1. 提高既有资源的整合和设施的综合利用

积极尝试通过加强各种运输方式在运输组织上的合作、实施运输与仓储的一体化经营等方式，进行经营领域的合力拓展，使之能够提供更高水平的运输组织服务和仓储服务，推进这些设施成为专门化的、不失其原有特征的物流基础设施。

现代物流的发展对交通运输、仓储等相关领域的要求实际上是如何提高效率、降低成本和改善服务。因此，并非所有的既有运输设施均要成为物流中心或配送中心，各种既有设施仍然有其自己的发展空间。首先，要从各种既有设施自身的角度考虑对其规模、布局、功能等进行科学的整合，提高既有设施的使用效率；其次，考虑到不同领域物流基础设施在服务上的可替代性和竞争性，各种既有设施在进行功能转型发展时，要积极推进跨行业和企业间的整合，提高设施的综合利用水平。

在目前关于物流基础设施用地存在较大争议的情况下，通过上述方式实现既有资源的整合和设施的综合利用，应成为政府部门制定规划和引导、组织物流基础设施建设实施的重要途径和基本原则。

2. 加强新建设施在规划上的宏观协调和功能整合

按照物流组织需要，物流基础设施建设需要占用大量土地，在土地资源的约束不断加大的情况下，若不能很好地处理各种基础设施发展规划之间的关系，将不利于相关设施的发展，并产生严重的相互制约和干扰。从社会供应链的角度，物流组织功能主要是在仓储服务和运输场站的相互配合下实现的，这种满足物流管理需要的运输、仓储的组织与服务，在现实的经济发展

环境条件下不需要独立进行，原因在于，各类运输场站与工业、商贸流通的仓储设施在服务对象上具有相当大的范围统一性和对象统一性，只要充分考虑满足现代条件下经济运作的服务需要和基本特点，专门化的物流设施与交通运输、仓储等专业化设施完全可以在规划上进行综合考虑和协调，使满足物流服务需求完全可以通过运输场站、仓储设施的合理布局和功能设置而实现。从这种理念出发，虽然推进现代物流的发展需要政府部门在规划中确立好物流基础设施的发展重点与空间布局，但是，物流基础设施规划应是在综合考虑相关专业化设施规划的基础上确立的，实际上是进行相关规划的宏观协调和相关功能在规划层面的整合。

鉴于上述原因，在交通运输及仓储等行业即将进行"十一五"规划的背景下，作为推进现代物流发展和物流基础设施建设的重要手段，应从整体战略的高度进行相关规划的协调，理顺相关规划的关系，使物流规划、不同运输方式的场站建设规划、工业及商贸流通业的仓储设施规划能够有机衔接和配合。在衔接和配合中，物流规划是整合资源和提高整体设施效率的指导，其他的规划则是基础，是按照构建支持物流组织与发展的环境而进行的规划。特别是要在以交通运输场站、仓储设施的规划占地为控制目标的基础上，实现物流功能，防止重复建设和占用更多的土地。

3. 推进物流基础设施的合理空间布局与功能完善

要真正做到按照"全面、协调和可持续"新的发展观推进相关设施的合理布局和功能完善，需要以物流基础设施规划为指导的前提下进行相关事实上的宏观协调，改变过去传统的各自实施规划的做法。这种协调的基本思路应当体现在三个方面：

（1）运输场站在布局上与物流基础设施规划重合时，应使两者在布局上实现合并建设，并按照物流基础设施规划确立的功能和规模进行运输设施的建设，或依托运输设施进行满足物流组织要求的功能拓展建设，避免功能性的重复建设，政府部门要从物流基础设施整体发展的角度出发，对重复建设要有清晰的认识，以便加快既有的以及规划的运输设施的整合，使运输基础设施因物流的运作组织而得以更好地发挥相关功能，推进综合运输的发展和社会整体运输效率的提升。

（2）对于城市生活功能区和工业生产产业、企业集中区域，在进行仓储用地审批和建设时，必须通过土地置换方式，导向企业利用规划的物流基础设施建设范围内的相关设施或在规划区域内进行建设，推进仓储设施的社会化服务。

（3）在城市新的工业开发和商贸功能区域，不再分散进行各种运输方式的场站建设和仅建设企业自身用的仓储设施，而是通过集中进行规划的物流基础设施的建设，使相关运输、仓储功能在规划中得到集中体现。

4. 增强各种运输服务方式对物流基础设施的支持能力

为发挥物流基础设施的组织功能和提高运作效率，要推进运输组织与服务的创新，通过依托专门化物流基础设施，专业化的运输场站，发展各种运输方式多式联运、集装箱运输、城市配送等，并努力降低社会综合运输成本，提高运输的效率和可靠性以及各种运输方式对物流基础设施的支持能力。

首先要重视基础设施的铁路运输功能的建设和形成铁路与公路运输的有机衔接，形成公—铁两种运输方式在干线运输和区域运输、城市配送上的分工与配合；其次是依托港口和机场，形成与不同物流需求相适应的运输组织与服务模式；最后是加快公路的快运、零担、集装箱运输的发展，为物流基础设施在区域中的物流组织功能提供效率与服务模式选择。

5. 提高物流基础设施的经营与网络化服务能力

要考虑发挥物流配送中心物流园区以及运输场站、仓储设施等在区域性及城市物流组织上的功能，按照物流基础设施发展层次和功能分工，孤立进行设施的开发和建设，其功能和作用将很难得到发挥。因此，需要通过建设模式、运营模式和服务功能创新等途径，提高单个基础设施的经营发展能力。同时，更需要积极探索基础设施之间的合作发展，通过在设施之间开展运输的网络化经营，在供应链基础上的合作和分工，提高基础设施的网络化服务能力，构建现代物流发展需要的高效率基础设施体系。

6. 提高物流基础设施的信息化水平

要推进物流基础设施发展，达到提高既有资源的整合和设施的综合利用、加强新建设施在规划上的公关协调、实现物流基础设施的合理布局与功能完善、提高各种运输服务方式对物流基础设施的支持能力、提高物流基础设施的经营与网络化服务能力的目的，必须积极按照现代物流的发展特点和要求，

提高物流组织节点的基础设施的信息化水平。提高物流基础设施的信息化水平，可以通过依托对物流发展具有重要影响力的大型物流中心、物流园区，建设和开发公共物流信息平台。需要注意的是，公共信息平台的建设应当成为物流及相关领域或环节实现信息化的手段，是为了推进这些领域的信息化进程，而非信息化的目的。

6.7　培育以大型企业为龙头的物流龙头企业

6.7.1　龙头企业的定义与内涵

龙头企业指的是在某个行业中，对同行业的其他企业具有很深的影响、号召力和一定的示范、引导作用，并对该地区、该行业或者国家作出突出贡献的企业。龙头就是力量，整合资源方能有的放矢，突破发展。根据国家有关部委联合发的文件规定，重点龙头企业（国家级）的标准：一是我国东部地区的企业固定资产达 5000 万元以上；近 3 年年销售额在 2 亿元以上；产地批发市场年交易额在 5 亿元以上。二是经济效益好，企业资产负债率小于 60%；产品转化增值能力强，银行信用等级在 A 级以上（含 A 级），有抵御市场风险的能力。三是带动能力强，产加销各环节利益联结机制健全，能带动较多农户；有稳定的较大规模的原料生产基地。四是产品具有市场竞争优势。重点龙头企业应建成管理科学、设备先进、技术力量雄厚的现代企业，成为加工的龙头、市场的中介、服务的中心。重点龙头企业具备的条件有：

（1）规模较大。固定资产规模东部地区在 5000 万元以上，中部地区在 3000 万元以上，西部地区在 2000 万元以上；近 3 年年销售额东部地区在 2 亿元以上，中部地区在 1 亿元以上，西部地区在 5000 万元以上；产地批发市场年交易额在 5 万元以上。

（2）经济效益好。企业资产负债率小于 60%。

（3）带动能力强。生产、加工、销售各环节利益联结机制健全，能带动较多农户；有稳定的、较大规模的原料生产基地。

（4）产品具有市场竞争优势。科技含量高、市场潜力大；有较健全的市场营销网络，市场份额在同类产品中居前列，且较稳定。

6.7.2 培育物流龙头企业的必要性

信息技术的迅猛发展和世界经济全球化的不断深入，被誉为"第三利润源泉"的现代物流业在全球范围内蓬勃兴起。由于物流运作本身要求一定的经济规模，要求"大兵团作战"，例如在运输行业，国外一批大型、超大型运输企业自 20 世纪 80 年代末 90 年代初迅速崛起，形成了前所未有的规模。如欧洲排名前九位的超级运输企业，其年营业额都在 10 亿英镑以上（约合人民币 120 亿元）。在北美、澳大利亚也都形成了一批知名度很高的超级运输企业。因为只有这些大型、超大型企业才能聚集起雄厚的资金、完备的技术力量和一流的管理人才，才能有能力、有实力采用现代技术和管理手段，为物流提供高质量、高效率、可靠和经济合理的运输保障。从发达国家的发展情况看，物流业通过竞争、兼并和强强联合，一方面，形成少数大型、特大型集团企业，以集中力量，采用现代化科学技术和现代化管理手段，提供高质量服务，满足社会需求，抵御风险，领导行业发展潮流；另一方面，筛选出一大批运作灵活的小型企业，以拾遗补缺，满足社会各层次的需求和增加社会就业机会。这种调整，最终使发达国家的运输业形成了少数大型、超大型物流企业与大量小型私人物流企业并存的稳定结构。近一二十年来，西方发达国家物流业发展的一个显著的特点，就是少数大型、超大型企业迅速崛起，形成发达国家物流。

在我国，各级政府部门对物流业的发展持一种积极的支持态度，许多地方将现代物流业列为当地经济发展新的经济增长点。国务院常务会议明确把物流业列入我国十大产业振兴规划之列。物流业是跨部门跨区域的复合型服务业，它的发展直接关系整个社会经济运行系统是否能高效低成本运行，因此也被称为企业的"第三利润源"。由于我国的物流业发展时间短，进入门槛低和相关制度缺失，致使物流业的发展层次普遍偏低。物流企业数量很多，但整体实力不强，服务内容单一，真正达到 3A 级以上的企业很少，能提供附加值较高的服务企业也就不多；企业之间以低价争夺客户的现象普遍存在，物流业信息化程度低，运作方式非常传统，德国是世界上物流成本最低的国家，其物流成本仅占 GDP 的 8%，而中国达 30%，物流业已经对外资开放，如果我们自己不主动提升，很有可能被无情地淘汰或洗牌。

由于重点物流基地和物流企业的发展水平代表了一个地方物流业的发展

水平。集中力量，重点扶持一批示范性物流基地建设，培育一批竞争力强、示范作用显著的物流龙头企业，发挥其示范效应和带动作用，可以推动物流业的发展。因此不妨在短期内，通过资源重组，打造几个大型的本土物流龙头企业；同时，从外部引进有实力的大型物流企业，优化物流业格局。这种整合不是在政府的行政指令下完成的，而应该是物流企业在市场竞争的环境下形成的现代竞争理念自觉推动的结果。

同时大型骨干物流龙头企业，不管在公共平台的建设上，还是在物流方向的引导上，都应起到核心的作用，比如像快递领域，目前国内国外都有一些核心的企业，在航运上有中远、中海，在物流方面有中外运，还有港口企业，这些企业拥有的资源是中小物流企业不可比拟的，这些骨干企业应该肩负起社会责任，与中小企业共同分享其核心资源，促使大家共同发展，逐步形成各自优势，从而让我们中国物流行业的竞争力不断提升。区域经济发展的核心竞争力，在于培育有竞争力的产业经济，而龙头企业正是产业经济的灵魂。可以说，没有龙头企业就没有强有力的产业经济，而没有强有力的产业经济也就不可能形成可持续发展的综合竞争力。

6.7.3 全力打造物流龙头企业的途径

改革开放以来，随着我国社会主义市场经济体系初步建立和物流建设的突飞猛进，带动物流行业生产力实现了跨越式发展，打造龙头企业的便利条件已形成。一是交通往来更加频繁，社会财富日益丰富，聚集和储备了大量的物资流、资金流、技术流和信息流，社会主义新农村建设和城乡一体化工作，为打造龙头品牌企业奠定了雄厚的基础。二是大部制改革已经完成。有利于统筹协调综合运输体系的规划和建设，具备了开展多式联运、甩挂运输等社会化大生产、大交通的条件，有利于实现客运"零换乘"和货运"无缝隙衔接"。三是信息技术突飞猛进。具备了成熟的应急处理、市场监管和公众服务能力，能够实时记录、采集和监控交通运输动态信息，为交通运输建点、连线、结网提供了支撑和保障。四是龙头企业雏形初现。通过市场发育和企业改制，部分在竞争中逐渐壮大的企业开始发展成为行业里的骨干，如许昌万里运输集团已成长为规模、网络和品牌实力强大，具有服务质量优、安全有保障、质量信誉好的大型企业。

现代区域物流是现代服务业的重要内容，是经济发展中最活跃的增长因素。加快发展现代物流业，对于落实科学发展观，促进产业优化升级，加快构筑高端化、高质化、高新化产业结构，强化节能减排，提高经济运行质量和效益，增强区域经济实力和综合竞争力，具有十分重要的意义。培育物流龙头企业无疑有利于提高行业管理水平，带动整体效益的提高，从而使全行业得到快速发展。

因为物流龙头企业在管理、技术、资金、人才等方面均具有突出优势，体现着整个行业的发展水平。物流龙头企业能够充分整合运力、人员、货源、资金等各方面的优势资源，以先进的企业管理手段和科学的运输组织方式，降低空驶率、提高劳动生产率、减少运营成本和能源消耗等，能够最大化地创造经济效益和社会效益。尽快培育出一批有实力、有规模、大型化的物流龙头品牌企业，是时代赋予我们新的使命。应不分国内外、不分所有制，营造一流的发展环境，采取切实有效措施，积极引进国内外大型物流企业学习他们先进的管理水平和技术。同时，以项目为抓手，不断筹划和推出一批关联效应和投资规模大的现代物流业新项目。此外，发挥好服务业发展引导资金的促进作用，扶优扶强，积极培育一批现代物流龙头企业和知名品牌。打造物畅其流、快捷准时、经济合理、用户满意的社会化、专业化的现代物流服务体系，把我国现代物流业做大做强，从而增强服务业的整体实力和水平。物流行业既要有大量、分散、灵活的中小企业、私营企业，也需要有实力、有规模、用先进技术装备的大企业和企业集团。没有符合经济规模的骨干大企业和企业集团，就不可能使现代化的物流技术得到充分应用。从当今世界发达国家经济发展来看，也是大型企业集团、跨国公司左右着市场，代表着行业发展方向，是行业的中坚力量，处于有利的竞争地位。培育物流龙头企业的过程，就是一个促进整个物流行业管理水平、技术水平全面提高的过程。

1. 出台优惠政策

坚持市场化、产业化、社会化的方向，大力扶持符合市场经济发展需求、有发展潜力的物流企业，重点培育一批竞争力强、示范作用显著的物流龙头企业。省级重点培育一批具有国内影响力的物流龙头企业；市级重点培育服务区域物流、具有区域竞争力的龙头企业；县级重点培育服务县域尤其是农村物流的龙头企业。并且政府应给予项目审批、贷款等方面的政策支持，因为企业建设物流枢纽、物流园区，以及引进和推广信息技术，对物流基础设

备等进行更新换代，都需要大量的资金，仅依靠企业自身积累，难度大、周期长、发展慢。具体来讲，国家对重点龙头企业的扶持政策主要分为四个方面：

第一，财政政策。为了引导龙头企业大范围地带动生产基地和农户，形成龙头企业加生产基地和农户的产业化经营新格局，对于重点龙头企业带动的生产基地建设等，中央财政要继续给予支持，地方财政也要作出具体安排。

第二，金融政策。灵活运用货币政策工具，安排贷款计划，及时增加再贷款，支持金融机构支农资金需要；进一步明确金融机构支农重点，完善支持农业产业化的金融服务体系；以龙头企业和高科技农业、特色农业为重点，加强支持农业产业化的金融服务；支持农村基础设施和生态环境建设，为农业产业化创造条件；支持西部地区发展特色农业，促进西部农业产业化发展。

第三，税收政策。不管是国内企业还是外资企业对重点物流龙头企业根据情况减免企业所得税。通过调整进出口税率鼓励进口先进物流机械设备和软件方面的设施，鼓励重点龙头企业多渠道筹集资金，积极借鉴国内外投资融资经验，利用资产重组、控股、参股、兼并、租赁等多种方式扩大企业规模，增强企业实力。符合条件的重点龙头企业，实行规范的公司制后，可申请发行股票上市。已经上市的重点龙头企业，利用好上市公司在配股方面的倾斜政策。创造条件鼓励重点龙头企业利用外资开展合资、合作。积极探索建立以重点龙头企业为主体的行业产业化发展投资基金。

2. 鼓励物流业规模化经营

鼓励龙头企业通过兼并、联合、收购等多种形式重组整合，加快扩大经营规模，发挥规模效益；鼓励成立紧密合作的物流联盟，加强业务合作；鼓励优秀企业品牌和管理输出，开展连锁复制，加快服务网络的延伸，提高市场份额。树立企业品牌。选择规模大、实力强、效率高、效益好的企业进行调研、指导，帮助其做大做强，并筛选一批优质企业建立现代企业制度，争取上市运作，使其品牌走向全国、走向世界。发展龙头企业，应以现有骨干企业为基础，以资产为纽带，通过联合、兼并、股份制改造等途径，在较大范围进行资产重组和结构优化，组建区域性的企业集团，在此基础上经过发展，再造就若干个规模大、实力强、经营区域广，能主导地区、区域乃至全国市场的运输企业集团，逐步走上规模经营的发展道路，实现规模化、集约化和网络化经营。要引导运输企业创立品牌，使企业之间的竞争向服务质量竞争、品牌竞争转化。

3. 促进物流龙头企业形成核心竞争力

通过政策和资金引导，推动物流龙头企业采用先进物流设施设备、组织运营模式，提高龙头企业现代化水平。重点在物流企业运输合理化、包装标准化、装卸机械化、仓储自动化、加工配送一体化等方面，不断提高物流专业化服务水平，提高企业市场竞争力。

4. 推动物流行业转型升级

利用多种渠道促进技术进步。逐步实现装备现代化，重点发展集装箱运输、冷藏车运输等。注重利用电子信息技术，充分发掘和利用信息资源，全面提高运输能力和运输效率。为用户提供集运输、仓储、包装、加工、配送等为一体的综合物流服务，加快向第三方物流发展。

发挥龙头企业的行业带头和市场整合作用，推进重要物流项目建设和应用，规范市场经营行为。在培育龙头企业过程中要重视转型升级模式研究，总结经验，以点带面，促进行业整体水平提高，加快行业转型升级。

5. 扶持龙头企业应用物流信息系统建设

就物流企业而言，与传统的运输公司的关键区别在于基于信息技术提供高附加值的服务，通过降低客户的物流成本来获取自己的利润空间，而不是靠提供一般性的低价的服务。第三方物流公司提高专业化、规模化服务水平能有效降低客户的物流成本。比如，TNT 物流公司在物流市场的定位就是提供以供应链管理为重点的服务，通过使用信息技术提高货物在供应链上的透明度，缩短将货物从供应商到达客户的时间，而有别于传统物流目标——送货。为达到这一目的，他们把主要精力投放在为特定目标行业（6 个重要领域）提供物流服务，对关键过程实施标准化，借助信息技术、网络创新实现成本最优。菲亚特网络优化是非常成功的案例，意大利汽车巨头菲亚特在1993 年以前，自己管理汽车进厂物流，交由 TNT 管理后，TNT 对其在欧洲的仓库网点进行了优化，从原先的 27 个仓库缩减到了 9 个仓库，与之对比，物流成本下降了 30%，而且有了更高的补货速度，库存的周转量由原来的周库存变成了日库存。

开发并推广一批物流管理通用软件（接口），通过龙头企业推进企业物流链上信息联网，加快龙头企业信息化、信息标准化、信息共享联网的实现。年内要完成省、市龙头企业的信息系统使用，以及与物流信息中心联网工作。推广应用智能化运输系统，加快构筑全市物流信息平台，优化城市配送车辆交通管理，为配送车辆在市区通行和停靠提供便利。要加快制定和推进物流基础设施、技术装备、管理流程、信息网络的技术标准，尽快形成协调统一的现代物流技术标准化体系。要提高物流信息化水平，需要大力打造公共网络信息平台，支持物流上、下游企业采用互联网等先进技术，实现资源共享、数据共用、信息互通。

6. 加大对物流龙头企业组织

技术创新的引导力度。加大对物流龙头企业的大吨位车辆技改扶持力度，推进企业运力优化；选择龙头企业开展甩挂运输试点，积极引导物流龙头企业发展先进运输方式；依托龙头企业开展 RFID 卡、托盘、条码等项目应用工作，推动龙头企业技术创新，推动行业新技术应用。明确企业分工。从工商行政管理部门注册登记开始，把物流企业和货运企业区分开来，提高各自的准入门槛。现代物流企业应具备为用户提供集运输、仓储、包装、加工、配送等为一体的综合物流服务能力和条件。道路运输企业要分出资质和等级。

7. 建立物流龙头企业联系制度

各级各部门要通过物流龙头企业联系制度，及时了解辖区联系企业在物流发展中遇到的困难，并帮助协调解决；不定期组织专家对重点扶持企业就发展战略、技术和管理等问题进行研讨交流，给企业以帮助；加大对龙头企业人才培训扶持力度。要鼓励工商企业逐步将原材料采购、运输、仓储等物流服务业务分离出来，利用专业物流企业承担；鼓励交通运输、仓储配送、货运代理、多式联运企业通过兼并、联合等形式进行资产重组，发展具有一定规模的物流企业；鼓励有条件的国有大中型工商企业将企业的物流资产从主业中分离出来，整合资源，优化流程，创新物流管理模式，尤其是商业连锁企业要提高商品统一配送率。

8. 完善物流龙头企业培育保障机制

（1）建立物流龙头企业发展项目建设进度统计报表制度。各级运管部门对本辖区物流龙头企业发展项目内容进展、资金投入情况进行统计，组织人员不定期检查项目实施情况，掌握动态。

（2）加强行业协会建设。要组建综合交通物流协会及相应专业委员会，通过协会推动企业联盟的建设；协会的组建要发挥龙头企业作用，给龙头企业提供工作平台，通过行业协会，反映行业需求，维护行业利益。建立物流龙头企业发展项目建设进度统计报表制度。各级运管部门对本辖区物流龙头企业发展项目内容进展、资金投入情况进行统计，组织人员不定期检查项目实施情况，掌握动态。

（3）建立绩效评估和扶持项目考核机制。在上报年度扶持项目前，龙头企业所在地交通主管部门和行业管理部门要组织对该企业上年度扶持项目的绩效和实施情况进行考核，对新申请扶持项目进行可行性评估，随项目扶持申请表一并上报。省级交通和财政部门将依据绩效评价的有关规定，在各地自评的基础上，抽查一定数量的项目进行绩效评价。绩效评价和可行性评估的结果作为下一年度扶持计划的重要依据。

9. 物流龙头企业必须是网络化发展的企业

企业做大做强的主要途径应该通过收购、兼并等方式整合资源，同时，企业必须加大运营网点布局，实行公司化经营，能够在区域内具有强大的竞争优势，在服务质量、经济效益、社会效益等方面均堪称一流。例如，与美国等发达国家相比，我国运输企业的运输效率相差很大，一个重要的因素是发达国家的运输企业网络大、网点密，这样才能优化运输组织，使车辆的运行调度与货物的流向达到最佳的匹配，使车辆的空驶最少、里程利用率最高，这是降低运输成本的最有效的措施。建立业务网点主要的功能是组织货源和车辆管理，而第一位的是组织货源，车辆管理主要是外包或组织社会车辆等。

总之，我们应努力培育大型物流龙头企业，顺应市场需要。通过资产重组、市场整合和结构调整，建立起以资本为纽带，跨地区、跨行业、跨所有制的物流龙头企业，建立现代企业制度，提高了企业的竞争能力和抗风险能力。打造物流龙头品牌企业，政府及行业主管部门应加强宏观调控，引导物流行业健康发展，物流企业也应及时调整经营策略，提高竞争能力，不断发展壮大。我国的物流企业必须走集约化、规模化发展之路，但并不一定要复制出一个像美国灰狗公司那样的全国性的超大企业，而是要根据市场的发展情况和各方面条件的具备程度来培育具有中国特色的物流龙头企业。物流龙头企业应该先在一个区域内培育，再逐渐向全国发展业务，必须有一个由小到大、由弱到强、由区域性龙头企业变成为全国性龙头企业甚至国际性企业的发展过程。能够做大做强到什么程度关键要看它自身的核心竞争力和可持续能力有多强。

6.8　发展绿色物流

通过上一章节的分析可以看出，现代物流的发展必须把环境问题放在第一位，对物流体系的改进要从环境角度出发，即需要形成一个环境共生型的物流管理系统。这种物流管理系统建立在维护全球环境和可持续发展基础上，在抑制物流对环境造成危害的同时，通过改变原来经济发展与物流、消费生活与物流的单向关系，最终形成一种能促进经济与消费健康发展的物流系统，即向绿色物流转变是低碳经济背景下的区域物流发展的必经之路。而针对当前正处于高速工业化的中国，如何实施绿色物流管理，这也是基于物流科技进步促进区域物流发展必须要研究和探讨的问题。

6.8.1　绿色物流理论基础

可持续发展理论是指可持续发展既满足当代人的需要，又不对后代人满足其需要的能力过程构成威胁。1987年国际环境与开发委员会发表的《我们共有的未来》的研究报告提出，当代对资源的开发和利用必须有利于下一代环境的维护及其资源的持续利用，因此，为了能够实现经济的长期、持续发展，就必须采取必要措施来维护我们的自然环境的健康发展。这种经济上的可持续发展政策同样适用于物流管理。物流在运作过程中不可避免地要消耗能源和资源，产生环境污染，因而为了实现长期、持续健康发展，必须采取各种措施来维护自然环境。现代绿色物流管理正是依据可持续发展理论，形成了物流与环境之间相辅相成的推动和制约关系，进而促进了现代物流的发展，达到环境与物流的共生。

生态经济学理论：生态经济学是研究再生产过程中，经济系统与生态系统之间的物质循环，能量转化和价值增值规律及其应用的科学。物流是社会再生产过程的重要环节，它既包括物质循环利用、能量转化，又有价值转化与价值实现。因此，物流涉及经济与生态环境两大系统，理所当然地在经济效益与生态效益之间起了相当重要的桥梁作用。而传统的物流管理过多地强调了经济效益，而忽视了环境效益，最终导致社会整体效益的下降。经济效益主要涉及眼下和局部利益，而环境效益则关系到宏观与长远利益。现代绿色物流的出现，较好地解决了经济效益与环境效益之间的矛盾。绿色物流以经济学的一般原理为指导，以生态学为基础，对物流的经济行为、经济关系和规律与生态系统之间的相互关系进行研究，以谋求在生态平衡、经济合理、技术先进条件下的生态与环境的最佳结合以及协调发展。

生态伦理学理论：生态伦理学迫使人们对物流过程中造成的环境问题进行深刻的反思，从而产生一种强烈的社会责任感与义务感。为了人类自身更健康和安全地生存与发展，为了千秋万代的切身利益，人类应自觉维护生态平衡。这是时代赋予我们的不可推卸的责任，也是人类对自然应尽的权利与义务。绿色物流正是从生态伦理学中得到了道义上的支持。

6.8.2　绿色物流实施策略

绿色物流管理作为当今经济可持续发展的重要组成部分，对经济的发展和人民生活质量的改善具有重要的意义，无论政府有关部门还是企业界，都应强化物流管理，共同构筑绿色物流发展的框架。

1. 政府的绿色物流管理措施

（1）对发生源的管理。主要是对物流过程中产生环境问题的来源进行管理。在经济快速发展的大背景下，全球物流联系更加紧密，物流活动日益频繁以及配送服务的发展，引起在途运输的车辆增加，必然导致大气污染加重。可以采取以下措施对发生源进行控制：制定相应的环境法规，对废气排放量及车种进行限制；采取措施促进使用符合限制条件的车辆；普及使用低公害车辆；对车辆产生的噪声进行限制。我国自20世纪90年代末开始不断强化对污染源的控制，如北京市为治理大气污染发布两阶段治理目标，不仅对新生产的车辆制定了严格的排污标准，而且对在用车辆进行治理改造，在鼓励提高更新车辆的同时，采取限制行驶路线、增加车辆检测频次、按排污量收取排污费等措施，经过治理的车辆，污染物排放量大为降低。

（2）对交通量的管理。要发挥政府的指导作用，推动企业从自用车运输向营业用货车运输转化；促进企业选择合理的运输方式，发展共同配送；政

府统筹物流中心的建设；建设现代化的物流管理信息网络等，从而最终实现物流效益化，特别是要提高中小企业的物流效率。通过这些措施来减少货流，有效地消除交错运输，缓解交通拥挤状况，提高货物运输效率。

（3）对交通流的管理。主要是政府投入相应的资金，建立都市中心部环状道路，制定有关道路停车管理规定；采取措施实现交通管制系统的现代化；开展道路与铁路的立体交叉发展，以减少交通堵塞，提高配送的效率，达到环保的目的。推进绿色物流除了加强政府管理外，还应积极倡导民间响应绿色物流，强化企业绿色经营的意识，发挥企业在环境保护方面的作用，最终形成一种自律型的绿色物流发展体系。

2. 企业绿色物流管理措施

（1）绿色运输管理。一是开展共同配送。共同配送指由多个企业联合组织实施的配送活动。具体来说就是多个企业的配送中心联合起来，分工合作对某一地区客户进行集中配送，主要适用于某一地区的客户群需要物品品种多但数量较少，使用车辆不满载、配送车辆利用率不高等情况，而且共同配送可以分为以货主为主体的共同配送和以物流企业为主体的共同配送两种类型。从货主的角度来说，通过共同配送可以提高物流效率，如中小批发者。一般来说各自配送难以满足零售商多批次、小批量的配送要求。而采取共同配送，送货者可以少量配送，收货方进行统一验货，从而能够达到提高物流服务水平和物流效率的目的；从物流企业的角度来说，特别是一些中小物流企业，由于受资金、人才、管理、市场等方面制约，运量少、效率低、使用车辆多而且不能有效利用、独自承揽业务，在物流合理化及效率上受限制。如果企业之间彼此合作，采用共同配送，通过信息网络平台，那么筹集资金、大宗货物、货物的集中，提高车辆使用率等问题均可得到较好的解决。因此，共同配送可以最大限度地提高人员、物资、资金、时间等资源的利用效率，取得最大化的经济效益。同时，可以去除多余的交错运输，并取得缓解交通，保护环境等社会效益。二是采取复合一贯制运输方式。复合一贯制运输（Cmobinded tnansportation）是指吸取铁路、汽车、船舶、飞机等基本运输方式的长处，把它们有机地结合起来，实行多环节、多区段、多运输工具相互衔接进行商品运输的一种方式。这种运输方式以集装箱作为联结各种交通工具的通用媒介，起到促进复合直达运输的作用。为此，要求装载工具及包装尺寸都要尽可能做到标准化。全程采用集装箱等包装形式，可以减少包装支出，降低运输过程中的货损、货差。复合一贯制运输方式的优势还表现在，它克服了单个运输方式固有的缺陷，从而保证了运输过程的最优化和效率化；从物流渠道看，它有效地解决了由于地理、气候、基础设施建设等各种市场环境差异造成的商品在产销空间、时间的分离，促进了产销之间紧密结合以及企业生产经营的有效运转。三是大力发展第三方物流。这一点前文已做过分析。第三方物流（TPL）是由供方与需方以外的物流企业提供物流服务的业务方式。发展第三方物流，由专门的物流企业为供需双方提供物流服务，可以从整体的角度考虑物流合理化问题，简化配送环节，进行合理运输，有利于在更广阔的范围内对物流资源进行合理利用和配置，可以避免自有物流带来的资金占用、运输效率低、配送环节繁琐、企业负担加重、城市污染加剧等问题。当一些大城市的配送车辆大为饱和时，专业物流企业的出现能使大城市的运输车量相对减少，从而缓解了物流对城市的环境污染和交通压力。除此之外，企业对各种运输工具还应采用节约资源，减少环境污染的原料作动力，如使用液化气、太阳能作为城市运输工具的动力，或响应政府的号召，加快运输工具的更新换代。

（2）绿色包装管理。是指采用节约资源、保护环境的包装。绿色包装的途径主要有：促进生产部门采用尽量简化的以及由可降解材料制成的包装。在物流过程中，可采取下面的措施实现包装的合理化与现代化：

包装模数化，指确定包装基础尺寸的标准，即包装模数化。包装模数标准确定以后，各种进入流通领域的产品便需要按模数规定的尺寸包装。模数化包装利于小包装的集合，利用集装箱及托盘装箱、装盘。包装模数如能和仓库设施、运输设施尺寸模数统一化，也利于运输和保管，从而实现物流系统的合理化。

包装的大型化和集装化，有利于物流系统在装卸、搬迁、保管、运输等过程实现机械化，加快这些环节的作业速度，能够减少单位产品的包装，节约包装材料和包装费用，有利于保护货体。如采用集装箱、集装袋、托盘等集装方式。

包装的多次、反复使用和废弃包装的处理，包括：采用通用包装，不需专门安排回返使用；采用周转包装，可多次反复使用，如饮料瓶、啤酒瓶等；梯级利用，一次使用后，直接转化作他用或简单处理后转作他用；

废弃包装物再生处理，转化为其他用途或制作新材料。开发新的包装材料和包装器具，它的发展趋势是，包装物的高功能化，用较少的材料实现多种包装功能。

（3）绿色流通加工。指物品在从生产地到使用地过程中，根据需要施加包装、分割、计量、分拣、组装、价格贴付、标签贴付、商品检验等简单作业的总称。流通加工具有较强的生产性，也是流通部门对环境保护可以大有作为的领域。绿色流通加工主要包括两个方面措施：一是将消费者分散加工转换为专业集中加工，以规模作业方式提高资源利用效率，减少环境污染。如饮食服务业对食品进行集中加工，可以减少家庭分散烹调形成的能源浪费和空气污染；二是集中进行产品加工，以减少消费者分散加工产生的边角废料所形成的废弃物的污染，如集中对蔬菜进行加工，可减少居民分散加工垃圾丢放及相应的环境治理问题。

（4）废弃物物流的管理。从环保的角度看，大量生产、大量消费商品必然会导致大量废弃物的产生，尽管已经采取了许多措施加速废弃物的处理并控制废弃物物流，但从总体上看，大量废弃物的出现仍然对环境产生了严重的消极影响，而且引发社会资源的枯竭以及自然环境的恶化。因此，现代物流活动必须有利于资源的有效利用和维护地球环境。

废弃物物流指将经济活动中失去原有的使用价值的物品，根据实际需要进行收集、分类、加工、包装、搬运、储存，并分送到专门处理场所时形成的物品实体流动。废弃物物流的作用是，无视对象物的价值或对象物没有再利用价值，仅从环境保护出发，将其焚化化学处理或运到特定地点堆放、掩埋。降低废弃物物流，需要实现资源的再使用（回收处理后再使用）、再利用（处理后转化为新的原材料使用），为此应建立一个包括生产、流通、消费的废弃物回收利用系统。要实现上述目标，企业就不能仅仅考虑自身的物流效率，而是需要从整个产供销供应链的高度来组织物流活动，而随着供应链管理的进一步发展，还必须考虑废弃物的逆向物流。总体上讲，管理型物流要实现与交易对手的共赢，供应链型物流追求从生产到消费流通全过程的效益化，而循环型物流应追求从原料生产到废弃物全过程生态效率化，这也是21世纪绿色物流管理期待解决的重大课题。

6.9 加大对农村物流业的投入力度

发展现代农业是社会主义新农村建设的首要任务，发达的区域物流和完善的市场体系，现代农业的重要保障。我们必须强化农村流通基础设施建设，发展现代流通方式和新型流通业态，培育多元化、多层次的市场流通主体，构建开放统一、竞争有序的市场体系。

我国农业物流由 4 大板块构成：一是满足农业生产需要的农业生产资料物流。包括种子、化肥、农药、农膜、农机具、水利灌溉、饲料，也包括钢材、水泥、柴油、农用货车，等等。二是满足全国人民消费需求的农业物流与为了实现农产品总量供需平衡而进行的进出口物流。农民生产的所有产品，只要不是供自己消费的，就可能成为商品。农产品一部分直接面对消费者，成为最终消费品，一部分作为工业原料，以工业品提供消费，一部分加工成食品后供居民消费，一部分通过出口供国外消费。三是为满足农村劳动力再生产需要形成的生活消费品物流，主要是吃、穿、用、住、行等类消费品。四是为推进循环经济与建设节约型社会需要而形成的可再生物资的回收物流。比如农作物秸秆回收利用，废金属、废纸、废塑料的回收利用，生活垃圾和污水的综合治理和转化利用等。

我国的农业物流主要有 3 大特点：一是物流量特别大。以 2008 年农产品产量为例：粮食 48402 万吨，棉花 571 万吨，油料 3077 万吨，糖料 9451 万吨，蔬菜 56284 万吨，水果 16120 万吨，肉类 7743 万吨，奶类 2864 万吨。又如在社会消费品零售总额中，县及县以下占 32%，消费量超过 2 万亿元。2008 年农产品进出口物流总值接近 1000 亿美元。二是物流难度较大。与工业品不同，农产品是动物性或植物性的产品，在物流过程中存在包装难、装卸难、运输难、仓储难等问题。有相当一部分需要特殊处理，比如一些水产品、蔬菜、水果，从捕捞、采摘、加工等到消费者手中，都要经过预冷—冷库—冷藏车运输—批发站冷库—自选商场冷柜—消费者冰箱等环节。同时，还要看到，由于种种原因，农业生产资料与日用生活必需品的供应物流也比较困难。三是物流时间与空间要求高。①农产品季节性生产，全年消费；地域性生产，全国消费。②农资与生活工业消费品物流包括农业回收物流，在时间与空间的要求上也有别于城市工业品物流。③农业物流是一个双向物流系统，即我

们常说的"工业品下乡"与"农产品进城",解决的是农民"卖难"与"买难"的问题。但双向物流系统又不仅仅是解决商品的流动,还要构建农业物流的供应链、价值链与服务链。

研究我国的农业物流,还要注意这样一些问题:一是城乡二元经济结构依然存在,大量人口居住在农村,这使农业物流量特别大。二是现有的大市场与千家万户小生产导致农产品的生产集中度低,这使农业物流形成多元化、多方式的格局。三是农民的组织化程度还不高,农业物流服务缺少组织保障。所以,研究我国农业物流时,既要充分借鉴国外成功的经验,又要结合我国的实际,走自己的路。

6.9.1　我国农业物流存在的问题

(1) 交通与通信基础设施方面。农村道路等级低、路况差,导致农产品在途时间长,运输损耗大,鲜活度低,物流成本居高不下;物流信息网络设施不健全,农产品流通信息不畅,市场调节的盲目性大。

(2) 农业生产物流方面。除少量企业化生产物流量较大外,大多由个体农户生产或从事,每户承包土地不多,耕种或养殖物流量小。

(3) 农业供应物流和销售物流的主体方面。主体繁多,包括供销系统、粮食系统、农业系统农产品市场及其他农业物流主体,市场秩序较乱,整体上缺乏市场竞争力,农产品市场主体的培育状况不容乐观。

(4) 农业运输、仓储及装卸方面。运输设备和技术滞后,高效专用运输车辆少。特种仓库比如低温库、冷藏库、立体库等严重短缺,农民散藏、混藏甚至露天堆放的现象相当突出。装卸搬运机械化水平低,叉车、托盘、货梯、升降平台、巷道堆垛起重机等装卸设备数量极其有限。

(5) 物流资源的合理配置方面。物流资源丰富,但农业物流相关的部门行业条块分割严重,致使资源难以整合,其结果是农业物流企业数量供过于求,但服务质量又满足不了市场需要。

(6) 农产品市场的发展和布局方面。农产品市场培育滞后,远不能适应当今供求质量提高的新阶段需要。具体说来,结构不合理,城乡农贸市场多,无效物流比例惊人,给城镇的垃圾处理、环境保护和市容管理造成了巨大压力;批发市场不足,生鲜连锁经营超市太少;缺乏综合服务功能,拥有储藏、加工和信息开发利用能力的市场为数不多,交易方式落后,网上成交、电子结算卡的运用仍处于试用阶段；农产品市场的规划和布局存在着不尊重商品流通客观规律的现象，市场应有的功能难以释放。

（7）农业物流需求市场方面。农业物流市场潜力巨大，但专业化物流服务理念滞后，对物流企业的服务质量表示怀疑，担心产品安全，自营物流比例过高，物流非合理化状况突出，物流发展面临市场需求约束。

（8）农业科技含量不高。产品质量低、加工及保鲜技术落后、农产品标准化程度低和缺乏品质检验手段及食品安全保证等诸多因素制约着农产品供应链的各个环节。

（9）农业废弃物物流及回收物流渠道不畅，大量农业副产品焚烧或随意丢弃，没有充分加工利用，既浪费了资源，又污染了环境。

6.9.2 我国发展农业物流的必要性

农村存在着大量的剩余劳动力，失业及隐性失业现象严重。发展农村物流，既有利于农村形成新的社会分工，也有利于开辟新的就业门路，如配送、维修、市场调研等都是新的就业增长点。这对于解决农村剩余劳动力、保持农村的安定局面将起到重要的作用。生产资料和生活资料因流通环节的减少而降低价格。新的就业增加一部分农民的收入。最主要的是，农产品的物流创造了时间价值和场所价值、尤其是加工附加价值，为顾客提供了满意的服务，必然会为农民创造合理的利润。与物流相伴的资金周转速度的加快降低了农民的资金占用成本。总之，从成本和效益两个角度来看，发展农业物流都将增加或变相增加农民的收入。农村的工业多集中在城镇，工业物流也是农村地区物流的重要组成部分，尤其对工业基础比较好的县（市），以物流的发展改造城镇工业，会加快城镇的发展和农村城市化的步伐。其实，城市化应包含两方面的内涵：一是城市的发展，吸引农民进城成为市民；二是农村的发展，农民生活水平、文明程度的提高。发展农村物流，农村环境的改善、科技手段的利用、信息化水平的提高、收入的增长、生活的富裕，都意味着新型农民的形成、城乡差别的缩小，这应该是中国城市化的应有之意。

6.9.3 农产品物流发展的对策

就企业（包括农户）物流层面而言，要积极创新农业生产组织，以土地产权改革为基础，进行不同形式的产权重组，壮大生产规模和经营管理实力；

加强企业物流成本核算，改变对物流成本的模糊认识；制订企业物流战略，企业物流战略应该与企业营销战略、成本控制战略、品牌战略形成互补优势；开展物流运作模式创新，综合利用与物流相伴的信息流、资金流；重视物流技术的开发和利用；引进和培养物流人才，开展物流知识的学习和培训。

就产业层面而言，要积极开展供应链物流管理，培养供应链核心企业，根据实际情况形成生产企业 + 农户、批发企业 + 农户、零售企业 + 农户、配送中心 + 农户等多元化的物流运作模式；创新中小企业之间的物流协作模式，用协作物流、共同配送、共享物流网络等形式解决农户分散、物流分散问题；加强行业协会的作用，约束行业竞争行为，减少恶性竞争，杜绝非法竞争。

就国家层面而言，要以科学发展观为指导，协调城乡之间、区域之间物流体系的规划；加强物流基地、物流园区的布局与建设，在全国范围内配置物流资源；积极开展农村各项事业的改革，保护农业税减免、农民增收的良好势头，为农村物流供求水平的提高创造良好的环境；以法律法规、政策支持农村物流的发展，引导农村绿色物流的发展；重视物流研究与物流技术的开发；积极开展与世界发达国家的物流管理、物流技术、物流人才等领域的合作和交流。

现代物流以物流配送的规模大、速度快、辐射面广、效率高见长。建设现代农产品物流系统，加快农产品流通，是推进农业产业化、现代化的重要环节，是实现农产品最终价值的关键，也是提高农业效益、增加农民收入的有效措施。因此，我们应该用现代物流的理念，大力拓展为农服务的领域，让农产品在流动中最大限度保值增值，在传统的业务领域作出助农增收的全新贡献。

参考文献

［1］宋艳涛. 科技进步测算理论方法创新与实证研究［D］. 天津：天津大学，2003（6）.

［2］胡志坚，冯楚健. 国外促进科技进步与创新的有关政策［J］. 科技进步与对策，2006（1）.

［3］王志勇，尚朝秋，鲍亦平. 地方科技进步评价研究的理论与实践——以云南为例［J］. 科技管理研究，2010（2）.

［4］张明忠. 改革现行科技进步评价模式的思考［J］. 经济学研究，2005（2）.

［5］刘树，李荣平，李林杰. 科技进步综合评价研究［M］. 保定：河北大学出版社，2000.

［6］王芳，王文，吴继陆. 科技进步评价理论与方法在海洋产业的应用［J］. 国土资源科技管理，2002（6）.

［7］彭健. 基于面板数据的区域物流科技进步贡献率研究［J］. 中国商贸，2011（15）.

［8］谭开明，魏世红. 科学技术进步与现代物流业发展［J］. 物流科技，2005（12）.

［9］朱占峰. 浅析科技革命与物流产业的演进［J］. 中国科技信息，2008.

［10］莫鸿，刘豫. 物流产业技术进步率及其对经济增长贡献的测算［J］. 统计与决策，2009（5）.

［11］汪鸣. 2002 年我国现代物流发展综述［J］. 现代物流，2002（2）.

［12］汪鸣. 当前物流基础设施建设和发展中值得注意的几个问题［J］. 铁道运输与经济，2004，26（8）.

［13］谭清美，王子龙. 城市物流对经济的拉动作用研究——以江苏南京

273

为例［J］．工业技术经济，2004，23（1）．

［14］何黎明．我国口岸物流发展现状与趋势［J］．中国物流与采购，2006（8）．

［15］钱晓英，马传秀．物流对经济增长影响的协整性分析［J］．湖南大学学报：自然科学版，2007，34（4）．

［16］陆江．把握机遇推动物流业又好又快发展［J］．中国物流与采购，2009（24）．

［17］丁俊发．物流业调整和振兴规划的重点与亮点［J］．中国流通经济，2009（2）．

［18］谢自莉．区域经济和区域物流相关性的系统动力学研究［J］．铁道运输与经济，2009，31（11）．

［19］周泰，王亚玲，叶怀珍．区域物流能力与产业经济的灰色控制系统［J］．武汉理工大学学报，2009，31（19）．

［20］郑忠霞，陈述．现代物流与三峡区域经济增长关联效应研究——以宜昌市为例［J］．中国流通经济，2009（10）．

［21］邵扬．中国省际经济增长与物流的空间面板计量分析［J］．技术经济与管理研究，2009（6）．

［22］王珍珍，陈功玉．我国物流产业集聚对制造业工业增加值影响的实证研究——基于省级面板数据的分析［J］．上海财经大学学报，2009，11（6）．

［23］何添锦．区域物流对城市群经济协调发展要素的作用机理［J］．中国物流与采购，2010（2）．

［24］JOONG - KUN C. Firm Performance in the E - commences Market：the Role of Logistics Capabilities and Logistics Outsourcing［J］. University of Arkansas，Doctor Dissertation，2001（9）．

［25］DANIEL F. LYNCH. The Integration of Firm Resources：The Role of Capabilities in Strategy and Firm Performance［J］. Arkansas：University of Arkansas，1998（6）．

［26］狄德罗．百科全书［M］．广州：花城出版社，2007．

［27］熊彼得．经济发展理论［M］．北京：商务出版社，1990．

［28］姜均露．经济增长中科技进步作用测算——理论与实践［M］．北

京：中国计划出版社，1998.

［29］张国初. 技术进步对就业水平的影响［J］. 管理评论，2003（1）.

［30］齐建国. 中国总量就业与科技进步的关系研究［J］. 数量经济技术经济研究，2002（12）.

［31］罗伯特·M. 索洛. 经济增长因素分析［M］. 北京：商务印书馆，2003.

［32］姜秀娟，廖先玲，赵峰. 基于参数灰色估计方法的山东省技术进步贡献率的测算和分析［J］. 华东经济管理，2009（10）.

［33］徐辉. 技术进步对经济增长贡献度的灰色计量模型及其应用［J］. 科技管理研究，2009（5）.

［34］李京文，乔根森，郑友敬. 生产率与中日美经济增长研究［M］. 北京：中国社会科学出版社，1993.

［35］李翠. 科技进步对上海市经济增长作用的测算研究［D］. 上海：上海海事大学，2004.

［36］刘丹鹤，唐诗磊，李杜. 技术进步与中国经济增长质量分析（1978—2007）［J］. 经济问题，2009（3）.

［37］连燕华，郑奕荣. 企业科技投入税收优惠政策现状与对策［J］. 中国科技投资，2006（10）.

［38］刘章烈. 江西"九五"以来科技政策分析［J］. 江西行政学院学报，2004（4）.

［39］约瑟夫·熊彼特. 经济发展理论［M］. 北京：商务印书馆，1999.

［40］孟祥云，韩文秀. 科技进步与经济增长互动影响研究［D］. 天津：天津大学，2004.

［41］霍夫曼·科普. 新经济增长理论与经济政策［J］. 国外社会科学，1992（7）.

［42］胡乃武，金碚. 国外经济增长理论比较研究［M］. 北京：中国人民大学出版社，1990.

［43］陈伟，罗来明. 技术进步与经济增长的关系研究［J］. 社会科学研究，2002（4）.

［44］秦迎林. 基于4Ps的第三方物流营销优势构建［J］. 工业技术经济，2008（7）.

［45］刘芳，綦佳. 科技进步对交通行业经济发展的影响［J］. 商业时代，2006（27）.

［46］顾海. 科技进步是产业结构升级的基础推动力［J］. 江苏社会科学，2002（1）.

［47］王健. 物流企业作业流程再造研究［J］. 福州大学学报：哲学社会科学版，2007（4）.

［48］张敏. 现代物流与可持续性发展［M］. 北京：中国物资出版社，2008.

［49］王瑛. 技术创新对物流企业组织形式的影响研究［J］. 科技进步与对策，2005（2）.

［50］郭晶. 企业传统库存管理的缺陷及其发展趋势［J］. 中国科技博览，2009（7）.

［51］刘鹏飞，谢如鹤. 基于供应链的现代库存管理方法之比较研究［J］. 商业研究，2006（2）.

［52］黄洁善. 计算机技术应用对现代物流管理体系发展的影响［J］. 职业时空，2007（4）.

［53］刘兆国. 2008 年中国物流政策年［J］. 物流技术与应用，2009（2）.

［54］朱占峰. 浅析科技革命与物流产业的演进［J］. 中国科技信息，2008（2）.

［55］张诚，廖韵如. 科技进步对我国物流产业发展的影响［J］. 企业经济，2009（12）.

［56］丁超勋. 低碳理念下物流产业的生态化整合路径［J］. 物流技术，2010（19）.

［57］吕诗芸. 绿色物流——现代物流发展的新趋势［J］. 物流科技，2007（3）.

［58］李勇建. 供应链上的新元素：企业逆向物流管理实践［M］. 北京：人民交通出版社，2006.

［59］陈文玲，崔巍. "十二五"时期中国现代物流产业的深层挑战与发展路径［J］. 江海学刊，2011（2）.

［60］阎锐. 论我国物流业可持续发展的路径选择［J］. 中国商贸，2009（7）.

［61］郑称德，何瑛瑛，王羽．电子商务的物流管理［M］．上海：复旦大学出版社，2008．

［62］王建军，杨德礼．论现代物流发展的新趋势——电子物流［J］．大连理工大学学报：社会科学版，2005（2）．

［63］蓝必华．现代物流产业的发展模式与我国物流产业发展新趋向研究［J］．南方论刊，2009（1）．

［64］利少波．供应链一体化的第三方物流增值服务需求研究［J］．物流工程与管理，2011（1）．

［65］2010年上半年交通运输情况［EB/OL］．http：//www. moc. gov. cn/zhuzhan/tongjixinxi/fenxigongbao/jingjifenxi/201007/t20100714_ 705186. ht-ml，2010 - 7 - 14.

［66］江西交通运输与物流简讯第13期［EB/OL］．http：//www. jx56. com/show. html，2007 - 07 - 10.

［67］张志坚，张诚．RFID技术在供应链中的应用及风险分析［J］．企业经济，2012（2）．

［68］卫振林，纪寿文，黄爱玲．物流信息技术与装备［M］．北京：中国物资出版社，2010．

［69］陈述彭，鲁学军，周成虎．地理信息系统导论［M］．北京：科学出版社，2000．

［70］邓新红．江铃发动机仓库物流管理应用［J］．中国物流与采购，2009（22）．

［71］2009年江西交通运输基础设施情况［EB/OL］．http：//www. jxyz. gov. cn/，2009 - 7 - 14.

［72］甘筱青，甘卫华，龚虹．江西省物流产业发展的路径选择［J］．技术经济与管理研究，2006（5）．

［73］朱荣涛，王立忠．条形码技术在现代仓储管理中的研究与应用［J］．信息技术与信息化，2009（4）．

［74］张洪革，孔月红，章良．GPS在物流中的运用［J］．物流工程，2008（1）．

［75］王成金．GIS技术在物流企业信息平台中的应用研究［J］．商业研究，2005（19）．

［76］于淼，潘晓慧. ERP 发展历史及现状透析［J］. 北京工业大学学报，2003，3（3）.

［77］钟毅. 深化包装设计——物流增效的亮点［J］. 技术前沿，2011.

［78］聂阿新. 铁路智能运输系统应用前景、框架体系和关键技术研究［J］. 中国铁道科学，2002，23（2）.

［79］李平，张莉艳，杨峰雁，等. 国外铁路智能运输系统研究现状及分析［J］. 中国铁道科学，2003，24（4）.

［80］刘志红，王更生，魏明华. 铁路智能运输系统（RITS）［J］. 微计算机信息，2006，22（7）.

［81］施昌明. 铁路信息系统是实现物流价值的关键［J］. 海峡科学，2009（5）.

［82］袁开福，易承刚. 高速路网建设对物流产业的支撑作用研究［J］. 物流科技，2011（4）.

［83］刘开启. 中国高速铁路规划与发展对部分产业的影响［J］. 物流技术，2010（3）.

［84］张卫青. 科技创新是推进自主创新的强大动力［J］. 科技情报开发与经济，2008（18）.

［85］孔祥慧. 农村现代物流发展的问题与对策［J］. 商场现代化，2006（8）.

［86］张贵友. 我国农产品流通基础设施建设问题与对策［J］. 中国社会科学院研究生学报，2009（1）.

［87］张建杰. 我国农产品物流困境的新思考［J］. 农村经济，2006（8）.

［88］吴峰. 国内外物流人才教育比较分析与启示研究［J］. 江西教育学院学报：社会科学版，2009（30）.

［89］王健. 我国物流人才教育培养模式创新研究［J］. 福州大学学报，2006（2）.

［90］张利儒. 绿色物流的发展策略［J］. 河北交通科技，2008（5）.

［91］倪子奥. 论绿色物流及未来发展政策研究［J］. 科技信息，2009（1）.

［92］陈家旺. 信息化改善企业内部物流管理［J］. 经济师，2005（2）.

［93］张学引. 标准化是物流企业健康发展的必由之路［J］. 河北企业，

2010（1）.

［94］刘晓洋. 物流标准化现状及建议［J］. 物流技术，2009（9）.

［95］钟洁. 政府在我国物流产业中的作用［J］. 合作经济与科技，2011（1）.

［96］刘北辰. 浅谈推动物流技术的现代化［J］. 物流工程与管理，2010（2）.

［97］缪立新，郑青华. 2007 中国物流技术与装备发展报告［J］. 专家论坛，2008（2）.

［98］魏权龄. 评价相对有效性的 DEA 方法［M］. 北京：中国人民大学出版社，1988.

［99］MALMQUIST STEN. Index Numbe and Indiference Surfaces［J］. Trabajos. de Estadistica，1953（4）.

［100］FARE ROLF，SHAWNA GROSSKOPF，MARY NORRIS，et al. Productivity Growth，Technical Progress，and Efficiency Change in Industrialized Coutries［J］. American Economic Review，1994（1）.

［101］朱占峰. 物流企业管理［M］. 武汉：武汉理工大学出版社，2007.

［102］王琴英. 经济增长中体现型和非体现型技术进步作用的分析与测算［J］. 统计与决策，2001（3）.

［103］中华人民共和国交通运输部. 2010 年公路水路交通运输行业发展统计公报（摘）［J］. 交通财会，2011（5）.

［104］国家发展和改革委员会经济运行调节局 南开大学现代物流研究中心. 中国现代物流发展报告（2011 年）［M］. 北京：中国物资出版社，2011.

［105］贺登才. 回首十年：2001—2010 年《中国物流发展报告》综述［M］. 北京：中国物资出版社，2011.

［106］中华人民共和国铁道部. 2011 年铁道统计公报［J］. 2011.

［107］中国民航总局. 2010 年民航行业发展统计公报［J］. 2011.

［108］齐海燕. 物流装备技术［M］. 北京：人民交通出版社，2009.

［109］中国物流技术协会信息中心. 自动化立体仓库在现代物流系统中的运用及展望［J］. 物流技术与应用，2011（5）.

［110］缪立新，郑青华. 2007 中国物流技术与装备发展报告［A］. 2008

中国（第三届北京）国际 RFID 技术高峰论坛论文集［C］．2008.

［111］胡兴军．我国包装机械行业存在的主要问题［J］．湖南包装，2010（2）．

［112］曹巨江，邓明明，何智．我国物流业及其技术装备现状与发展趋势综述［A］．陕西省机械工程学会第九次代表大会会议论文集［C］．2009.

［113］钦方．物流信息技术的应用现状分析［J］．科技创业月刊，2011（2）．

［114］唐小东．我国 RFID 技术发展现状分析［J］．中小企业管理与科技，2009（30）．

［115］张敏．现代物流与可持续性发展［M］．北京：中国物资出版社，2008.

［116］王健．我国物流人才教育培养模式创新研究［J］．福州大学学报，2006（2）．

［117］黄亦弢．浅谈第四方物流及其在我国发展［J］．商业研究，2006（5）．

［118］季绉绮，王国利．区域物流最需要振兴的是什么——论科技在物流业发展中的作用［J］．中国商贸，2010（29）．

［119］黄洁善．计算机技术应用对现代物流管理体系发展的影响［J］．职业时空，2007（4）．

［120］中国物流与采购网．第七期"物流标准化动态"．http：//www. chinawuliu. com. cn/cflp/newss/content/201012/38_ 8480. html，2010 - 12 - 27.

［121］刘延平．我国区域物流统计指标体系初探［A］．第十三次全国统计科学讨论会论文集［C］．2005.

［122］邢书力．论我国物流法律体系的构建与完善［J］．中国商贸，2011（30）．

［123］田刚，李南．中国区域物流技术进步与技术效率研究［J］．数量经济技术经济研究，2009（2）．

［124］张晓峒．Eviews 使用指南与案例［M］．北京：机械工业出版社，2007.

［125］王立平，万伦来．计量经济学理论与应用［M］．合肥：合肥工业出版社，2008.

［126］莫鸿，刘豫. 区域物流技术进步率及其对经济增长贡献的测算［J］. 统计与决策，2009（5）.

［127］欧阳峥峥. ERP 系统在企业物流管理中的应用研究［J］. 商场现代化，2008（2）.

［128］邹建军. 现代企业物流管理——论江铃汽车公司物流体制改革［J］. 世界汽车，2001（9）.

［129］李蕊. 现代物流业创新发展的国际经验与启示［J］. 中国发展观察，2011（3）.

［130］郑燚. 物流基础设施投资机制研究［J］. 山东交通学院学报，2007（15）.

［131］林杨. 龙头物流企业提升行业竞争力对策研究［J］. 现代物流，2011（2）.

［132］程亮. 提升宁波龙头物流企业竞争力［J］. 宁波经济，2011（2）.

后 记

本书是我长期从事物流学科教学和科研后的第三本专著，从选题、构思、文献阅读、实证研究到最后定稿共花费近三年的时间。在这不同寻常的三年间，中国的物流产业也取得了飞快的发展，不断促使我在物流学科这个大世界内继续探索和创新，给予了我更多的压力和动力，让我在今后的工作中要进一步把物流学科的研究引向深入，重点在物流产业科技政策落实、区域物流产业科技进步、物流产业空间布局等方面进行更深层次的研究。本书的出版带给我收获后的喜悦，因为对物流学科的理论创新和现实问题的解决一直都是我不断进行科研创新的动力源泉。诚然，本书的部分观点、研究方法、技术路线和政策建议可能不尽如人意，希望同行共同交流进步。

本书的出版首先得益本人求学生涯中的各位老师，特别是博士生导师单圣涤在学术研究上的引领和指导，同时我所在的科研团队也付出了许多努力；其次特别感谢科技部国家软科学研究计划《科技进步对物流产业发展的作用机制研究》（项目编号：2010GXS5D224）和江西省科技厅软科学研究项目《区域物流能力影响江西经济发展实证分析及对策研究》（项目编号：20122BBA10104）的大力资助；再次感谢本书所引用文献的广大作者，他们的智慧启发我在物流学科研究中思考了很多。

最后要特别感谢中国财富出版社的编辑同志，他们为本书的出版付出了大量工作，再次表示最衷心的感谢。

当然，本书的出版可能存在一些纰漏甚至是错误，还望同行指正，共同进步。

张 诚

2012 年 12 月于南昌